Rom

Ad Andrea, per
leggendo questo libro di
Orlando, trovi le risposte
al suo desiderio di
libertà e le condizioni
di vita per realizzarlo.
Con Tanto affetto.
Zia Anna

Orlando Todisco

La libertà
nel pensiero francescano

Un itinerario
tra filosofia e teologia

EP

Edizioni Porziuncola

www.casadellatenerezza.it

© Edizioni Porziuncola
   Via Protomartiri Francescani, 2
   06081 S. Maria degli Angeli – Assisi (PG)
   www.edizioniporziuncola.it

ISBN 978-88-270-1149-2

Prima edizione: maggio 2019

In copertina: PIERO CASENTINI, *Frate vento* (2018),
Santuario di San Damiano, Assisi (PG).

Impaginazione e stampa:
Stampa 4.0 – Città di Castello (Pg)

A S. E. Mons. *Matteo Zuppi*
seminatore di libertà cristiana
nella Bologna del diritto-a-essere
alla luce francescana del dono-di- essere.

ALLA FONTE PRIMARIA DELLA GRATITUDINE

«Una volta "giustificazione" era il nostro bisogno. È rimasto il "dover aver ragione". Aver ragione è il surrogato accettato della giustificazione. Una specie di "imperialismo della coscienza"».

(M. WALSER, *Sulla giustificazione, una tentazione*, Torino, Ariele 2016, p. 27)[1].

La storia di tutti e di sempre ondeggia tra ringraziamento e rivendicazione, o anche tra l'essere come dono, che comporta ringraziamento, e l'essere come diritto, che suscita rivendicazione. Il problema non è la loro connessione, per tutti pacifica. Il problema riguarda il primato se al ringraziamento, e dunque all'essere come dono, o invece alla rivendicazione, e dunque all'essere come diritto. L'uno rientra nella logica di ciò che è ma che poteva non essere, cifra della verità come frutto di libertà[2]; l'altro rientra nella logica dell'essere

---

[1] Osserva Jan-Heiner Tück: «Lo scrittore Martin Walser è riuscito a riportare una parola fondamentale del messaggio di Paolo, il motivo centrale della teologia riformata, al centro della pubblica attenzione. Walser è riuscito con il suo saggio, molto considerato, a ridare risonanza al tema della giustificazione, mentre la dichiarazione comune sulla dottrina della giustificazione sottoscritta solennemente ad Ausgburg nel 1999 non era riuscita a uscire dal circolo degli addetti ai lavori del consenso ecumenico professionale», in *Proscritto dei curatori* nel vol. *Sulla giustificazione*, cit. pp. 93-94.

[2] G. AGAMBEN, *Bartleby o della contingenza*, in G. DELEUZE-G. AGAMBEN, *Bartleby. La formula della creazione*, Quodlibet, Macerata 2012, pp. 88-89: «Un neoplatonico persiano ha espresso una volta la parte d'ombra che la

che non può non essere, cifra della verità come espressione di necessità[3]. L'essere come dono rinvia alla filosofia biblico-cristiana – le cose un tempo non erano e ora sono, tratte all'essere dal nulla (*creatio ex nihilo*); l'essere come diritto, invece, rinvia al nucleo della filosofia greco-pagana – l'essere è, il non-essere non è, da sempre (Parmenide). Dunque, la verità come libertà da una parte, ovvero l'essere come dono, e la verità come necessità dall'altra, ovvero l'essere come diritto. «È tempo – scrive Schelling – che affiori il contrasto più profondo, o anzi, l'essenziale, quello tra Necessità e Libertà, che da solo porta la nostra ricerca nel cuore della Filosofia»[4].

La verità come necessità ovvero l'essere come diritto

«La filosofia nasce grande», scrive E. Severino, perché con la filosofia «appare l'idea di un sapere innegabile; e innegabile non perché le società e gli individui abbiano fede in esso, o vivano senza dubitare di esso, ma perché esso stesso è capace di respingere ogni

---

contingenza segna su ogni creatura attraverso l'immagine dell'ala di tenebra dell'arcangelo Gabriele: "Sappi che Gabriele ha due ali. La prima, quella di destra, è luce pura. Quest'ala è l'unica e pura relazione dell'essere di Gabriele con Dio. Vi è poi l'ala sinistra. Quest'ala è screziata da un'impronta tenebrosa (...). Quest'impronta di tenebra è il suo poter non essere, che ha un lato rivolto verso il non essere (poiché esso, come tale, è anche un poter non essere). Se consideri Gabriele quanto al suo atto di essere è detto necessario, perché sotto quest'aspetto esso non può non essere. Ma se lo consideri quanto al diritto della sua essenza in sé, questo diritto è immediatamente e nella stessa misura un diritto a non essere, perché tale diritto compete all'essere che non ha in sé il suo poter essere (ed è perciò un poter non essere)"».

[3] ANASSIMANDRO, *Frammenti* in DIELS-KRANZ, *I presocratici. Testimonianze e frammenti*, Laterza, Bari 1983, fr. B 1: «È secondo necessità che dove gli esseri hanno origine, ivi hanno anche la loro distruzione, poiché pagano l'un all'altro la pena e l'espiazione dell'ingiustizia secondo l'ordine del tempo»

[4] F. W. J. SCHELLING, *Ricerche filosofiche sull'essenza della libertà umana*, Mursia, Milano 1974, p. 79.

suo avversario. L'idea di un sapere che non può essere negato né da uomini né da dèi, né da mutamenti dei tempi e dei costumi. Un sapere assoluto, definitivo, incontrovertibile, indubitabile»[5]. L'apparizione di siffatta verità segna l'inizio della storia dell'Occidente, o anche la nascita della ragione, destinata a conquistare la terra. Grazie ad essa, il filosofo si sente al riparo dalle intemperie della vita, nel senso che le conosce, le prevede e, se può, le controlla. Non più il mito la fonte ispirativa, ma la verità; non più gli dèi che consolano, ma la ragione che illumina. Contro il terrore della morte e i morsi del dolore la ragione propone come pacificante la presa di coscienza dell'"ordinamento assoluto" del mondo, per non essere trascinati dal carro del destino come uno schiavo, ma trovarvi un posto come signore, non però come auriga. Pretendere di sottrarsi alle leggi del destino equivale a cadere in quell'*hybris* o tracotanza – peccato supremo – che suscita l'implacabile vendetta delle Erinni[6]. Sul palcoscenico della *physis* gli uomini fanno la loro breve apparizione, destinati a scomparire nella trama del tutto.

Che ne è di tale prospettiva? Il versante destinale si è rivestito dei panni del sapere scientifico-tecnico, sempre più alla guida dell'umanità, rinsaldando il ruolo primario della ragione, fonte di luce e di potere, tendenzialmente atea e nichilistica, non perché neghi Dio ed esalti il nulla, ma perché interessata solo a ciò che è e si dà, non bisognosa di trascendere la 'natura', da cui dipende e in cui si risolve. È l'epilogo di un'avventura, cominciata con la rivoluzione copernicana, che ha lanciato la terra in una corsa senza fine e senza meta; è proseguita con l'evoluzionismo darwiniano, che ha ricondotto tutte le forme di vita a una fonte omogenea e semplice; si è sostanzialmente

---

[5] E. Severino, *La filosofia dai greci al nostro tempo. La filosofia antica e medievale*, Rizzoli, Milano 2004, p. 22.

[6] Parmenide, fr. B 8, vv. 35-37, in Diels-Kranz, *I presocratici. Testimonianze e frammenti*, Laterza, Bari 1983: «È la Moira che "tiene l'essere nei vincoli del limite che tutto intorno lo cinge affinché non sia incompiuto né manchevole"».

conclusa con quel relativismo freudiano secondo cui l'io è servo, non padrone, anche in casa propria. Il mondo è senza finalità e l'uomo pedina di una scacchiera anonima. Dal trinomio Dio-natura-uomo si è passati al binomio uomo-natura e finalmente si è pervenuti alla sola "natura", risolta in energia e materia. È la vittoria del "pensiero unico", la cui tentazione risale alle origini stesse della filosofia, se è vero che a partire dai greci si è imposto il primato del *Logos* come fonte di verità, sempre identica a se stessa[7]. La sua storia è la storia della costruzione di un edificio – leggi relative all'essere e al pensiero, all'agire e al giudicare – ritenuto una reggia, ma che richiudendosi su se stesso, sembra destinato a rivelarsi sempre più una prigione.

Originalità della verità cristiano-francescana

Ora, come arrestare questa piega che pare respinga nel non-essere e dunque nell'ambito dell'impensabile tutto ciò che si sottrae alla logica della ragione, unica padrona del territorio? Come passare dal pensiero unico, per il quale si ha «la trasparenza dell'essere al pensiero o la tendenziale risoluzione dell'essere nel pensiero»[8], all'eccedenza strutturale dell'essere sul pensiero e dunque al pensiero plurale? O anche, come non lasciarci stregare da "verità eterne" che, cioè, non dipendono né da noi né da Dio, ma farci sorprendere dall'impensato, dal sorgivo, dall'inesauribile, sia pure fragile o provvisorio? La risposta della Scuola francescana è semplice e insieme radicale, e cioè consiste nel tracciare una ben diversa prospettiva, secondo cui il primo posto non spetta alla ragione ma alla volontà, non al diritto ma al dono,

---

[7] S. GIVONE, *I sentieri della filosofia*, Rosenberg e Sellier, Torino 2015, p. 37. Platone ripudia l'interpretazione tragica della verità a favore della metafisica della verità sempre identica a se stessa. È «il Platone dell'uno, di una metafisica basata sulla logica del principio di non-contraddizione».

[8] S. GIVONE, *Trattato teologico-poetico*, Il Melangolo, Genova 2017, p. 105.

non alla verità, ma alla bontà o meglio alla verità come forma espressiva della libertà. La ragione non è la prima e più attendibile voce della coscienza[9]. Si è al di qua dell'*epistème*, propria dell'età greca, intesa come vittoria sul divenire a opera della ragione; come al di qua della razionalità propria dell'età medievale, intesa come prolungamento della ragione divina secondo il percorso aristotelico-averroista; come anche al di qua della ragione scientifica, propria dell'età moderna, intesa come l'età del "*sàpere aude*" (Kant) o della ragione superbamente consapevole del suo potere; e, finalmente, al di qua della ragione tendenzialmente tecnica, propria dell'età contemporanea, intesa come l'età del "transumanesimo" o del "postumanesimo"[10]. Il francescano non accetta che al centro venga posta la ragione quale arbitro supre-

---

[9] B. FONDANE, *La coscienza infelice,* Torino, Aragno 2015, p. 140: «Il peccato sta nella troppa poca ragione o nella troppa ragione? (...) E se la ragione non fosse né il meglio né la realtà più legittima della coscienza – e se non esaurisse la coscienza?». Il peso di queste parole non sfugge a chi non dimentica che il filosofo-poeta rumeno è morto ad Auschwitz per non aver voluto abbandonare la sorella, pur avendo ricevuto l'autorizzazione di tornare a casa. «È dura, durissima, ma altri hanno sopportato ancora di più», scrive alla moglie, la quale troverà nelle sue carte, ricopiata a mano la frase del salmista: «Non ti allontanare da me, Signore, perché l'angoscia è vicina» (Lettera di Geneviève Fondane a Jean Ballard, in *Benjamin Fondane à la recherche du judaisme*, Parole et Silence\Lethielleux, Paris 2009, p. 240). Il problema allora non è di vivere "secondo natura", prestando attenzione alle sofferenze del prossimo, ma quello di mettere l'"altro" al primo posto. È il limite dell'ottima produzione filosofica del neo-darwiniano O. Franceschelli. Cfr. *In nome del bene e del male*, Donzelli, Roma 2018.

[10] E. POSTIGO SOLANA, *Transumanesimo e postumano: principi teorici e implicazioni bioetiche*, in "Medicina e Morale" 2 (2009) 267: «È Nick Bostrom (noto teorico del "transhumanism") a precisare la distinzione tra un "transumano", che sarebbe un essere umano in fase di transizione verso il "postumano", vale a dire qualcuno con capacità fisiche, intellettuali e psicologiche "migliori" rispetto a un "umano normale"; e un "postumano", che sarebbe un essere (non determina se naturale o artificiale) che ha le seguenti caratteristiche: aspettative di vita superiori a 500 anni, capacità cognitive due volte al di sopra del massimo possibile per l'uomo attuale, controllo degli input sensoriali, senza sofferenza psicologica». Cfr. G. PACCHIONI, *L'ultimo sapiens. Viaggio al termine della nostra specie,* Il Mulino, Bologna 2019.

mo, persuaso del carattere vizioso del circolo in cui questa si dibatte. La ragione, infatti, prima elabora princìpi e pone condizioni e poi vi si sottomette senza sussulti e recriminazioni, risultando al tempo stesso serva e padrona della verità.

Il francescano non pone al centro la ragione, metafisica o scientifico-tecnica, bensì la *libertà creativa di segno oblativo*, alla cui luce l'uomo è sollecitato a percepire il suo essere non come un diritto, ma come un dono, da donare a propria volta. E' la forma suprema di libertà. Tale libertà non è un capitolo tra tanti, ma il segreto dell'esistenza, il volto luminoso dell'essere. La sua condivisione comporta una particolare ontologia, secondo cui le creature sono in quanto volute in totale gratuità. L'atto creativo, grazie al quale sono, non è frutto di una razionalità incoercibile, ma di una libertà progettuale, espressione di pura benevolenza. In breve, il fondo del reale non è riducibile alla sua razionalità, essendo questa piuttosto la forma che l'atto creativo assume[11]. Certo, le creature per essere queste o quelle devono avere una forma, grazie a cui prender posto nel concerto del mondo. Il che però non comporta che il primo piano venga assegnato alla struttura o alla forma che le creature assumono nel tutto, bensì all'atto creativo, grazie al quale esse sono. Essendo questo contingente[12] – e cioè poteva non aver luogo o prendere un'altra

---

[11] BONAVENTURA, *II Sent*, d. 25, p. 1, a. u., concl.: «Arbitrium est ipsius rationis, libertas vero ipsius voluntatis ad cuius nutum et imperium moveri habent caetera quae sunt in nobis». Chiarendo l'indole della volontà, scrive: «Haec potentia dicitur esse libera quae dominium habet plenum, tam respectu obiecti quam respectu actus proprii. Illa autem potentia dominium habet ex libertate respectu obiecti quae non est arctata ad aliquod genus appetibilis, sed nata est omnia appetibilia appetere» *(ibidem)*. Pur legata alla ragione, la volontà gode della sua piena autonomia: «Voluntas semper libere movetur; et ideo non disponitur dispositione quae sit necessitas, sed tantum dispositione quae est pronitas; non sic natura, quae ad unam partem est determinata» *(IV Sent.*, d. 16, p. 2, a. 3, q. 1, ad 6).

[12] DUNS SCOTUS, *Ordinatio* II, q. 1, q. 2, n. 3: «Creatura non habet ex se non esse, neque quod simul sint in ea esse et non-esse (quasi sint simul esse et non-esse), neque aliquomodo habet non-esse quando est; sed quantum est ex se

piega – siamo sospinti a interrogare la libertà di Colui che l'ha voluto, pur potendo non volerlo. È questa libertà creativa – non la ragione – la vera luce del territorio.

In principio la libertà: questo l'assunto del pensare francescano

È nella libertà il mistero di Dio come la grandezza dell'uomo. L'inizio della libertà è la libertà stessa, supremo metacriterio delle culture come delle religioni, onda sotterranea di tutte le storie. Se così, «*quis ad fundum eius pervenit?*»[13]. E la verità? È la forma che assume tale libertà in esercizio. Se tutto ciò che è – mondo e storia – rinvia alla libertà creativa, la verità ne è la traduzione nel tempo. Il che significa che le cose non sono perché razionali o vere, ma sono perché volute. Perché creativa, la libertà si annuncia sinonimo di responsabilità, impegnata a produrre o ad accogliere variazioni, a ogni livello e in tutte le direzioni, e a intravederne le onde o le increspature che suscita.

La tesi, che qui si vuole argomentare, è che l'essere, comunque si configuri, è la festa della libertà. Sia pure con distinzioni rilevanti, a seconda che il discorso riguardi il finito o l'infinito, l'uomo o Dio, la libertà rappresenta il volto originario dell'essere. Dal Mistero trinitario all'universo, alla storia, collettiva e singolare, alle

---

haberet non-esse nisi causa extrinseca suum non-esse impediret, dando sibi esse – quia ex sola ratione sua non haberet esse». Puntualizzando il nucleo teorico di ciò che è detto "contingente" e prendendo le distanze dalla visione pagana, Scoto scrive: «Non dico hic contingens quodcumque quod non est necessarium, nec sempiternum, sed cuius oppositum potest fieri quando illud fit» (*Tractatus De Primo Principio*, c. 4, concl. 4 – ed. M. Müller, Herder et Co Friburgi Brisgoviae 1941, 74).

[13] AGOSTINO, *Confessiones* X, par. 9, n. 15: «Magna ista vis est memoriae, magna nimis, Deus meus, penetrale amplum et infinitum. Quis ad fundum eius pervenit». E nel *De Trinitate* (IX, iv, 5): «Non amor et cognitio tantum in subiecto insunt menti, sed substantialiter etiam ista sunt sicut ipsa mens».

culture, antiche e nuove, tutto questo e altro ancora è da ricondurre alla libertà creativa, anche se in modi non facilmente decifrabili. L'uomo è immerso nella libertà, da cui è attratto, perché ne coglie il fascino, e da cui talvolta rifugge, perché ne sente il peso. La sua mortificazione, i suoi condizionamenti, le sue rivoluzioni non sono che momenti della sua storia infinita. La Trinità divina è il trionfo della libertà, il mondo ne è il riflesso nel tempo; la storia ne è l'ombra, talvolta il calvario, sempre il segreto.

Muovendo dalla libertà, divina e umana, la vita acquista un altro colore e un'altra rilevanza. Siamo fuori della prospettiva pagana del "motore immobile", principio di intelligenza del cosmo, che non si rivela, né intrattiene rapporto alcuno con l'umanità. Il Dio cristiano si "com-muove" nella Trinità e nel tempo si "muove-con" l'uomo, di cui è "re e amico"[14]. Non due mondi l'uno estraneo all'altro, ma l'uno alla ricerca dell'altro. In nome della libertà l'uomo si scopre a immagine di Dio[15], chiamato a esercitarla migliorando, non deturpando, sviluppando, non mortificando il versante germinale, che anima la natura e agita la società.

Segnata dalla responsabilità, tale prospettiva indica le coordinate entro cui la libertà è creativa. Anzitutto, nessuno è solo, perché non si è da sé, né però si è come un anello di una catena che scorre inesorabile in una circolarità senza inizio e senza fine. La relazione all'altro ci costituisce nella libertà, perché a sua volta frutto di libertà. A ogni livello e in ogni campo, la realtà è una trama di rapporti, orizzontali e verticali, da non impoverire ignorando la trama o

---

[14] BONAVENTURA, *Itinerarium mentis in Deum* IV, n. 5: «... simul est proximus et Deus, simul frater et dominus, simul etiam rex et amicus, simul Verbum increatum et Verbum incarnatum».

[15] CARTESIO, *Meditazioni metafisiche*, in *Opere filosofiche*, Laterza, Roma-Bari 2009, II, meditazione IV, par. 8, pp. 53-54: «Non vi è che la sola volontà o libertà dell'arbitrio che io sperimenti in me così grande che non concepisco l'idea di nessun'altra più ampia e più estesa: di modo che essa principalmente mi fa conoscere che reco l'immagine e la rassomiglianza di Dio».

mortificandone la tessitura, umana e divina. Inoltre, percependosi voluto – *nec ego ipse capio totum quod sum* – l'uomo vive questa consapevolezza come stupore, non come sudditanza, da protagonista non da spettatore, non però da padrone. Avendo ricevuto l'essere senza averlo meritato – *prima di essere, non essendo, non si ha diritto alcuno* – l'uomo è chiamato a vivere donando a sua volta, non per pagare un debito o per generarlo, ma in fedeltà all'indole oblativa dell'essere. A tale scopo egli non è chiamato a controprestazioni in un clima di dipendenza, ma a dare senza darsi a vedere, via regale perché il destinatario si ritrovi libero e non schiavo, fornito di nuova energia, non di altri pesi[16].

Le possibili prospettive dell'itinerario

La prima dinamica, che si vorrebbe attivare, è che colui che cerca la verità si ritrovi sospinto oltre la verità, nel regno della libertà, dove il soggetto vive e opera senza esaurirsi in ciò che fa; apre orizzonti, non genera catene; moltiplica le differenze contrastandone la riduzione o l'omologazione. Nell'ambito della libertà non è la logica la regina, ma la gratuità, che è la logica che si sottrae a ogni logica, perché non si esprime nella proporzione, non ubbidisce al principio di ragion sufficiente, non cerca la simmetria o l'uguaglianza, né si attende alcunché. È un modo d'essere, non del tutto fuori di sé e insieme non del tutto in sé. La libertà dispone sia ad accogliere che a dare, non senza quella perplessità o quel dubbio che impongono vigilanza e insieme confermano la nostra precarietà. Ora, se fonte dell'essere, la libertà si presenta come la barriera oltre la quale non si va, ragione di ciò che accade, non preceduta che da

---

[16] La figura storica di riferimento è Socrate, la cui filosofia sta nel risvegliare la capacità di pensare. Cfr. A. TAGLIAPIETRA, *Il dono del filosofo. Sul gesto originario della filosofia*, Einaudi, Torino 2009.

se stessa, spiegazione che rende conto, ma di cui non è possibile dar conto. Questa filosofia non va alla ricerca di un fondamento. Chi osa agganciarla a qualcos'altro dimentica che la libertà è posizione di sé[17]. Nulla ne spiega l'avvento. É l'onda di luce che rende umano il tempo. In quanto si esprime in gratuità – gesto che imparenta a Dio – la libertà si conferma perfezione suprema[18], e pertanto auto-referenziale, con un significato di grande rilevanza. Infatti, ciò che si fa o risulta un ulteriore incremento di libertà, dilatando l'orizzonte – da qui l'approvazione – o si rivela un'auto-mortificazione impoverendo l'ambito entro cui ha luogo – da qui la disapprovazione. Libertà e autonomia etica si richiamano, nel senso che l'una è misura dell'altra. Il codice morale è costituito dalla stessa libertà, programma e canone a un tempo, autentico dover essere iscritto nel cuore dell'essere. È la filosofia della fiducia nella potenza creativa dell'uomo, sempre esposta al giudizio della comunità, che ne esalta l'ampliamento e ne denuncia la contrazione.

Sono là dove è ciò che amo

Da qui il tratto qualificante di questo stile, e cioè vivere secondo la logica del dono, e cioè non attivando un processo di contro-doni, quasi che al dono presente debba corrispondere un dono futuro. Qualunque risposta non pareggia la bellezza di ciò che si riceve,

---

[17] Definendo la libertà della volontà come la capacità di auto-causazione o la capacità di "cominciare da sé un evento", Kant nota a piè pagina: «Da qui il lettore scorgerà che io, poiché ho interpretato la libertà come la facoltà di cominciare da se stesso un evento, ho centrato precisamente il concetto che è il problema della metafisica» (*Prolegomeni ad ogni futura metafisica*, Laterza, Roma-Bari 1982, par. 53, A 153, p. 111).

[18] DANTE: «Lo maggior don che Dio per sua larghezza\fesse creando ed alla sua bontade\ più conformato e qual ch'è più aprezza\ fu della volontà la libertade» (*Paradiso* V, 19-22).

perché sempre successiva e dunque in ritardo. Espressione di tale consapevolezza è l'amore con cui mi apro a ciò che è in me e intorno a me. In fondo io non mi trovo là dove sono o dove penso. Sono là dove è ciò che amo. Non è il sapere la misura di ciò che sono, bensì l'amore: *"cogitatio ubi delectatio"*[19] e cioè, i pensieri sono là dove è il cuore[20], il che fa tutt'uno con quel taglio di gratuità in cui riporre l'autenticità dell'essere. Siamo alla radice remota della "memoria morale dell'umanità", che si vuole consolidare invitando ad agire con intelligenza, e con gratitudine per quanto si ha e si è.

È conseguente allora che, in quanto filosofia della libertà – e cioè, una filosofia che non ha un fondamento – questa proposta non obblighi a pensare in un certo modo, certe cose, entro un certo ambito, secondo una certa logica, in vista di un certo obiettivo. La sua sostanza consiste, e si risolve, nel liberare percorsi possibili, svegliando quella creatività che dorme in ogni essere umano[21]. La consapevolezza di ciò che si è induce a riporre la grandezza non nell'avere tutto ciò che si vuole, quanto nel volere ciò che si è e ciò che si può, in un contesto di radicale gratitudine. Pare sia questo – la libertà creativa, più che un qualche fondamento più o meno fittizio e comunque discutibile – il luogo teorico più fecondo per operare l'aggancio tra cultura e fede cristiana, sia perché è il seme che giace nel profondo dell'uomo, sia perché è l'alimento sotterraneo della sua originaria matrice, multietnica, multiculturale e multireligiosa, sia, infine, perché è il nucleo luminoso del messaggio cristiano. O l'aggancio ha luogo a livello di libertà o altrimenti si rivela un'abile maschera di sfiducia nell'altro. Quale l'amalgama dei popoli, la sorgente delle culture, lo spazio di intesa tra le religioni? quale la

---

[19] AGOSTINO, *Comm. Psalmi 7*, 11, in *PL* 36, 104.
[20] AGOSTINO, *Com. I Epistulae S. Johannis*, II, 14, in *PL* 35, p. 1997: «... talis est quisque qualis eius dilectio».
[21] DUNS SCOTUS, *Lectura* I, d. 1, q. 2, n. 117: «Voluntas vult, quidquid vult, per participationem primi boni in ratione effectivi».

forza che dà conto dell'attuale ricerca dell'unità nella pluralità o dell'identità nella differenza? Le etnie, le culture, le religioni, non sono forse espressioni diversificate della stessa libertà creativa?

Ricostruzione della Scuola francescana?

Questa l'area tematica entro cui vorremmo sostare. Il mondo non è prioritariamente il regno dell'essere che sta, o delle cose che divengono o del pensiero che si perde nel nulla. Per quanto ricco, tale regno non pare sufficientemente significativo, finché non venga pensato come espressione della libertà, accantonando sia l'orizzonte inflessibile dell'essere come verità eterna e irrefutabile, sia l'orizzonte folle e angosciante del divenire senza sosta e senza meta; sia, a mo' di compendio, lo stile di vita illuminato dalla luce glaciale del vero senza amore. È una scelta di responsabilità, la scelta che io sono[22], che ognuno di noi è. È la scelta che il francescano da sempre e in forme molteplici invita a compiere, persuaso che, se è disseminata dappertutto, la libertà lo è in particolare in noi, nucleo costitutivo e nobile del nostro essere. È nella libertà che occorre vivere, perché è sulla libertà che saremo giudicati.

Più che ripercorrere le tappe della libertà al seguito della Scuola francescana, qui si vorrebbe pensarla *assieme* ai suoi protagonisti, chiedendoci perché sia la fonte primaria della gratitudine, come sia stata vissuta, quale spazio abbia occupato e infine, quale sia oggi la sua fecondità, teoretica ed esistenziale. Da qui l'articolazione del discorso: 1. la libertà allo stato incandescente di Francesco d'Assisi, per il quale l'uomo non è servo d'alcuno, né possessore d'alcunché, ma figlio di Dio; 2. la libertà creativa propria dell'artista con Bonaventura, per il quale il mondo è l'opera del Verbo, supremo artista

---

[22] J.-P. SARTRE, *L'essere e il nulla*, Il Saggiatore, Milano 1997, p. 638: «La scelta che io sono» (Le choix que je suis).

del Padre, e la storia è, o dovrebb'essere, l'opera d'arte dell'uomo, a immagine di Dio; 3. la libertà speculativa proprio del metafisico con Duns Scoto, per il quale l'univocità dell'essere è lo spazio della libertà di pensiero e di azione sia di Dio che dell'uomo; 4. la libertà legislativa propria del politico con Guglielmo d'Occam, per il quale chi presiede alla vita della Chiesa o alla vita della città è chiamato a rispettare e a sostenere la libertà creativa sia del fedele che del cittadino. La conclusione è che il fascino della libertà sta nell'essere la fonte principale sia dei problemi, sia della loro soluzione.

Capitolo primo
ALLA FONTE FRANCESCANA
DELL'ONTOLOGIA DELLA LIBERTÀ

«Omnia bona Domino Deo altissimo et summo reddamus
et omnia bona ipsius esse cognoscamus et de omnibus
ei gratias referamus, a quo bona cuncta procedunt».

(*Regula non Bullata*, cap. XVII).

L'Occidente è la terra della ragione e del primato dell'io. In seguito alla crescente organizzazione scientifico-tecnica della vita sociale e alla conseguente privatizzazione della rete relazionale, il soggetto è andato ripiegandosi su se stesso, non più fine, ma mezzo, non più protagonista, ma esecutore di progetti che talvolta fatica anche a intendere. Da qui il compito di reinterrogarci intorno alle modalità di vita e di pensiero da mettere in campo per recuperare quella soggettività che costituisce il tratto più propriamente umano della nostra civiltà.

Se è vero che la parabola della nostra storia coincide per alcuni con la "crisi delle scienze europee" (Husserl), per altri con il "tramonto dell'Occidente" (Huizinga), per altri con "la fine della filosofia" (Heidegger)[1], per altri ancora con l'avvento del "regime

---

[1] M. HEIDEGGER, *La fine della filosofia e il compito del pensiero*, in *Tempo ed essere*, Guida, Napoli 1980, pp. 163-164: È la risposta alle due domande poste ad apertura: «1. In che senso la filosofia nell'epoca presente è giunta alla sua fine? 2. Quale compito resta riservato, alla fine della filosofia, al pensie-

totalitario" (Horkheimer, Levinas) o con lo "scontro di civiltà" (Spengler, Huntington), non si può non condividere il tentativo di promuovere una nuova avventura, aprendo un altro capitolo[2]. Il che sembra imporsi ulteriormente se ci soffermiamo sulla logica della democrazia come regime politico, oltre i contrasti ideologici tradizionali, come oltre la contrapposizione Oriente-Occidente[3]. Infatti, con la democrazia si ha un nuovo protagonista – il cittadino – in merito al quale non si può non chiedere come lo si debba pensare, se come un assoluto senza Assoluto e dunque come un "io" autonormante, o invece come un "io" che, mettendo a frutto il sapere scientifico-tecnico, si considera non come isola, ma come membro della comunità e a suo sostegno, senza mortificarne la soggettività e insieme senza idolatrarla. Il che implica il trascendimento sia dell'individualismo occidentale che del comunitarismo collettivistico orientale, nel nome di quell'antropologia caratte-

---

ro?». La filosofia è sorta per controllare il reale ed ha realizzato questo obiettivo grazie al sapere scientifico-tecnico. Infatti, «la metafisica pensa l'essente come essente sul modo della rappresentazione in quanto fondazione. Giacché l'essere dell'essente dall'inizio della filosofia, e con questo stesso inizio, si è manifestato come il fondamento....».

[2] Dall'angolazione della globalizzazione si pensi alla "cosmopoli" ellenico-ellenistica e cioè all'espansione della *"polis* greca"; o all'espansione della *"civitas* romana"* nel mondo allora conosciuto o al Sacro Romano Impero, con il mescolarsi di varie popolazioni, dal Mare del Nord al Mediterraneo. Questi processi erano sostenuti dalla cultura etico-filosofica greca (ellenismo), o dalla cultura etico-giuridica romana, o dalla prospettiva etico-teologica medievale. In ogni caso gli aspetti filosofici di carattere etico costituivano l'anima di quelle forme di globalizzazione. Ora, al contrario, la globalizzazione si esprime nella cultura tecno-scientifica, di carattere omologante, non accompagnata da una comune visione della vita. Come non prenderne atto e contribuire a porvi rimedio?

[3] Il richiamo è al *The End of History and the Last Man* del 1992 di Francis Fukuyama, con l'esplicito richiamo alla caduta del muro di Berlino (1989) simbolo dell'opposizione democrazia-assolutismo, capitalismo-comunismo. Secondo Fukuyama, con la caduta del muro di Berlino e l'implosione dell'Impero sovietico il mondo si avvierebbe verso la progressiva omologazione al modello economico-giuridico-politico occidentale, nel senso della sua progressiva democratizzazione, con al centro il cittadino e il mercato.

rizzata dalla libertà creativa di segno oblativo, cui la sensibilità filosofico-teologica francescana si è da sempre richiamata.

1. **Alla fonte del pensare francescano**

Quale la fonte ispirativa per questo percorso e quali le tappe più significative? Secondo Walter Benjamin noi siamo attesi non solo da quanti ci chiamano all'essere e ci proteggono – i contemporanei – ma soprattutto da quanti ci hanno preceduto. Costoro, infatti, ci sollecitano a liberare la storia dal peso, da cui sono stati schiacciati, o a portare a termine i progetti che essi hanno avanzato, senza vederne la realizzazione[4]. In effetti, ognuno di noi vive nel contrasto tra uno spazio d'esperienza, nel quale è radicato, e un orizzonte di attesa, nel quale si proietta, eco di molte tradizioni, da quella giudaica e cristiana a quella greca e latina, da quella umanistica e rinascimentale a quella illuministica e romantica, da quella socialistica a quella liberale. Sono tradizioni interrotte, non spente, la cui forza suggestiva si agita ancora in noi; sono progetti incompiuti o anche promesse fallite, che possiamo

---

[4] W. BENJAMIN, *Sul concetto di storia*, Einaudi, Torino 1997, pp. 22-23: «Il passato reca con sé un indice segreto che lo rinvia alla redenzione. (...) Se è così, allora esiste un appuntamento misterioso tra le generazioni che sono state e la nostra. Allora noi siamo stati attesi sulla terra. Allora a noi come ad ogni generazione che fu prima di noi, è stata consegnata una debole forza messianica, a cui il passato ha diritto» (II tesi). È un testo significativo contro la retorica delle "generazioni future". Illuminante il commento di G. Marramao: «Siamo noi, dunque, proprio noi che viviamo nel presente, a essere investiti dalle generazioni passate della responsabilità non già di custodire utopicamente una speranza o un'aspettativa, bensì di intraprendere un'azione messianica. Una volta trascritta come un balenare nell'attimo del pericolo del passato non risarcito degli oppressi, delle vittime, dei senza-nome, l'idea benjaminiana di redenzione viene pertanto a convergere con il sentimento che "neppure i morti saranno al sicuro dal nemico": se quel nemico continuerà ancora a vincere» (*La passione del presente*, Boringhieri, Torino 2008, p. 129).

legittimamente rilanciare, sostenuti dal paradosso secondo cui le utopie più coinvolgenti derivano per lo più da ciò che nelle nostre tradizioni giace irrealizzato e che nel fondo della storia personale vive come esigenza di vita e riserva di senso.

1.1. *Individuazione della fonte ispirativa*

Ebbene, tra le tante tradizioni qui si vuol interrogare quella che ci collega a Francesco d'Assisi e alla Scuola di pensiero che da lui ha tratto ispirazione, compendiabile nel passaggio dall'essere come diritto all'essere come dono e dunque dalla logica possessiva alla logica oblativa, dal primato dell'io al primato del noi, nell'assunto che tale piega oblativa e comunitaria sia rimasta ai margini della storia occidentale. Se è vero che la nostra civiltà ha una duplice matrice – quella greco-pagana e quella giudaico-cristiana – occorre chiedersi se la storia non abbia seguito un andamento pendolare, segnato da accentuazioni ora pagane, ora cristiane, e se non sia giunta l'ora – è l'età della globalizzazione – di procedere a una loro più produttiva coniugazione, recuperando come sorgiva la matrice biblica e come subordinata quella greca.

Il francescano è persuaso che l'Occidente, per ritrovare il fascino dell'avventura umana, deve liberarne l'anima creativa, operando il passaggio dall'antropologia dominatoria, tipica del razionalismo occidentale, all'antropologia oblativa, tipica della prospettiva biblico-cristiana, per la quale la tristezza del vivere non sta nel non avere ciò cui si ha diritto, ma nel non dare ciò che si è in grado di dare.

Prima di progettare possibili forme "transumane" con le infinite sperimentazioni che comportano, come è nel costume di un certo stile contemporaneo, il francescano propone realisticamente di impegnarsi a «rimuovere le cause sociali e materiali della sofferenza, legate allo sfruttamento dell'uomo sull'uomo, all'accaparramento privato e nazionale delle risorse, alla cieca distruzione dell'ambiente»[5].

In breve, il suo proposito è di restituire a ciascuno di noi lo spazio di libertà creativa, che ci appartiene, al fine di contribuire alla crescita qualitativa della comunità.

Il perché la ragione con la sua logica dominatoria sia diventata padrona del territorio è da riporre nella necessità che l'umanità si dotasse di un sapere che fosse coesivo al suo interno e di controllo al suo esterno – è il carattere provvidenziale del sapere scientifico-tecnico, che progressivamente ha unificato il mondo.

Ebbene, a questo significativo capitolo, che è il vanto dell'Europa, ove è sorto e maturato, anche se poi, trapiantato altrove, ha conosciuto straordinari sviluppi, credo sia giunta l'ora di aggiungere un nuovo capitolo, di ispirazione appunto francescana, che ha per protagonista l'intera famiglia umana, animata da una libertà creativa di segno oblativo d'altra provenienza e con una logica, la cui traduzione in progetti esistenziali non può aver luogo che attraverso siffatto sapere scientifico-tecnico.

Si comprende l'ardua operazione a cui si vuol metter mano, e cioè fare del sapere scientifico-tecnico lo strumento, non la guida, del nostro futuro, evitando che tale sapere da sostegno della condizione umana si trasformi in causa dell'insignificanza del nostro stesso esistere.

È contro quest'eventualità il cammino che vogliamo intraprendere e cioè, ripensare l'io individuale nel quadro della comunità, mutuando dall'esperienza francescana non le modalità di vita, ma l'ispirazione filosofico-teologica, riconducibile alla subordinazione dell'antropologia dominatoria all'antropologia oblativa, della logica della necessità alla logica della libertà.

---

[5] M. CELENTANO, *Crisi dell'"umano" e utopie transumaniste*, in "Civitas et Humanitas", 7 (2016) 96.

1.2. *La libertà creativa vissuta in senso individualistico*

Francesco d'Assisi (1182-1226) appartiene all'età dei Comuni, «espressione di una nuova società che vuole nascere sulla base di nuovi rapporti sociali. La società antica, quella feudale, si basava su rapporti di dipendenza e di subordinazione: l'uomo era sempre vassallo di qualcun altro (...). La massa del popolo, essenzialmente rurale, trovava la propria sussistenza e la propria sicurezza nella subordinazione a un signore di cui coltivava le terre (...). I comuni rifiutano questo tipo di società che non risponde più alle nuove esigenze di un'economia di mercato. Alle relazioni verticali di dipendenza vogliono sostituire legami di associazione»[6]. L'impianto sociale ereditato – la tripartizione in "*oratores* (chierici), *mercatores* (mercanti) e *bellatores* (cavalieri)" – sta per risolversi in società degli "stati", caratterizzata dalle condizioni socio-professionali, collegate alla diffusione delle arti liberali e delle arti meccaniche.

L'onda nuova di vita, che anima quest'età, si esprime in una politica di affrancamento di uomini e donne da condizioni servili, da divieti e prestazioni di vario genere, e nel diffuso tentativo di ampliare l'arco comunitario dell'esistenza. «Il mondo ricomincia a muoversi, e vive un momento di straordinaria effervescenza. Le persone e le merci circolano, passano i confini tra un paese e l'altro, come anche le idee. Uno spirito nuovo soffia su tutta l'Europa»[7]. Infatti, i "*laboratores*" vengono riscattati in alcune città da una condizione plurisecolare di servitù con la famosa "legge-paradiso"[8]; i "*mercatores*" si guadagnano la libertà,

---

[6] E. LECLERC, *La fraternità come testamento*, Biblioteca Francescana, Milano 2016, p. 53.

[7] *Ivi*, p. 51.

[8] Elisa Occhipinti ne *L'italia dei comuni. Secoli XI-XIII* (Roma 2000, pp. 110-112) ricorda che «con un decreto del 3 giugno 1257 il comune bolognese proclamò l'abolizione della schiavitù, riscattando, dietro pagamento ai loro

sfidando insidie di ogni sorta, alla ricerca del nuovo; i "*bellatores*" meritano l'alto plauso sociale, in quanto impegnati a proteggere i centri urbani da aggressioni esterne – Normanni, Ungari, Islamici – consentendo all'Europa dell'anno Mille di vivere in relativa tranquillità.

Questa tripartizione resiste ancora, ma è in ebollizione per un'onda di vita che mette in discussione pregiudizi atavici, aprendo nuovi orizzonti. Infatti, nonostante il carico negativo della tradizione, compendiabile nella sua identificazione con l'usuraio, il mercante si guadagna un posto di rilievo, perché rompe gli argini e sposta i confini della convivenza, sfidando i rischi di viaggi pericolosi, come i disagi di strade, spesso impraticabili. Sono uomini coraggiosi che alle relazioni di dipendenza sostituiscono legami di associazione, con i loro avventurosi viaggi accendono la nostalgia dell'"altrove", spezzando "i monopoli" della lingua e del costume[9]. Libertà è avventura, e viceversa. Pensiamo al *Milione* di Marco Polo o alla *Storia dei Mongoli* del francescano Giovanni da Pian del Carpine. Nuove spezie dal Medio Oriente, nuove stoffe dalle Fiandre, soprattutto notizie di altri costumi e di forme inusitate di religiosità. Il mercante gode di una sua libertà, resa possibile da quei guadagni che gli consentono di muoversi in un ampio spazio sociale. Denaro è libertà, perché consente di avere a disposizione ciò che si vuole. È creativa tale libertà, ma anche solitaria, perché si identifica con lo status sociale di alcuni – pochi – protagonisti di imprese e di successi.

Altrettanto si dica di quel settore degli "*oratores*", rappresentato dall'intellettuale, che si afferma in misura che la cultura esce dai

---

proprietari, alcune migliaia di servi». Fu detta la "legge Paradiso", perché la motivazione era il restituire a tutti la libertà che Adamo godeva nell'Eden. Per una sua lettura critica cfr. M. GIANSANTE, *Retorica e ideologia nei prologhi del "Liber Paradisus" di Bologna (1257)*, in "Nuova Rivista Storica" 79 (1995) 675-90.

[9] F. RIVA, *Filosofia del viaggio*, Vecchi, Roma 2013.

chiostri e prende posto nella città, diventando laica[10]. La riscoperta delle opere degli antichi; l'esplorazione di una vasta letteratura, propiziata dal commercio e sostenuta da prìncipi illuminati – su tutti Federico II – dilatano gli orizzonti del pensare, consentendo di percorrere sentieri inusitati.

Nasce un'idea di libertà non risolta nel tessuto sociale, impegnata a incrementare il sapere in altre direzioni. Più che giustificare le cose come stanno, si testimonia un diverso sentire o un nuovo modo di vedere, immettendo nel circuito culturale la pensosità del pensiero, in omaggio alla ritrovata ricchezza della "cosa" da pensare.

Anche qui, si è davanti a una nuova forma di libertà, quella intellettuale, che «è pur sempre una libertà solitaria»[11].

Altrettanto si dica dei "*bellatores*", e cioè di coloro che, impegnati in azioni di guerra (*bellum*=guerra), sono chiamati cavalieri – il cavallo era lo status symbol – o anche aristocratici (*aristos*=migliore), e cioè coloro che erano al vertice della piramide sociale.

In fondo, difensori della pace contro continue ondate di barbari, costoro garantivano una relativa tranquillità all'Europa del tempo.

Conferma di questa alta considerazione è la prima letteratura laica – i racconti di Re Artù, le gesta di Carlo Magno, le avventure dei paladini, i cavalieri della tavola rotonda. Simbolo della "cortesia", il cavaliere godeva di una libertà "singolare", legata al coraggio dimostrato in guerra e alla gentilezza e generosità manifestate in pace. Dall'insieme emerge un orizzonte caratterizzato dall'aurora della libertà creativa, secondo modalità di diversa intensità, prive ancora di un effettivo collegamento, ciascuna dotata di un proprio fascino.

---

[10] J. Verger, *Gli uomini di cultura nel Medioevo*, Il Mulino, Bologna 1999.

[11] M. Bartoli, *La libertà francescana. Francesco d'Assisi e le origini del francescanesimo nel XIII secolo*, Il pozzo di Giacobbe, Trapani 2009, p. 53. Sono pagine luminose e ampiamente documentate.

1.3. *Francesco sente prepotente il flusso di vita dell'età dei Comuni*

Tommaso da Celano, suo primo biografo, sottolinea che egli era alla ricerca di uno spazio nuovo, notando che «*pompa vanae gloriae praeire caeteros nitebatur* = cercava di eccellere su tutti»[12]. Egli mirava all'autoaffermazione. Ebbene, lo spazio socialmente più visibile era quello dei "*bellatores*" (cavalieri), con tratti laici e religiosi, profani e sacri a un tempo – san Martino il modello[13]. Ebbene, Francesco, consapevole che non erano i mercanti – venditori di stoffe o banchieri – al vertice della considerazione sociale, ma i cavalieri, insegue questo miraggio, desideroso di condividere la loro nobiltà[14]. Dopo aver sperimentato la liberalità che il denaro gli garantiva, tra banchetti e abbigliamenti esotici, si lascia catturare da questo sogno di gloria. Dopo la sconfitta di Assisi a opera di Perugia e dopo la sua prigionia e malattia, Francesco, tornato a casa dietro riscatto da parte della famiglia, si getta nei preparativi per la realizzazione di questo ideale giovanile. Era la primavera del 1205. Il suo biografo ricorda che, venendo a conoscenza che un aristocratico d'Assisi stava organizzando una spedizione nelle Puglie[15], «Francesco, leggero d'animo e molto audace (*non modicum audax*), trattò subito per arruolarsi con lui: gli era inferiore per nobiltà di natali, ma superiore per grandezza d'animo, meno ricco, ma più generoso»[16]. Era la strada che sembrava gli consentisse di

---

[12] *Vita beati Francisci* I, 1-2.

[13] Nota la cappella dedicata a S. Martino, nella Basilica inferiore di San Francesco in Assisi, affrescata da Simone Martini.

[14] Nella guerra di Perugia contro Assisi del 1202 Francesco non esitò ad arruolarsi nell'esercito della sua città.

[15] Il riferimento è a Gualtiero di Brienne che nel 1205 si stava dirigendo con un'armata verso le Puglie per poi, secondo il disegno di Innocenzo III, partire con le navi verso l'Oriente.

[16] *Vita beati Francisci* I, 4: «Quibus auditis, Franciscus, quia levis animo erat et non modicum audax, ad eundum cospirat cum illo, generis nobilitate impar sed magnitudine superior, pauperior divitiis sed profusior largitate».

realizzare l'obiettivo agognato. Acquistato un cavallo e assoldato uno scudiero, Francesco cavalcò verso il sud per unirsi all'armata di Gualtiero di Brienne. Dopo la prima giornata di galoppo, giunto a Spoleto, è turbato da un sogno circa il signore da servire, se quello che è "in cielo" o quello che è "in terra"[17]. Spiritualmente scosso, il giorno dopo fa ritorno in Assisi.

2. Francesco e l'incontro dei lebbrosi

È a questo punto che inizia la lunga parabola della conversione[18]. È una sorta di traversata del deserto, durante la quale sacrifica giorno dopo giorno quanto fino a quel momento gli era sembrato indispensabile e gratificante, come la reputazione e il successo.

2.1. *La dimensione oblativa della libertà francescana*

L'espressione più significativa di questo cambio è l'incontro dei lebbrosi. Generoso d'animo, egli fino allora aveva fatto pervenire loro non poche cose per il tramite degli addetti alla bottega del

---

[17] *Anonimo Perugino*, in *FF* 1492: «Giunto a Spoleto, preoccupato del viaggio, a notte fatta si stese per dormire. E nel dormiveglia udì una voce interrogarlo dove stesse andando. Lui rivelò per ordine tutto il suo progetto. E la voce: "Chi può meglio trattarti: il Signore o il servo?". Rispose: "Il Signore". Replicò la voce: "E allora perché abbandoni il Signore per il servo; il Principe per il dipendente?"».

[18] T. LE GOFF, *San Francesco d'Assisi*, Laterza, Bari 2002, p. 32: «La conversione sarebbe presentata nella *Vita prima* in una prospettiva "spirituale" o psicologica e nella *Vita seconda* in una prospettiva religiosa o "mistica". (...) È significativo che, malgrado il carattere di illuminazione subitanea, di brusco mutamento che sempre riveste una conversione in un racconto agiografico, quella di san Francesco, secondo Tommaso, si svolge per quattro anni o cinque anni e segue un itinerario che passa attraverso episodi molteplici».

padre. In seguito a questo mutamento di prospettiva, egli stringe rapporti personali di effettiva fraternità, condividendo il cibo e prestando loro l'aiuto necessario per alleviarne le pene. È il passaggio dalla donazione, qualificata dalla cosa donata, al dono, caratterizzato dal coinvolgimento soggettivo nella relazione. Egli si sente animato da tale forza d'animo da lasciar cadere quel fascio di interrogativi fino allora d'ostacolo al loro incontro. È questo un capitolo ammantato di silenzio. Sono i gesti che parlano. Egli si spoglia di qualunque rivestimento egolatrico e va nudo incontro a questi "maledetti della terra".

L'incontro con i lebbrosi e il porsi al loro servizio sono l'espressione tangibile della potenza della libertà creativa di segno oblativo, che si sta svegliando nel fondo della sua anima. Non è l'essere come diritto, ma l'essere come dono che comincia a farsi largo, prevalendo sulla soggettività orgogliosa e autocelebrativa. Anche se non tradotto in specifiche enunciazioni dottrinali, l'essere come dono si impone come la stella polare di quest'alba che sta per sorgere. Non c'è altra via per raggiungere l'altro in quanto altro. Siamo all'affermazione di un altro "paradigma"[19], a un cambio di registro, a un nuovo modo di guardare la realtà, non più secondo la logica di quell'oggettività che è propria del principio di identità, grazie al quale mi rapporto all'altro come cosa determinata – pericoloso per la salute pubblica, da tener lontano. Si annuncia prepotente il principio d'alterità, secondo cui ognuno di noi è se stesso, oggetto del sapere rigoroso, e qualcos'altro, da intravedere e interpretare. È il "qualcos'altro" che indica la strada che Francesco comincia a seguire, ben diversa da quella identitaria. Fuori dell'esaltazione dell'"altro" in quanto è ciò che è e altro ancora, non c'è che l'oggettivazione, secondo cui l'altro è ciò che è, e nient'altro, dunque, da sottomettere se utile, da tener lontano se pericoloso.

---

[19] Il richiamo è al paradigma nel senso di TH. S. KUHN, *La struttura delle rivoluzioni scientifiche. Come mutano le idee della scienza*, Einaudi, Torino 1969.

2.2. *Contro il primato del pensare oggettivante*

Francesco sognava un futuro di inesplorata nobiltà. «Poiché era avido di gloria (*gloriae cupidus erat*) – scrive il Celano – nel sogno Dio lo conquise con il miraggio di una gloria più alta (*gloriae fastigio eum allicit et exaltat*)»[20]. Non soddisfatto della fama di mercante e svanito il sogno di diventare cavaliere, egli si ritrova alla fine avvolto da un'onda di vita nuova, ove gloria e umiliazione, nobiltà e servizio stanno insieme. Se non è quella degli *oratores*, dei *mercatores*, dei *bellatores*, di quale condizione di vita si tratta? Egli non va alla ricerca dell'altezza spirituale dei monaci, né aspira alla rilevanza sociale dei mercanti, o alla nobiltà aristocratica dei cavalieri. È la qualità che ora lo assilla. Lo scenario degli stili di vita, sia civile che religiosa, gli appare ben povero. Nel *Testamento* Francesco ci mette a parte di come inizi a prender forma questo nuovo futuro, allorché accenna a come abbia cominciato a cambiare prospettiva (*incipere faciendi paenitentiam*), e cioè il «signore mi condusse tra i lebbrosi» (*Dominus conduxit me inter illos – leprosos*)[21], la cui visibilità sociale era concordemente interdetta. Si annuncia un altro mondo, non accattivante; un'altra esperienza, quella dell'emarginazione; un altro versante, quello interiore.

La situazione del lebbroso è la più umiliante, da sempre, aggravata dalle dicerie circa il suo insorgere, come quella che riteneva fosse provocata dal disfrenamento della "libido" e dunque accompagnata dalla condanna anche di Dio. Francesco lo confessa quando dice che «mi era troppo amaro vedere i lebbrosi»; e aggiunge: «usai loro misericordia, e allora quello che era amaro mi si trasformò in dolcezza di animo e di corpo». Quale la gemma che Francesco crede di aver intravvisto nel corpo disfatto del lebbroso? Egli, infatti, sottolinea che «stetti poco e lasciai il mondo (*parum steti*

---

[20] *Vita beati Francisci* I, 5.
[21] *Testamentum* I-4.

et exivi de saeculo)»[22], e cioè, uscì dal modo consueto di giudicare. Quale? È questo l'interrogativo che ci introduce alla nuova pagina che Francesco sta per scrivere, da riprendere e sviluppare. Egli percepisce che il modo diffuso di rappresentare l'altro consiste nella sua "oggettivazione" e cioè nella sua visibilità sociale. E questo stile non è innocuo, ma carico di implicazioni di carattere sia teorico che esistenziale. È ovvio che, sotto il profilo oggettuale, il lebbroso è ripugnante, mentre altri, benestanti o nobili, sono, fonte di invidia o motivo d'emulazione. Ma in questo modo non si chiudono forse gli occhi su quella ricchezza interiore che, come tale, non solo è pari a quella di tutti gli altri, ma è da privilegiare, dal momento che è avvolta dal velo umiliante del disprezzo e dell'abbandono da parte dei più? Ispirato al conoscere oggettivante, l'essere si risolve in ciò che è constatabile – oggetto del sapere identitario. È la piega del pensare occidentale, che Francesco mette in discussione come primaria fonte di valutazione, ritenuta invece parziale e deviante.

2.3. *La scelta francescana del primato della libertà creativa di segno oblativo*

Francesco non si lascia guidare dalla verità oggettiva. Non è la ragione, ma la volontà a imporsi, assoggettando a sé la verità. Si è al di qua della strada che l'Occidente percorre, che lascia fuori il mondo delle qualità e il regno della soggettività dei soggetti[23].

---

[22] Cfr. *Mt* 13,45, in cui si parla di colui che vende tutto e compra il campo ove è nascosto il tesoro.

[23] Alla domanda cosa preceda la ragione, U. Galimberti risponde: «Spinoza parla di un *conatus* per cui ogni cosa si sforza di permanere nel suo essere. Leibniz parlava di *appetitus* antecedente a ogni percezione, Schopenhauer parla di *volontà di vita* rispetto a cui ogni rappresentazione era un inganno. Nietzsche di *volontà di potenza* che a null'altro tendeva se non a ribadire se stessa. Dunque, la filosofia ha sempre sospettato sotto la luce chiara del *cogito* e delle sue

Con l'età moderna si conferma la tesi che il sapere di ciò che è non può soggiacere alla mutevolezza dei fenomeni come agli ondeggiamenti dei protagonisti, ma deve essere stabile e valido per tutti[24]. È bene prendere coscienza della gravità teoretica di questa scelta, messa in atto dall'Occidente, e cioè preferire l'invariante al variabile e soprattutto individuare le forme dell'essere, lasciando cadere la fonte che le alimenta. Pur consapevole dell'utilità di tale sapere, il francescano, non ritenendolo radicale, ma derivato e funzionale, invita ad aprire un altro percorso, a fare un'altra scelta, a vedere le cose in altro modo[25]. Il mondo non è un gran-

---

rappresentazioni la luce nera e poco familiare della vita che ribadisce se stessa», incurante delle rappresentazioni dei filosofi (*Il gioco delle opinioni*, Feltrinelli, Milano 2004, p. 145).

[24] Per cogliere la radicalità di questa tesi, si rilevi che i filosofi si sono ben guardati dal considerare l'essere come amore che si dona e dona, che qui, invece, svolge il ruolo di premessa fondamentale. Non c'è spazio per la logica oblativa. Dio è l'Essere (Aristotele, Heidegger) o l'Uno (Plotino, Proclo) o la Sostanza (Spinoza, Leibniz, Hegel) o l'Infinito (Cartesio) o idea della ragione (Kant, Nietzsche, Husserl). Il motivo è da riporre nel fatto che l'essere come dono e dunque gratuito e cioè senza-perché, si colloca oltre il territorio della ragione che è il territorio del "perché". Si esamini *Ord.* III, d. 18, q. u., n. 17 (Vivés): «Non est ratio quare contingentia sunt contingentia, quia eorum causa quando causat contingenter causat». Il regno del perché non raggiunge il fondo del reale, costituito invece dalla libertà o del senza-perché. V. CARRAUD, *Apparuit caritas. L'image de Dieu: banalité et originalité d'une enciclyque,* in "Communio" 34 (2009). Cfr. J.-L. MARION, *Démocratie, quelle place pour la gratuité?,* in AA. Vv., *La démocratie, une idée neuve,* Bayard, Paris 2012, p. 140: «La logique (dans les Écritures) veut qu'on passe de l'interprétation économique de l'alliance à son interpretation selon le don».

[25] Il padre della scuola francescana, Alessandro d'Ales, lo rileva in molti modi, riconoscendo che la scienza di Aristotele è la «scientia [...] intelligibilium» e «ars [...] universalium», e cioè ha come suo oggetto l'*intelligibile* e l'*universale*. In rapporto a questo modello la teologia non può dirsi *scientifica*, «ut patet in narratione historica». La teologia coltiva i modi «poeticus», «historicus» o «parabolicus», che non possono dirsi scientifici, essendo il *modus scientiae,* dal canto suo, «definitivus, divisivus, collectivus» (*Summa Theologica seu sic ab origine dicta "Summa fratris Alexandri",* studio et cura PP. Collegii S. Bonaventurae, t. I, l. III, Prolegomena, Florentiae 1948, I, tr.

de teorema o un gioco scomposto di atomi alla ricerca di nuovi equilibri. Egli è persuaso che l'essere non sia neutro, qualcosa che sarebbe là, oggetto del principio di identità. Da qui la grave decisione, e cioè il reale non è perché razionale – il primato non spetta alla ragione e dunque al sapere oggettuale. Il reale è perché voluto, voluto da chi poteva non volerlo, o volerlo altrimenti o non volerlo affatto.

Al centro il francescano pone non più la ragione, ma la volontà. È un atteggiamento gravido di conseguenze, fecondo se e perché radicale. La grande classificazione non è tra enti "naturali" e enti "razionali", come propone la filosofia pagana. La grande classificazione è tra enti che agiscono in forza della loro natura ed enti che agiscono per conto della volontà. È la volontà lo spartiacque, ciò che ci distingue da tutti gli altri esseri e ci qualifica. La ragione rientra nel novero della "natura", in quanto non può agire che come agisce, dicendo il vero se vero, il falso se falso. La ragione è una facoltà *determinata ad unum*. Anzi, di per sé la ragione non può dirsi una potenza autonomamente attiva, perché vien messa in moto dalla volontà[26]. Essendo lo spettro del reale infinito, perché esploro questo e non quello, se non perché la volontà è interessata più a questo che a quello, confermandosi primaria guida della ragione? E poi, a essere esigenti, dovremmo dire che la ragione è irrazionale, nel senso che la sua razionalità è funzionale, e cioè è da ricondurre al servizio che presta alla volontà, cui spetta

---

intr., q. 1, c. 1, ob. 2). Cfr. Aristoteles, *Metaph.* A, 1, 981 a 15-17; 6-7. Cfr. l'ottimo saggio di G. Tavolaro, La *doctrina theologica* come *scientia a sapore affectionis* nella *Summa fratris Alexandri*, in "Miscellanea Francescana" 113 (2013) 311ss.

[26] Secondo Agostino è la volontà che agita le altre facoltà e le congiunge dando luogo al pensiero o "cogitatio", da "co-agere", co-actum, frutto del mescolamento delle facoltà: «Atque ita fit illa trinitas ex memoria et interna visione, et quae utrumque copulat voluntate. Quia tria (in unum) coguntur, ab ipso co-actu cogitatio» (*De Trinitate* libro XI, cap. III).

scegliere e decidere[27]. La vera potenza razionale è la volontà, dal momento che può determinarsi come vuole, mettendo a frutto la luce che le viene dai molti canali dell'essere, ascoltando voci che vengono forse da lontano e si sottraggono al controllo della ragione. La sua è un'indeterminazione attiva, perché procede dal fondo abissale della nostra soggettività e riflette i molti percorsi che è possibile intraprendere[28]. Siamo alla fonte della scelta originale del pensare francescano, irrazionalizzabile non perché irrazionale ma perché trascendente la ragione, frontalmente opposta all'impostazione che l'Occidente ha consolidato e che ora, con il trionfo del sapere scientifico-tecnico, sembra al vertice. Il primato non spetta alla ragione, ma alla volontà, e dunque il reale non è perché era razionale che fosse, ma è perché voluto[29], obbligandoci

---

[27] DUNS SCOTUS, *Quaestiones subtilissimae super Metaph.*, IX, q. 15, ed. Wolter, p. 156: «Intellectus hoc modo non habet rationem potentiae activae proprie dictae. (...) Immo, praecise sumptus (...) est irrationalis, solum secundum quid rationalis, inquantum praexigitur ad actum potentiae rationalis».

[28] *Ibidem*: «Voluntas est proprie rationalis, et ipsa est oppositorum. (...) et non oppositorum modo naturae, sicut intellectus non potest se determinare ad alterum, sed modo libero potest se determinare. Et ideo est potentia, quia ipsa aliquid potest, nam potest se determinare». Per ulteriori puntualizzazioni circa la modernità delle intuizioni di Scoto in rapporto a Cartesio e a Locke cfr. B. WALD, *L'invention du Moi*, in AA. Vv., *L'humain et la personne*, Cerf, Paris 2008, pp. 195-216.

[29] Il vero ostacolo è la volontà, con il peso della storia che può ripiegarla su se stessa nell'identificazione con la forza dominatoria della ragione, al punto da resistere a qualsiasi controindicazione. Solo la volontà può far fronte alla forza dell'argomentazione. Le ragioni possono costringere solo la ragione, non la volontà. Il che significa che la volontà trascende la ragione, ma non per questa è da dire irrazionale, come invece è ritenuta da quanti danno per scontato che la ragione sia normativa e che la sua normatività copra per intero lo spettro dell'essere. Qui per volontà non bisogna intendere la "volontà di potenza", che è la verità della ragione oggettivante. La volontà di potenza non abolisce tale razionalità, ma, comprendendola nella sua essenza come volontà di verità, la porta a compimento sotto la figura nichilista dell'essenza della tecnica, che è volontà di potenza in atto. Qui per volontà, al contrario, più che una facoltà, si intende il passaggio inconcepibile e discontinuo dall'evidenza all'amore, dal dominio al

a un ripensamento radicale, dal momento che porta la traccia del soggetto che l'ha voluto.

L'incontro dei lebbrosi, perché accada, deve esser desiderato. È la decisione della volontà, non il frutto della ragione o della verità oggettuale, non però di una volontà cieca o puramente compassionevole. La strada aperta da Francesco comporta una riconsiderazione di tutta l'avventura occidentale come anche dei suoi risultati, mettendone in discussione la gerarchia. Sì, la sua proposta impone una riconsiderazione di quanto detto e fatto fin qui. Perché? La razionalità, lungi dall'esprimere il fondo del reale, si presenta come la realizzazione della volontà progettuale in esercizio, cui spetta il primato. La forza del gesto di Francesco sta nella volontà di intercettare l'altro sullo scenario dell'essere con il cumulo dei suoi bisogni, di varia indole, rispondendo alla sua richiesta d'aiuto senza condizioni e limiti. Qui la ragione non ha spazio, essendo piuttosto al servizio della volontà, immersa nel vortice di vita dell'altro in quanto altro. Si tratta di un nuovo capitolo all'insegna del primato della volontà creativa di segno oblativo. Dove la fecondità di questo percorso?

---

servizio, dal calcolo alla sorpresa. In breve, da un orizzonte determinato verso un orizzonte indeterminato, si tratta del passaggio pascaliano da un ordine a un altro. Se «noi conosciamo la verità non soltanto con la ragione ma anche con il cuore» (*Pensées*, Br. 82\L. 44), vuol dire che la verità che raggiungiamo con la ragione è ben diversa da quella cui perveniamo con il cuore, l'una di carattere calcolatorio-scientifico, l'altra intuitivo. Ebbene, è questa verità che consente di raggiungere il fondo del reale, frutto dell'amore, intendendo per fondo del reale quel fuoco creatore grazie al quale siamo e le cose evolvono. Solo il cuore conosce il cuore. Il libertino le sue posizioni non le ritratta per motivi razionali. Il dibattito va portato nel suo vero luogo – disputare della volontà, perché diventi la facoltà dell'amore. L'obiettivo è liberare la volontà da se stessa. Quando scrive: «Lavorate non a convincere attraverso l'argomentazione ma a diminuire le passioni» (Br. 233), Pascal non invita a regredire al di qua della ragione, ma a disporre la volontà ad amare ciò che è amabile. «È grande la distanza tra il conoscere e l'amare Dio» (Br. 280). È la volontà il luogo dell'amore, non la ragione. Si cede all'amore, non all'evidenza. Qui non si tratta di indebolire o di prendere il posto della ragione, ma di condividere la forza esplosiva dell'amore creativo.

3. Francesco e la soggettività dei soggetti

Ognuno conosce e si dà a conoscere in base a ciò che fa e dice. Cosa sappiamo dell'altro? Di cosa ci riteniamo testimoni? Per una qualunque valutazione non disponiamo che della sua oggettivazione, grazie a cui si ha lo scambio degli equivalenti, con cui i soggetti in relazione si ritrovano soddisfatti. È la messa in opera del principio di ragion sufficiente, che accompagna il principio di identità.

3.1. *Oltre l'identità oggettivata, verso la soggettività del soggetto*

La democrazia è il regno della razionalità oggettiva e dunque dello scambio. La subordinazione del soggetto politico a tale razionalità rientra tra gli elementi essenziali della concezione occidentale della convivenza. La conoscenza di sé o dell'altro ha luogo in base a ciò che si fa e si dice. Se conoscere significa oggettivare, allora il fatto che io pensi questo o quello non equivale al fatto che io mi pensi o che pensi me stesso o l'altro in quanto soggetto pensante. Ciò che si pensa è qualcosa di ben distinto dal soggetto pensante, sempre altro rispetto al mio io o all'io dell'altro. L'io è inconoscibile. Il pensiero pensante io lo conosco solo come pensiero pensato, dunque come oggetto, mai come pensiero pensante o come soggetto. Con il Novecento le scienze son cresciute, ma tutte all'insegna dell'oggettivazione. Dunque, è epistemica l'impossibilità a conoscere l'io in quanto tale o il soggetto come soggetto. Il pensiero pensante è inaccessibile dal momento che, se pensato, viene oggettivato. Tutto ciò che è conosciuto sotto il titolo di "Io" resterà sempre un "me" che è precisamente l'opposto (*ob-jet*) dell'io. *Non si dà un pensante puro che pensi se stesso senza diventar pensato.* Quando dico "Io" dico "tutto" a condizione che non mi lasci oggettivare e cioè che non mi lasci risolvere in ciò che dico o faccio, ma resto aperto al di là di ciò che ho fatto e ho detto, perchè capace d'altro[30].

3.2. *Tendenza a subordinare l'altro a sé*

Ora, chi non è consapevole che conosce l'altro non come soggetto ma come oggetto, è difficile che si sottragga alla tentazione di sottometterlo a sé, per vie ardue da decifrare e tuttavia ampiamente praticate. È questa, infatti, la piega che prende la convivenza all'insegna del primato dell'oggettività. Finché il rapporto si risolve nelle relazioni oggettuali, occorre ammettere che ciò che percepisco e comprendo ha luogo nella mia coscienza, dove tutto ciò trova spazio come "oggetto" e che io percepisco uscendo da me – alienandomi a mia volta. Non accedo all'altro in quanto altro, ma all'altro in quanto "questo" o "quello" – da qui tutti i fraintendimenti. Dove riporre la potenza significativa del divieto evangelico di "giudicare l'altro" se non nel presupposto che l'io dell'altro è sempre oltre qualsiasi possibile oggettivazione? E cosa è il giudizio se non un'operazione essenzialmente oggettivante? Pur restando fedele a se stesso, l'io s'avvede che non può uscire da sé e tuttavia non si coglie in sé. Il reale non è separabile dalla sua pensabilità, e cioè non è senza la sua idea o meglio è nella sua idea attraverso cui si ritrova esposto all'altro – ecco il ruolo e il limite dell'"idea". La decisiva conseguenza, che caratterizza la modernità, è che la condizione d'essere del soggetto si decide attraverso il soggetto, al quale si manifesta, il quale, oggettivandolo,

---

[30] È questa impresa che lo stile "naturalistico" del pensare impedisce di intraprendere. Ne è conferma la ricca produzione filosofica di O. Franceschelli per il quale si impone come primario il principio di identità come identificazione della "cosa", mentre sembra assente il principio di differenza o d'alterità, per il quale ogni creatura è se stessa e qualcos'altro. Cfr. l'ultimo bel saggio *In nome del bene e del male. Filosofia, laicità e ricerca di senso*, Donzelli, Roma 2018.

si oggettiva a sua volta. La soggettività di sé e dell'altro scompare o meglio si risolve nell'oggettività, confermando il carattere alienato sia di colui che giudica che di colui che è giudicato. Se è vero che ha posto al centro la domanda oggettivante: ti esti? – cos' è questo, cos'è quello? – l'Occidente razionale, defininendo l'uomo, lo ha oggettivato perdendone l'umanità più propria, sorgente di possibili nuovi mondi. Si impone allora, il compito di recuperare la soggettività del soggetto e dunque l'altro in quanto altro, cedendo il passo alla volontà. E' la via maestra per dar corpo a una nuova, più umanamente ricca forma di cittadinanza. È quanto Francesco si propone, lui non l'uomo dell'identità, ma l'uomo dell'alterità, non preso dalle cose, ma affascinato dall'altro, ricco o povero, perché figlio di Dio.

3.3. *In cosa consiste l'altro in quanto altro?*

La domanda di fondo è: quando il soggetto progettando e operando si rivela come soggetto, non oggettivato né oggettivabile, e si rapporta all'altro come tale? O anche, in cosa effettivamente consiste la soggettività, non riconducibile all'oggettività propria del pensiero calcolante? Non occorre forse procedere al cambio di paradigma nella valutazione del soggetto, e passare dal primato del principio di identità o primato della razionalità al primato del principio di differenza o d'alterità, sostenuto dalla libertà creativa di segno oblativo, nel quadro dell'essere non come diritto ma come dono? In effetti, in quanto voluto, l'altro non può risolversi in ciò che è, ma è avvolto da quell'alone di senso e dotato di quel carico di virtualità che rinviano sia alla volontà di colui che lo ha voluto e sia all'orizzonte che egli è in grado a sua volta di volere. Il principio della differenza pone in luce l'inoggettivabile come anima dell'oggettivabile e dunque mette a tema quello scenario di sentimenti, di allusioni, di speranze o di disperazione che segna la nostra personalità. Ecco il passaggio essenziale. Non è la razionalità a caratterizzare la soggettività del soggetto, ma quell'abisso o profondità, che si fatica a definire ma che accompagna e qualifica ciò che si è, confermandosi respiro dell'essere, in quanto essenzialmente apertura verso ciò che non è ma è possibile che sia – il lebbroso che Francesco avvicina, oltre ad essere ciò che è – un soggetto malato – chiama in causa la società che l'emargina e insieme il Cristo in croce che lo accoglie. E non è forse "questo qualcos'altro" a imporsi e a rendere sensata la sua soggettività, al punto da sollecitare l'interessamento di Francesco?

3.4. *L'altro cifra dell'"aperto" nel gioco relazionale del dono*

E allora, come raggiungere l'altro come altro, non l'altro come autorispecchiamento, ma l'altro come riconoscimento? Quale la logica che deve presiedere a tutte le altre in maniera che l'altro sia raggiunto come altro, oltre il piano dell'oggettivazione? A quale logica affidare il nostro esercizio dell'essere? Si intravede qualificante la logica della libertà creativa di segno oblativo, che trascende l'identità oggettuale, perché protesa verso altri mondi, alla scoperta di ricchezze che altrimenti resterebbero nell'ombra. Il momento creativo è decisivo, come decisivo è il tratto eteroreferenziale o oblativo. Se nel primo momento – quello oggettuale o anonimo – il lebbroso suscita ripugnanza, che Francesco sente fortissima, nel secondo – quando lo si scopre nella sua soggettività come "lo scarto" della società e insieme immagine di Cristo in croce – si impone il ripensamento e il servizio e dunque la creatività, nel contesto della sua incancellabile dignità. E l'altro che mi interpella, ricco o povero, perplesso o angosciato, non è forse colui che chiede aiuto e dunque sollecita la mia creatività non autocelebrativa, ma oblativa? Ecco la soggettività che è a cuore a Francesco, da raggiungere e tematizzare trascendendo il principio di identità, grazie al principio di alterità che fa spazio a quel fondo che ognuno vive a suo modo, spesso deturpandolo o solo abbandonandolo nell'abisso dell'incoscienza.

L'oggettivazione è preziosa perché ci costringe a non eludere la realtà, da funzionalizzare però a quella soggettività che in quell'oggettivazione non si risolve. Francesco mostra come sia possibile recuperare la dignità di questa schiera negletta di esseri umani, accogliendoli entro il circuito della propria soggettività, salvaguardata nel mentre salvaguarda la soggettività dell'altro, non giudicandola ma custodendola. Via, questa, stretta e difficile, e tuttavia unica per restituire all'altro la coscienza della sua dignità. È la scelta di Francesco, e cioè sciogliere quel grumo egocentrico, che porta al disinteresse o al disprezzo dell'altro. La vita – come ogni altro valore – va vissuta attraversando lo spazio oggettuale, per illuminarla di quella gratuità, che porta a trascendere tutte le forme espressive, con le quali per lo più si tende a identificarla – il ruolo, il potere, la professione. Occorre far proprio il principio di alterità o di differenza, dilatando gli spazi – io sono quello che sono e qualcos'altro.

3.5. *La lezione di Francesco prima contestata e poi condivisa*

Non è agevole accettare tale stile di vita, dal momento che comporta la messa in discussione dell'esistenza, pensata e vissuta per lo più entro la logica oggettivante e dominatoria. In effetti, i suoi concittadini non compresero questa nuova onda di vita, respingendola con sarcasmo e derisione. Francesco resse all'urto, che andò attenuandosi, in misura che si comprese che effettivamente l'oggettivazione, qualunque sia, è sempre al di qua del soggetto, ed è, se non falsa, approssimativa; e che l'operazione di recupero della soggettività del soggetto, finalmente al centro del vivere e del pensare, è davvero liberatoria da una cappa ingiusta e peccaminosa. La nostra dignità trascende le modalità sociali, mobili ed evanescenti, da riporre piuttosto nella capacità di lasciarsi investire dalla "logica oblativa", quella che si ispira al gesto creativo di Dio, che chiama dal nulla ognuno per nome all'essere, e immette nell'avventura appassionata del Cristo, che corre dietro ogni creatura, infangata e ribelle. Anche se l'oggettivazione avrà il sopravvento – è la piega del sapere scientifico-tecnico dell'Occidente – l'ansia di libertà, che segna il dire e il fare di Francesco, resta alta e significativa, alimentata dal principio d'alterità o di differenza. Ieri questa lezione non è stata apprezzata, perché ognuno impegnato a costruire il "suo mondo" in base alle sue esigenze. Oggi – età della globalizzazione – come non ripensare e riproporre come qualificante ciò che è oltre il proprio breve orizzonte, oltre cioè il cerchio che il soggetto, restando in sé, traccia intorno a sé? Il mescolamento di popoli, di religioni, di costumi, non ci sollecita a uscire dall'angustia del nostro "mondo antico"? Non siamo più nell'età dell'identità, ma nell'età dell'alterità.

4. La famiglia francescana e il carattere comunitario dell'essere

La filosofia (*logos*) e la comunità (*polis*) nascono in Grecia all'insegna del primato dell'oggettivo sul soggettivo, dell'universale sul singolare, del necessario sul contingente. Il francescano propone un diverso modo di pensare e di stare insieme, ispirati al primato del singolare sull'universale, del soggettivo sull'oggettivo, della contingenza sulla necessità, entro un orizzonte non segnato dalla logica della contrapposizione, ma dalla logica dell'inclusione, nell'assunto che finanche le contraddizioni non sono che provvisorie, conferma forse della nostra finitezza, o invito a spingere lo sguardo più a fondo di quanto non consenta la logica del pensare oggettivante.

4.1. *L'articolazione soggetto-comunità*

Infatti, il primo compito non è come tenere insieme i molti, che la filosofia ha risolto con l'acquisizione dell'universale, ma quale sia lo spazio della comunità nella vita dei suoi membri. In mille circostanze, positive e negative, il ruolo della comunità si impone con i suoi molti vincoli sociali, politici, religiosi, ma non viene adeguatamente interrogato, e ciò a causa di una cultura di segno individualistico, da sottoporre per questo a un rivolgimento innovativo. E cioè si fatica a intendere che venendo all'essere, noi dobbiamo rispondere di tutto ciò che accade; che accettando di vivere, noi diciamo sì non solo agli eventi positivi ma anche a quelli negativi, come in una grande famiglia, dove si condivide la gioia e si partecipa al dolore. Si prenda in esame la caduta del muro di Berlino o la fine dell'impero sovietico o il crollo delle torri gemelle. Ebbene, questi eventi sono espressione della comunità, di cui non è agevole misurare la ricchezza potenziale. Gli elementi e le connessioni, che si mettono in luce, non ne spiegano la genesi e l'esplosione, perché non rinviano al fondo senza fondo della comunità. Come è possibile addebitare a singoli personaggi fenomeni che coinvolgono la popolazione nel suo insieme e la sua storia, nel senso che ne esprimono il disagio o le attese? Il loro luogo esplicativo non è la politica, o l'economia, o il puro sapere scientifico-tecnologico. Il luogo è la comunità come spazio di libertà creativa, compressa o mortificata, voce che si leva dal fondo della storia, passa attraverso la politica, raccoglie il grido di sordide disuguaglianze, si veste del sapere scientifico-tecnico, ma non si risolve in essi. La ricchezza potenziale della comunità sfugge agli analisti di professione, perché prendono in esame gli eventi, non la loro fonte, i singoli come protagonisti, non come eco di un'avventura interrotta. Occorre dar vita a un altro capitolo, partendo dall'*indole originariamente comunitaria di ogni essere*, senza cadere nelle strettoie dell'evoluzionismo e insieme senza fuggirne precipitosamente la logica.

4.2. *Il carattere comunitario dell'essere*

Prima che all'organizzazione sociale del sapere e dei suoi canali di fruizione, l'irrilevanza della comunità è da riportare all'ontologia greca dell'essere in quanto essere, neutro e impersonale, preda del primo che se ne impossessa.

Non è questa la fonte remota della de-personalizzazione e del carattere dominatorio del sapere? È qui che occorre porre l'accento e sottolineare che l'essere è in quanto voluto e dunque dono personale della e per la comunità. L'ontologia del francescano non si occupa dell'essere in quanto essere, ma dell'essere in quanto voluto e cioè qualificato dalla soggettività di colui che l'ha scelto tra gli infiniti possibili.

È vero, nella *Genesi* si legge che Dio affidò all'uomo il giardino dell'Eden, ma l'uomo non rappresenta forse l'umanità, alla quale dunque Dio commise la cura del creato? È un discorso che ha luogo nell'Eden, all'aperto[31], ove si impone la logica della libertà creativa di segno oblativo, che interpella l'individuo in quanto è nella comunità.

Come non farsi guidare da questa scia di luce, nonostante le tempeste degli eventi? Gli esseri sono tutti apparentati nell'essere – non è questo il significato della nostra discendenza da Adamo? – e dunque incarnazione di quel reticolo di rapporti, di cui ognuno di noi sente il peso perché ne è il compendio, ma non sempre la responsabilità.

---

[31] Ad apertura del libro delle *Sentenze* Bonaventura discute dell'*uti* e del *frui*. La seconda questione del terzo capitolo pone il problema «utrum solo Deo... fruendum sit» (*I Sent.*, d. 1, cap. 3). La conclusiva soluzione sarà che anche nei riguardi dell'uomo l'amore è di carattere fruitivo: «Videtur homine sit fruendum; quia eo est fruendum quod Deus fruitur; sed Deus homine fruitur, quia hominem amat; sed amore, illo quo amat se, amat hominem; quia non est in eo duplex amor; sed primus est fruitionis, ergo et secundus» (*II Sent.* I, 3, 2 ad opp. 3).

4.3. *All'origine biblica dell'umanità*

È affascinante il brano del *Genesi*, là dove entra in scena la prima coppia, rappresentativa dell'umanità – Adamo ed Eva – insieme nel bene come nel male. Per sottolineare l'inseparabilità dell'uno dall'altra si potrebbe leggere la provenienza di Eva dalla costola di Adamo nel quadro della mitologia greca, secondo cui l'uomo in principio era l'uno e l'altra, dall'aspetto rotondo e raggiante, prossimo all'Olimpo, della cui luce risplendeva. Per indebolirne la forza e ridimensionarne le pretese, Zeus lo divise in due indebolendolo, per tenerlo lontano dal mondo divino, senza però spegnerne la nostalgia.

Nel *Simposio* di Platone (190d) si legge che Zeus, volendo castigare l'uomo senza distruggerlo, lo tagliò in due.

Da allora «ciascuno di noi è simbolo di un uomo – hékastos oûn hemôn estin antròpou sÿmbolon». Una completa estraneazione dal sacro avrebbe privato l'uomo della forza che lo sospinge verso quel mondo ben più ricco dell'altro come puro individuo. Infatti, prima dell'altro che è fuori di noi e a cui eros ci indirizza, l'"altro" ci abita intimamente come ciò da cui ci sentiamo separati, ma di cui sentiamo nostalgia e a cui cerchiamo di congiungerci.

È la dialettica umano-divina che segna la nostra avventura nel tempo. Il fondo sacro, che come un'onda carsica alimenta la nostra storia, porta ad abbattere le barriere che ci separano dall'altro o pongono l'uno contro l'altro. La divisione dell'uomo in maschio e femmina a opera di Zeus è punizione, perché si piegasse ai suoi dettami. La separazione invece, a opera del Dio biblico di Eva da Adamo è il prologo alla nuova creazione, di cui entrambi son chiamati a essere protagonisti.

E infatti, Adamo saluta Eva in un impeto di gioia «carne della mia carne», attivando la comunione, sia nella progettazione che nell'esecuzione, di entrambe le soggettività, responsabili allo stesso modo del bene e del male.

4.4. *Riscoperta del carattere comunitario dell'essere*

Non è forse vero che respirare, amare, lavorare, pensare, sono tratti che sono presenti in tutti, anche se con modalità diversificate? È questo carattere comunitario dell'essere che il francescano pone in evidenza, la cui manifestazione rinsalda, non indebolisce l'intesa o la comunione. La proposta biblica accentua questo versante, perché la bontà, che risplende nel cosmo, opera d'arte del supremo artista, oltre che sollecitarne la fruizione[32], alimenta la comunità, impegnandola a custodirla e ad accrescerla. La Scuola francescana lo ha messo in luce da varie angolazioni. Anzitutto, ha sottolineato che soggetto dell'intero processo è il Dio trinitario, che stipula l'alleanza con il popolo d'Israele – un manipolo di schiavi – non con uno o due eroi[33]. Come allora, immaginare valore alcuno che si realizzi nel chiuso dell'io o nella solitudine di un vivere autosufficiente? E poi, rispondere alla chiamata all'essere non significa forse ascoltare la voce della comunità e parlare a suo nome? Inoltre, nel contesto della "creazione biblica", la nostra venuta al mondo – in una certa epoca, in un certo modo, con un carico specifico di problemi cui far fronte – non va intesa forse in senso provvidenziale e dunque all'interno di quel frammento di storia, che è dell'umanità, perché di esso titolare[34]?

---

[32] BONAVENTURA, *I Sent.* d.1, cap. 3: «Sed cum Deus diligat nos, ut frequenter Scriptura dicit, quae eius dilectionem erga nos multum commendat, quaerit Augustinus, quomodo diligit, an ut utens, an ut fruens, et procedit ita: ... quia (Deus) bonus est, sumus, et inquantum sumus, boni sumus...».

[33] Non si trascuri che Dio si rivela nel "rapporto sponsale" con il popolo di Israele, la cui storia è il progressivo svelamento di Dio. Dio si fa riconoscere nel prendersi cura del popolo. Fuori di questo rapporto di vita comunitaria, Dio non c'è, ci sono gli dei.

[34] Non fu forse salutata come provvidenziale la venuta al mondo di Francesco? Resta ancora da esplicitare l'ontologia soggiacente al duplice schema settenario di Gioacchino da Fiore e al suo ripensamento a opera di Bonaventura. Sotto un profilo più generale, si pensi alla presa di distanza di Bonaventura rispetto a Tommaso circa la creazione nel tempo del mondo. Bonaventura sostiene (cfr. *II Sent.* d. 1, p. 1, a. 1, q. 2, f. 2) che, se non ci fosse un inizio – la creazione tem-

La concezione dell'essere, non più neutro e impersonale – l'essere in quanto essere – ma voluto – *ens volitum*. Il che comporta una strutturale concertazione che vede l'essere fiorire in specifiche comunità, dove quella volontà prende corpo, non trascurando che i saperi, che tale ontologia alimenta, occorre pensarli come doni a tutti e singoli i membri della famiglia, consapevoli di ciò che sono e come di ciò cui son chiamati. In fondo ognuno è stato voluto nella e per la comunità. Ebbene, da questo punto di vista, il sapere scientifico-tecnico non può assurgere a padrone della comunità o a guida della storia, dal momento che tale sapere unisce nella progettazione e nell'esecuzione, ma isola i protagonisti nel profondo, perché lascia fuori la sorgente della comunione – l'atto creativo divino, fonte di ogni fraternità –, dal momento che il reale, neutro e impersonale, viene letto in chiave puramente razionale, e cioè non come dono da donare. Per questo la comunità, perché possa mettere a frutto il sapere scientifico-tecnico, è chiamata ad alimentare la fonte della comunione, premessa perché possa essere protagonista della plurivocità degli eventi e responsabile delle decisioni politicamente qualificanti.

4.5. *Francesco e la prima comunità*

La liberazione del sé dall'identificazione con specifiche modalità di vita – la povertà – è un'esperienza nuova. Nel lungo periodo

---

porale del mondo – e dunque un movimento primo, avremmo una successione all'infinito di movimenti, senza un prima e senza un poi, nel qual caso la storia verrebbe ridotta al regno della casualità, e risulterebbe impossibile una qualche sua sensata elaborazione. E ciò non perché è in essa operante la libertà dell'uomo, ma perché essa apparterrebbe «al cosmo di cause ordinate solo in modo accidentale delle realtà terrene». «Bonaventura acutamente riconosce che questa immagine della storia è incompatibile con la comprensione cristiana della storia. Egli esige un ordine anche lungo la linea orizzontale degli eventi terreni e della loro successione» (J. RATZINGER, *San Bonaventura. La teologia della storia*, Porziuncola, Assisi 2008, p. 192).

della sua conversione, Francesco si sottrae alla malìa della pura visibilità sociale, ritrovandosi minore, non identificabile con alcuno ma sottomesso a tutti. Egli non sa ancora quale volto la sua vita assumerà. Sa solo che non intende perdersi nei labirinti, angusti e senza luce, dell'io. Egli non vuole allontanarsi dalla sua gente, perché comprende che i conflitti – Assisi e Perugia sono città emblematiche di permanente rissosità – sono il risultato di una rete sociale fragile, senza profondità[35]. Di questa dimensione comunitaria si carica il suo messaggio di "pace", che egli traduce in una rinnovata trama di rapporti individuali e sociali come modo d'essere, da suscitare e alimentare. È vero, noi facciamo le cose che amiamo. La pace però non è sufficiente amarla, occorre volerla insieme, e soprattutto radicarla nel suolo sul quale si vive. Se elitaria e non condivisa, e cioè non impegnata a spegnere i molti focolai di rivalità e di scontri, la pace cede sotto il peso di soprusi, piccoli o grandi[36]. Ma come può aver luogo tutto ciò senza scendere alle radici e attivare un diverso stile di pensiero e di vita? La santità solitaria ha accompagnato da sempre la storia della Chiesa. Ciò che è mancato è la sua traduzione comunitaria, propria della vita protocristiana. È mancata la consapevolezza di partecipare alla stessa grazia e di ricevere luce dalla stessa fede, in nome delle quali si è un unico corpo, come la

---

[35] Ha questa tensione sullo sfondo la risposta dei frati a Madonna povertà che chiedeva loro «che le mostrassero finalmente il chiostro (è il termine che immediatamente evoca la separazione dal resto del mondo voluta dai monaci): la condussero in cima ad un colle e le mostrarono tutt'intorno la terra fin dove si poteva spingere lo sguardo, dicendo: "questo, Signora, è il nostro chiostro"». È il brano finale di una pagina intensa de *Il Sacro patto con Madonna Povertà*, un testo anonimo e di controversa datazione. Cfr. *Sacrum commercium sancti Francisci cum domina Paupertate*, a cura di S. BRUFANI, Porziuncola, Assisi 1990.

[36] *3Comp* 58, in *FF* 1469: «La pace che annunziate con la bocca, abbiatela ancor più copiosa nei vostri cuori. Non provocate nessuno all'ira o allo scandalo, ma tutti siano attratti alla pace, alla bontà, alla concordia della vostra mitezza. Questa è la nostra vocazione: curare le ferite, fasciare le fratture, richiamare gli smarriti. Molti, che ci sembrano membri del diavolo, possono un giorno diventare discepoli di Cristo».

Liturgia ribadisce quotidianamente[37]. Riprende vigore la potenza del "simbolo", in grado di tenere insieme l'umano e il divino, l'esteriore e l'interiore. Come si partecipa all'essere così si partecipa al ringraziamento di lode. Francesco ricorda con entusiasmo il formarsi del primo gruppo di persone – i primi due sono Bernardo da Quintavalle e Pietro Cattani che nel 1209 si uniscono a lui –, desiderose di condividere la sua esperienza. La vita eremitica, comunque giustificata, non rispondeva al suo sogno. Egli amava la partecipazione: il pane va condiviso – non è sufficiente mangiarlo se vogliamo riscoprirne l'antico fascino. Come anche la vita monacale non lo attirava perché caratterizzata dalla stabilità in un mondo in ebollizione[38]. Da qui l'entusiasmo per la famiglia che si andava formando, e la nuova pedagogia sociale che emergeva all'orizzonte e cioè, il male non va combattuto, ma estenuato e dissolto attraverso il bene, progettato e compiuto insieme, come le tenebre che la luce mette in fuga, purché intensa e compatta. Francesco vuole che si viva secondo questa logica di matrice comunitaria, radicale e creatrice, non in luoghi remoti, ma in città, con quella stessa intensità che portò Cristo per le vie della Palestina e alla fine sulla croce, cioè insegnando e donandosi[39].

---

[37] R. GUARDINI, *Lo spirito della liturgia*, Morcelliana, Brescia 1996, p. 37: «La Liturgia non dice "io", bensì "noi" (...). Essa si dilata piuttosto oltre i limiti di uno spazio determinato e abbraccia tutti i credenti della terra intera. E travalica anche i limiti del tempo, in quanto la comunità che prega sulla terra si sente una cosa sola anche con i beati, che vivono nell'eternità».

[38] LECLERC, *La fraternità come testamento* cit., p. 61: «L'abbazia benedettina era legata a un pezzo di terra, a una tenuta da cui traeva il suo sostentamento. Proprio per questo si era inserita con naturalezza nel sistema feudale e ne aveva condiviso il modello di governo e le relazioni sociali. (...) era un governo di tipo feudale: per quanto umano fosse, era comunque fondato sul rapporto gerarchico che lega i signori ai vassalli».

[39] Nel 1210 Francesco va a Roma con i suoi primi dodici discepoli e ottiene da papa Innocenzo III l'approvazione verbale della prima regola, fatta di alcuni brani tratti dal Vangelo.

4.6. *L'essere in dono alla comunità*

Dove riporre il segreto di tale logica e quale il suo ambito se non nella concezione dell'essere come dono, la cui potenza esplosiva apre due tracciati. Il primo ribadisce che non è l'io al primo posto, ma l'altro – la comunità – che mi chiama e mi dona l'essere o consente e favorisce il suo sviluppo. Non posso, non devo sentirmi solo, perché voluto, donato alla comunità e a me stesso. Il secondo è il debito che contraggo venendo all'essere, ben consapevole che il "debito" allude alla ricchezza relazionale del mio essere, al punto che questo sarebbe ben poca cosa o non sarebbe affatto fuori di questa rete. È in gioco la coscienza di ciò che effettivamente ognuno di noi è. Due tracciati che danno luogo a un pensare e vivere in rapporto all'altro e dunque in comunità come spazio di vita, da alimentare e dunque non da guardare con diffidenza o con distacco, compiendo il passaggio dall'ontologia dell'essere neutro e impersonale all'ontologia dell'essere voluto di segno comunitario. L'essere è interrelazionale, nel senso che lo riceviamo in famiglia e va testimoniato in città, e cioè è un fascio di relazioni di carattere sia religioso che sociale e politico. È la logica della condivisione di problemi e soluzioni, il cui frutto è la "*condelectatio*", fonte di distensione spirituale che acquieta in misura che genera altre relazioni[40]. Espressione di libertà creativa e dunque gratuito, l'essere va interpretato e vissuto in termini di partecipazione, senza remore. È questo il segreto del vivere insieme, la logica oblativa, traduzione, alta e impegnativa, dell'essere, voluto e donato. Non si vive da soli, né a Dio si va per proprio conto. L'inquietudine, che porta Agostino a procedere in solitudine (*quaere super nos*), spinto dalla voce delle creature, che gridano: «non sono io (la terra, i volatili, il mare, il sole...) il tuo

---

[40] Francesco d'Assisi, *Scritti*. Testo latino e tr. italiana, a cura di A. Cabassi, EFR, Milano 2002, pp. 342-343: «et ostendant fratres pauperibus delectationem quam habent invicem».

Dio»[41], non si addice al francescano, che nelle voci delle creature coglie l'eco della voce di Dio.

4.7. *Oltre il mondo pagano*

È noto che il problema greco sono i molti. L'Uno è autosuffi-ciente. I molti con il loro esistere autonomo si allontanano dall'U-no. È la loro *hybris* o tracotanza che non può restare impunita. E cos'altro è la morte se non il ristabilimento dell'ordine infranto? E quale il risultato se non l'affermazione del diritto dell'Uno? «La vita si sconta morendo, aveva detto in buona sostanza Anas-simandro: per lui la morte, che ristabilisce l'ordine e quindi la giustizia nel cosmo perturbato, è la giusta punizione alla pretesa di sottrarre vita alla vita, volontà di vivere alla vita innocente e be-ata dell'essere»[42]. Per Francesco, invece, i molti sono l'esplosione della festa di Dio, voluti a sua immagine. Essendo creati creatori, come tenerli insieme? Una tale comunità è di per sé ribelle a ogni normativa che eguaglia in basso, amante delle vette che ognuno vuole scalare a suo modo. Quale spazio e come immaginarlo? La storia può esser letta come una sequenza di risposte, la cui plausi-bilità consiste nel saper proteggere la libertà creativa senza cadere nell'anarchia. È l'arduo progetto di Francesco, che si fece fatica a intendere. Egli lo annota con amarezza, allorché scrive che «nes-suno mi indicava cosa dovessi fare» (*"nemo ostendebat mihi quod deberem facere"*[43]). Lo sconcerto conferma che la sua prospettiva

---

[41] *Confessiones* X, 6, 9: «Interrogavi terram, et dixit: "Non sum"; et qui-cumque in eadem sunt, idem confessa sunt. Interrogavi mare et abyssos et reptilia animarum vivarum, et responderunt: "Non sumus Deus tuus; quaere super nos"».

[42] S. GIVONE, *Quant'è vero Dio. Perché non possiamo fare a meno della reli-gione*, Solferino, Milano 2018, p. 125.

[43] *Testamentum* 16-17.

non era riconducibile a nessun'altra. Egli stava aprendo un nuovo solco, persuaso che fosse necessaria un'altra scia di luce. Egli sogna "la fraternità", e cioè tutti membri della stessa famiglia – il termine "frater" ricorre 169 volte nei suoi scritti – alla cui vita ognuno è chiamato a partecipare, servo e padrone allo stesso tempo, protagonista, non suddito. Una proposta originale, la cui radicalità l'intende colui che sa che Francesco ripone la fraternità nell'unico, fondamentale atto creativo e redentivo del mondo, al punto da chiamare fratelli e sorelle le creature non solo razionali, ma tutti i viventi, anzi, anche i non viventi – "messer lo frate sole", "sora acqua". Finanche la morte è nostra sorella (*1Cel* 81). È un'onda di luce che cade finanche sulle pagine dell'A.T. come del N. T, dove tale affratellamento non è portato così a fondo, dal momento che la nomenclatura di fratello e di sorella, applicata anche agli animali e alle cose, è assente. Egli vuol dare una tonalità comunitaria, oltre la forza seduttiva della stessa vita protocristiana, al mondo nel suo insieme. Ebbene, in questo affratellamento cosmico la voce da ascoltare o viene dal profondo della coscienza, dove risuona l'eco dell'atto creativo e redentivo, da cogliere e da riproporre a propria volta, contribuendo alla dilatazione dei confini dell'essere, o altrimenti si risolve nell'esser l'eco del proprio egoismo, comunque mascherato o giustificato.

5. L'incontro con il Sultano e l'indole pacificante dell'essere

Francesco scioglie il sapere da quella forza dominatoria, che sembrava gli fosse connaturale, e gli restituisce il ruolo di essere luce al viandante nel cuore della notte. Il capitolo significativo in base al quale si può dire che Francesco abbia impresso un tale sigillo sul sapere come anima della convivenza è costituito dall'incontro con il sultano d'Egitto, Malik al-Kamil, nel 1219. Non è tanto il capitolo storico che qui viene in primo piano, quanto la reazione di piena simpatia da parte del Sultano nei riguardi del dire di Francesco. La crociata a cui si riferisce l'incontro non è la prima o l'ultima, ma la quinta, conferma della diffusa persuasione che la forza deve accompagnare la difesa dei diritti conculcati. Certo, la crociata in atto non riguardava questa o quella verità, ma aveva una motivazione di rivincita politica e un aspetto geografico con una specifica storia alle spalle – si tratta del recupero di Gerusalemme perduta dai cristiani latini nel 1187. Ciò che conta dire è che la presenza di Francesco disarmato in un'area di scontri è di per sé significativa del nuovo stile di vita – il coraggio che gli viene dalla fede, il suo sfidare ostacoli e minacce grazie alla forza della comune fraternità in nome dell'unico Padre – ma soprattutto della nuova concezione dell'essere, non più come diritto, ma come dono, oltre che del nuovo stile di vita, non più ispirato alla rivendicazione ma all'oblazione.

Egli propone questa nuova concezione a voce alta al cospetto del Sultano[44] e della sua corte[45], e cioè, in sostanza, che siamo tutti figli di Dio e dunque fratelli, con il compito di amare e costruire, non combattere e distruggere. In fondo Francesco è là spinto dalla volontà di coinvolgere anche i saraceni nella nuova visione del mondo, ispirata alla croce del Cristo, vessillo di vita e di pace per tutti.

---

[44] Il Sultano, uomo per bene e di alto sentire a buon diritto chiamato "Kamel" perfetto, come lo descrive il canonico Oliviero di Colonia, ex prigioniero del Sultano, trattato in modo signorile come risulta dalla sua lettera di ringraziamento citata da G. BASETTI SANI, *Chi era il vecchio famoso che incontrò san Francesco a Damietta*, in "Studi Francescani" 82 (1985) 217-218.

[45] Il card. Giacomo da Vitry, presente a Damietta, così descrive l'evento: «Egli era di tale eccesso di amore e di fervore di spirito… Ai Saraceni che l'avevano fatto prigioniero lungo il tragitto egli ripeteva: "Sono cristiano, conducetemi davanti al vostro Signore"… Considerato un uomo mansueto (il Sultano) per parecchi giorni l'ascoltò con molta attenzione, mentre predicava Cristo davanti a lui e ai suoi» (VITRY, *Historia orientalis* 14, in FF 2227).

5.1. *Insensatezza della guerra*

Quale in concreto il tema di fondo dei colloqui, protrattisi per alcuni giorni? L'incontro sembra storicamente avvenuto, richiamato anche in fonti non francescane, dalla *Historia orientalis* del vescovo di san Giovanni d'Acri, Giacomo da Vitry, al cronista Ernoul, continuatore della *Cronaca* di Guglielmo di Tiro, al cronista Bernardo il Tesoriere, epitomatore di Ernoul. Il contenuto però non è tematizzato da alcuno, dando per scontato che si sia trattato dell'annuncio del messaggio cristiano. E tuttavia, non pare inverosimile ipotizzare, date le circostanze, che abbia parlato anche dell'insensatezza della guerra ai fini del ristabilimento dei diritti violati[46]. È stato a ragione notato che la gloria a quei tempi la si conquistava in terra combattendo per una giusta causa. Ebbene, non è fuori luogo ricordare che il giovane Francesco ha ricercato la guerra contro Perugia, sia perché la causa gli sembrava nobile e sia perché lo rendeva degno del titolo di "*bellator*" o cavaliere[47]. Sì, questo ideale ha segnato la sua giovinezza; la figura del cavaliere rientrava tra i suoi sogni, condiviso finanche dal padre Bernardone. Anzi, l'inizio della conversione – e questo è rilevante – ha luogo con la messa in crisi di tale miraggio mentre era sulla strada verso le Puglie, ove intendeva aggregarsi all'esercito pontificio al comando di Gualtiero di Brienne. Non è del tutto arbitrario pensare che egli abbia dato una tonalità autobiografica a quanto veniva proponendo al Sultano. Ciò che, comunque, preme a Francesco è di persuadere che la guerra non costruisce, ma distrugge, non porta alla pace ma a nuovi conflitti, perché provocata dallo spirito possessivo e dominatore, vivo in entrambi i contendenti.

---

[46] L. LEHMANN, *Francesco incontra il Sultano*, in "Miscellanea Francescana" 112 (2012) 504-556. Ricostruzione accurata, sorretta dall'assunto che, oltre al martirio, Francesco desiderava la pace tra cristiani e musulmani.

[47] E. LECLERC, *La fraternità come testamento* cit. pp. 72-3.

O si interviene a questo livello o altrimenti non la si impedisce ma la si rimanda. È un tema che riguarda sia i cristiani che gli islamici, allo stesso modo, secondo l'evidente attestato della storia, passata e presente. Se non si mette mano a un cambio di prospettiva, passando dall'essere-come-diritto all'essere-come-dono, dalla rivendicazione all'oblazione, lo scontro è sempre incombente. Questa la tematica su cui Francesco intrattenne il Sultano alla luce del carattere universale dell'amore di Dio, padre di tutti, cristiani e musulmani, non estranei gli uni agli altri o nemici ma fratelli. Persuaso che la religione cristiana, alla luce delle precedenti crociate e della presente, fosse incline alla guerra al pari dell'Islam, il Sultano ascoltò con sorpresa le indicazioni, solide e persuasive di Francesco, relative a un cristianesimo amante della pace, come anche rimase affascinato dall'ideale della fraternità universale, proposto con calore dal disarmato pellegrino d'Assisi. Da qui l'ammirazione nei suoi riguardi e la ragione per cui non infierì contro gli sconfitti. Egli, infatti, lo fece accompagnare all'accampamento cristiano con onore e doni, che Francesco non accettò, non senza però ringraziarlo per tanta inattesa benevolenza[48].

---

[48] Per quanto concerne la sfida con i dottori musulmani attraverso la prova del fuoco di cui parla Bonaventura (LegM 9, 8, e *Coll. in Hex.* XIX, n. 14), occorre dire che è tardivo e improbabile, anche perché nel Conc. Lateranense IV del 1215 – dunque pochi anni prima – erano state esplicitamente condannate queste prove di Ordalìa o prova di Dio. Un qualche aggancio è possibile forse trovare nel testimone oculare della quinta crociata, un certo Ernoul (*Cronique d'Ernoul et de Bernard le Trésorier*), il quale pone sulla bocca di Francesco la frase: «Se ci vorrete ascoltare ed intendere, vi mostreremo con retta ragione che la vostra legge è falsa davanti ai più saggi uomini della vostra terra». Da qui alla sfida del rogo il passo è breve. E tuttavia è da notare che, ritenendo che Francesco mirasse precipuamente alla "conversione" del Sultano e questa è opera di Dio, Bonaventura mette al centro il miracolo, e cioè l'intervento di Dio. E dunque, se deve dirsi una sua 'invenzione', questa 'prova' è in linea con la sua prospettiva generale, secondo cui il dialogo ha avuto luogo nel nome della parola rivelata e dunque in un contesto non "puramente razionale". Da qui il ruolo significativo della prova del fuoco.

5.2. *Esito deludente della missione*

Francesco ne uscì segnato dall'amara constatazione che la rappacificazione sul campo e la soluzione delle questioni sul tappeto non ebbero seguito a causa dell'ostinata volontà di guerra del card. Pelagio Galvani di Albano, delegato del Papa. Egli volle che le ostilità proseguissero fino all'auspicata sconfitta del nemico, nonostante l'offerta del Sultano e il parere contrario dei responsabili delle forze crociate, ben disposti a ritirare l'armata dall'Egitto in cambio della liberazione di Gerusalemme.

Questa pagina ferì grandemente Francesco. Nonostante che le truppe fossero allo stremo e il pericolo della carestia e della peste incombente, la decisione del delegato pontificio fu irremovibile. Il senso della violenza e dunque la guerra come arma di difesa e di rivendicazione dei diritti conculcati erano davvero profondi, sintomo o comprova di una sensibilità diffusa. Il che non poté non turbarlo profondamente, dal momento che si rese conto della radicata persuasione secondo cui la verità, soprattutto se riguarda Dio, va difesa, oltre che con l'argomentazione, con il ricorso alla forza. La morte sul campo è un grande guadagno. Il premio è assicurato. Uomini di profonda fede, come ad es. san Bernardo, ne erano persuasi.

Ed è il retroscena della diffusa predicazione a favore delle Crociate, sostenuta dal detto paolino secondo cui «*militia est vita hominis super terram*». Occorre combattere e vincere: questo l'ordine divino. Se a livello intellettuale è l'argomentazione che piega il testardo, a livello sociale è la forza che fa rinsavire l'insano. La verità è sinonimo di forza, nel senso che ha la ragione di sé in sé, e dunque essenzialmente potente. Il nostro compito è di evidenziare siffatta potenza e sostenerla con tutti i mezzi a disposizione. La Chiesa e i suoi diritti vanno difesi – non diciamo entro quali limiti questa linea fosse opinione comune, condivisa inconsciamente dallo stesso Francesco.

Quella che in lui prevale è però una ben diversa sensibilità, alimentata da una condivisione sempre più ampia della croce di Cristo. Occorre lasciare che questa ci prenda e ci investa, riattivando l'alleanza immemoriale dell'anima con il bene. Il nostro non è il Dio della potenza ma della *kenosi*, che chiede che ognuno si doni – o si sottometta – come in famiglia.

Che sia un lebbroso o un saraceno la logica è la stessa, e cioè quella del servizio, discreto, non altezzoso o umiliante.

Ebbene, la constatazione che la sacralizzazione della guerra, sia pure a sostegno della verità e a favore dei diritti conculcati, era condivisa dal rappresentante dell'Islam e dal rappresentante della religione cristiana, ci fa capire che la proposta di Francesco risultava radicalmente nuova, non in linea né con il 'sentire' degli uni né con il 'sentire' degli altri.

Dove la forza rivoluzionaria? E, in genere, quale il tratto originale della versione francescana del messaggio cristiano? Egli sa per esperienza l'enorme difficoltà di pervenire a questa "metanoia" – la sua conversione non è stata immediata, ma lunga, maturata durante ben cinque anni – e la derisione del popolo è stata diffusa e prolungata a conferma della novità del suo stile di vita.

E il bacio al lebbroso non è stato forse uno scavalcamento dell'ordine sociale? E la svestizione davanti all'autorità religiosa e politica della città non è stato, forse, un salto al di là del sentire, radicato e comune? Francesco, che ha maturato la conversione sullo sfondo della continua conflittualità tra Assisi e Perugia, è ormai profondamente persuaso che occorre metter mano a questa ardua impresa, e cioè la rinnovata percezione di sé, dell'essere e delle sue espressioni – non è sufficiente una nuova visione del mondo, ma è necessario un nuovo modo di autopercepirsi, e cioé non come colui che è perché aveva diritto a essere, creato dunque per combattere e rivendicare, ma come colui che è stato voluto in radicale gratuità, dono da donare a propria volta, fonte di pace e di solidarietà.

5.3. *Conferma del carattere testimoniale dell'essere*

Francesco fece ritorno in Italia con una duplice certezza e cioè che "il sentire comune" era ispirato alla violenza, arma risolutoria delle contese, e che, prima della parola argomentata, conta la parola testimoniata, perché, se autentica, suscita il desiderio di conoscerne la fonte e le motivazioni. Le verità non vanno imposte, perché non hanno bisogno della forza per fiorire e dare frutto. Le verità sono progetti di vita, prima di essere prospettive dottrinali. È il modo d'essere che conta, fonte e insieme interpretazione della parola di Dio.

Il mistero trinitario e la passione del Cristo, al centro del suo dire, erano i pilastri della sua vita, prima che il contenuto del suo dire. Sia per il fascino delle prospettive che dischiudeva che per il modo caldo e pacificante con cui tracciava il futuro sia dei cristiani che dei musulmani, il discorso piacque al Sultano, non trascurando il fatto che era privo di punte polemiche nei riguardi del Corano – la polemica non appartiene alla parola di Dio, dal momento che questa non dà ragione agli uni e torto agli altri, ma dilata gli spazi dell'essere e amplia gli orizzonti del pensare. Certo, lo scontro bellico continuò e il Sultano rimase sulle sue posizioni, le cui parole di saluto però – «prega Dio perché io sappia scegliere bene» – resteranno scolpite nel cuore di Francesco. Esperienza indimenticabile che accrebbe il suo realismo e rinsaldò la convinzione che non bisogna pretender nulla con la violenza delle armi e delle parole. Più che l'argomentazione della ragione, conta la testimonianza della vita.

5.4. *Il cap. 12 della Regola bollata*

I riflessi di questa esperienza, significativa e amara al tempo stesso, sono evidenti nel cap. 12 della *Regola bollata* relativa al contatto da stabilire con i saraceni (musulmani)[49]. Francesco aveva la cultura del tempo – anche per lui costoro rientrano nella categoria degli "infedeli", e l'Islam non è una "fede" o una "religione" come risulta dal titolo del capitolo 12 della *Regola*: «Quei frati che per divina ispirazione vorranno andare tra i saraceni e gli altri infedeli». La forza innovatrice è da riporre nel fatto che egli non vuole che si vada "contro" ma "tra" (*inter*) gli infedeli, il che significa che al primo posto è la condivisione, non la disputa. I frati devono essere "soggetti" ad ogni creatura, compresi i musulmani, per amore di Dio[50], rinunciando a ogni pretesa di superiorità, non però nel senso che ne condividano passivamente le modalità di vita, ma nel senso che, condividendole, mostrano la potenza plurale del loro credo, fonte di un modo di pensare e di vivere non rigido o immodificabile. È la forza rivoluzionaria della testimonianza. La proclamazione della parola di Dio, infatti, deve aver luogo solo se le condizioni sono favorevoli all'ascolto e alla condivisione – non è arduo leggere qui l'invito a non cadere vittima di una fede ingenuamente proposta, come accaduto ai "protomartiri francescani", come anche una sorta di diffidenza verso l'efficacia della parola a favore dell'esempio. «Le dispute non erano il modo più adatto per entrare in contatto con i saraceni e far conoscere loro la verità di Gesù. In altri termini, la sua strategia consisteva molto concretamente nel non partire offendendo, ma cercando anzitutto di conquistare la fiducia»[51]. Il vero, se inteso come la forma espressiva della libertà creativa in esercizio, non dunque come rispecchiamento di qualcosa di immutabile, fa tutt'uno con la luce dell'esistenza in atto, forza coesiva, non maschera di violenza sia pure spirituale. La sua plausibilità è legata non

---

[49] Appartenenti a un'antica tribù semitica di predoni nomadi del Sinai meridionale, ripetutamente represse dalle auorità romane e bizantine. Il termine nel medioevo indicava i pirati e i combattenti musulmani nelle crociate.

[50] Non si trascuri che uno dei decreti del Concilio Lateranense IV proibiva che i cristiani si facessero sudditi o diventassero soggetti ai musulmani e ai giudei.

[51] J. HOEBERICHTS, *Francesco e l'Islam*, Messaggero, Padova 2002, p. 135.

alle argomentazioni addotte a suo sostegno, ma ai frutti di vita che produce a sua conferma.

6. Il francescano interprete di un nuovo modo di pensare?

È un fatto che il messaggio evangelico di affratellamento universale, affascinante al punto da provocare gioia profonda – *Evangelii gaudium* – non sia ancora riuscito a trasfigurare la storia pacificandola. Il fenomeno dell'emigrazione, la violenza diffusa, il terrorismo, i conflitti disseminati sul pianeta, l'iniqua distribuzione delle ricchezze, sono la conferma che tale messaggio è ben lontano dall'essere la luce del mondo. Quale la causa? È, forse, da riporre nel fatto che mancano gli annunciatori, illuminati ed entusiasti? Dopo duemila anni, con una schiera di giganti della mente e del cuore, disseminati lungo tutta la storia, non è possibile ritenere soddisfacente siffatta spiegazione, quasi che il fenomeno sia da addebitare alla miopia di alcuni e all'accidia di altri. E allora, se la causa dell'inefficacia del messaggio cristiano nel debellare le malattie che affliggono l'umanità non è da ricondurre alla mancanza degli annunciatori del Vangelo, dove riporla? come interpretarla?

È la cultura dominante una plausibile spiegazione della parziale efficacia del messaggio cristiano.

Il francescano ritiene che la causa – forse non la prima, certamente non l'ultima – della parziale efficacia del messaggio cristiano è da ricondurre alla cultura ispirata al primato della ragione identitaria e normativa, e cioè alla concezione dell'essere come diritto-a-essere, alimento di uno stile rivendicativo e concorrenziale. Da qui la necessità di una cultura alternativa, ispirata non al primato di siffatta ragione, bensì al primato della volontà oblativa e cioè non alla concezione dell'essere come diritto-a-essere, ma alla concezione dell'essere come dono-di-essere, non al primato dell'identità ma al primato dell'alterità. Finché non ci si rende conto della pretesa dell'albero della "conoscenza del bene e del male" di sovrastare ogni altro e non si mette mano alla sua potatura, si continua a riportare all'indolenza degli annunciatori del Vangelo la scarsa incidenza della parola di Dio, lasciando fuori campo uno degli elementi principali e cioè il primato della ragione critica, filtro del nostro pensare e vivere.

Il francescano è persuaso che finché è la ragione identitaria la guida della storia, il Vangelo fatica a mettere radici e a dare i frutti sperati. A partire dal gesto inaugurale della filosofia, costituito dal passaggio dalla fede nel divino – il mito – alla potenza veritativa della ragione – la filosofia del *logos* – si è proceduto a una continua razionalizzazione delle istanze cristiane, privandole del loro naturale alimento – l'amore oblativo di Dio – e dunque del loro effettivo vigore. Si ricordi che tale passaggio è stato provocato dallo «stupore attonito di fronte a ciò che è strano, imprevedibile, orrendo, mostruoso»[52], e cioè il dolore e la morte.

Per far fronte a tale onda tenebrosa ci si è affidati alla ragione, fonte di un sapere assoluto, pacificante[53], grazie a cui si è tentato di illuminarla e di contenerla. «La potenza è salvezza, e la salvezza è potenza. Ma la potenza e la salvezza offerte dal mito non hanno verità»[54]. Da qui la ricerca della verità, fonte di salvezza, perché fonte di potenza, e la diffusa persuasione che la ragione sia in grado di raggiungerla, guida affidabile dell'umanità[55]. La volontà, protagonista della plurimillenaria età del mito, viene lasciata nell'ombra. Al primo posto la ragione, anima della filosofia. Il soggetto deve lasciarsi investire dalla potenza della verità, necessaria

---

[52] E. SEVERINO, *La filosofia contemporanea*, Rizzoli, Milano 2006, p. 9. Il richiamo è alla potenze sotterranee, che talvolta scuotono la terra, gettandoci nel panico.

[53] E. SEVERINO, *La filosofia antica e medievale*, Rizzoli, Milano 2006, p. 22.

[54] *Ibidem*.

[55] *Ivi*, p. 38.

e universale. Questo, dunque, il filo rosso del cammino vincente della storia, e cioè, all'origine la fonte enigmatica del dolore e della morte, avvolta dalla luce illusoria del mito, finalmente dissolta dalla luce dissacratoria della verità razionale, prima filosofica, poi scientifico-tecnica. Quale, allora, il volto della verità, guida del vivere e anima del pensare?

6.1. Polemos *(conflitto) anima dell'essere*

Parmenide è il teorico dell'identità dell'essere[56], Eraclito della sua dialetticità[57]. L'essere è conflitto (*polemos*), contrasto, scontro[58]. Al termine di millenni di "lotta per la vita" – Darwin e l'evoluzionismo – l'uomo è persuaso che lo "scontro selettivo" contrassegni l'essere prima che la storia. "*Homo homini lupus*" – siamo in guerra e fatti per la guerra – dirà Hobbes; e Marx individua nel cuore della società la lotta di classe. La storia di ieri lo conferma e la cronaca di oggi lo ribadisce: la forza del diritto si risolve sostanzialmente nel diritto della forza, che mortifica i sogni di pace e alimenta i venti di

---

[56] Affermando che «l'essere è, il non essere non è», Parmenide dà origine alla metafisica dell'"identità" dell'essere, impedendo all'"alterità" di affermarsi. Levinas dirà che l'alterità è la grande sconosciuta dell'Occidente, preso dal fascino dell'"io" e del suo "potere".

[57] Eraclito, *I presocratici. Testimonianze e frammenti*, Laterza, Bari 1983, fr. B 30: «Questo cosmo, che è di fronte a noi e che è lo stesso per tutti, non lo fece nessuno degli dèi né degli uomini, ma fu sempre ed è e sarà fuoco sempre vivente, che divampa secondo misure e si spegne secondo misure».

[58] M. Cacciari, *Il tramonto di Padre Polemos*, in Aa. Vv., *Senza la guerra*, Il Mulino, Bologna 2018, p. 101: «Polemos non produce né governa differenze indifferenti. Ognuna è anche hybris, e cioè volontà di superarsi; nessuna è "contenta" in sé, se non nell'atto di trascendersi. Ovvero ogni individuo, pur restando nel dominio di Polemos, mira per natura a opporsi all'altro non semplicemente come individuo, ma come universale. Polemos non mostra servi e liberi che poi ordina in quanto tali, ma servi e liberi in lotta, la cui esistenza trova senso soltanto nella contesa per affermare i propri valori».

guerra. La lotta ci coinvolge: nella famiglia ci vien detto: fatti largo; nella società: concorri e vinci; al mercato: sii efficiente producendo il massimo con il minimo; in breve, fa valere il merito o anche, sii il più forte.

Questo il volto della verità tracciato dalla voce persistente della ragione. Il che non significa che la ragione non abbia dialogato con il messaggio cristiano – si pensi all'età patristica e all'età medievale, caratterizzate da un incontro dialettico, certamente fecondo. L'azione decisiva è consistita nel liberare il mondo dalla presenza di divinità che impedivano l'affermazione della ragione scientifica e insieme mortificavano il messaggio cristiano. Tale operazione è stata promossa da quel grande interprete della scienza che è stato Galilei, per il quale gli astri sono fatti della stessa materia della terra e soggiacciono alle stesse leggi e la scienza, che ne scaturisce, dice solo come è fatto il cielo, non come si va in Cielo[59].

Rilevante poi la desacralizzazione del potere politico con conseguenze di lungo termine sul piano della convivenza. E tuttavia, ai margini di questa illuminante distinzione – scienza e Rivelazione – il francescano non esita a rilevare che tale onda di liberazione della ragione dai ceppi della sacralizzazione del mondo e del messaggio cristiano dai vincoli della scienza, non ha però indebolito il primato normativo della ragione, ma lo ha rinsaldato.

È pacifico che la civilizzazione dell'Occidente sia inconcepibile senza la presenza attiva del cristianesimo. Si pensi al tempo non più ciclico, ma lineare e dunque cifra di progresso – la salvezza è nel futuro, non nel passato – o a quelle figure di liberazione da forme schiavizzanti di vita, quali la scienza, la tecnica, la rivoluzione, ciascuna con le proprie varianti. E che dire degli ideali, come l'uguaglianza, la dignità di tutti gli uomini, la libertà di coscienza e di

---

[59] Il che però non significa – ecco il limite del discorso di Galilei – che gli astri siano solo ciò che di essi dice la scienza. Che non siano la sede degli dèi non significa che non portino il sigillo del loro creatore.

parola, diritti inviolabili e inalienabili? E tuttavia, non si può non constatare che, pur tra ondeggiamenti di varia portata, a prevalere e a imporsi siano stati valori estranei alla sensibilità propriamente cristiana come il sangue e il suolo, non lo spirito e il culto dell'anima, la guerra e la vendetta, non la pace e il perdono, la conquista e la gerarchia, non il dono e l'uguaglianza.

La natura culturalizzata o la cultura naturalizzata, esaltate nell'età illuministica, si sono imposte nel segno dell'efficienza e della lotta, della vittoria del più forte e della discriminazione. *Il mondo valoriale e veritativo di matrice biblico-cristiana non ha scosso l'indole dominatoria e potestativa della ragione*, e per questo non ha impedito il consolidamento di ideali propriamente pagani, rimanendo impigliato tra le pieghe di una trama etica proveniente d'altra fonte. Nonostante la presenza di contenuti cristiani, la ragione ha fatto valere il suo potere identitario, lasciando nell'ombra il mondo della differenza[60].

La conflittualità diffusa, le rinnovate persecuzioni dei cristiani e tutte le forme di ingiustizia, di cui è piena la cronaca, confermano che il messaggio evangelico è ben lontano dall'essere il volto luminoso dell'umanità. Ebbene, perché sia possibile un cambio di marcia occorre porre mano a un'operazione ardua, perché di lungo termine, ma necessaria, e cioè metter mano all'ontologia dell'essere voluto e dunque personale, problematizzando il primato della ragione identitaria e la conseguente cultura di segno razionalistico.

---

[60] U. GALIMBERTI, *Cristianesimo. La religione dal cielo vuoto*, Feltrinelli, Milano 2015, p. 16: «(Quale la violenza della ragione?) Parliamo della violenza sottesa a ogni decisione, perché decidere significa tagliare (de-caedere) e quindi stabilire una volta per tutte il senso delle cose, eliminando d'un colpo tutti i significati adiacenti e tutte le oscillazioni possibili di cui si alimentano le mitologie, i simboli, le fantasie, i sogni, le allucinazioni che attingono a quello sfondo pre-umano che è lo sfondo dell'indifferenziato. Il nucleo della prosposta di Levinas è riconducibile alla difesa de l'"*autre*"».

6.2. *La rivoluzione culturale di matrice francescana*

Il francescano propone di incidere sulla percezione dell'essere. L'essere non più terreno di lotta, ma spazio di condivisione; non più enigma angosciante, ma dono e mistero; l'altro non più concorrente, ma compagno d'avventura; Dio non più il giudice che valuta e condanna, ma il padre che comprende e perdona, non più il geometra che misura e controlla, ma l'artista che crea e stupisce. Occorre cambiare registro. L'orizzonte dell'esistenza non è tracciato dall'onda tenebrosa del nulla. L'essere è libertà creativa, non condanna. Il mondo non è il teatro di una "lotta continua", ma un giardino di pace, da ristabilire se violata e comunque da amare sopra ogni cosa. In quest'ottica la ragione è spinta a esplorare il mondo per venire a parte dei segreti di chi lo ha voluto: la conoscenza come prologo alla ri-conoscenza. La premessa di tutto ciò è da riporre nell'assunto secondo cui la razionalità del mondo è la traduzione della volontà di colui che l'ha voluto per amore e dunque in gratuità[61]. Le cose portano il sigillo di colui che avrebbe potuto non volerle o volerle in altro modo, da esplorare sempre di nuovo. Da qui l'indole dell'alleanza tra Dio e il mondo, ben diversa da quella che ha alimentato il pensare occidentale, per il quale l'essere è una sfinge da illuminare, la morte una minaccia da bloccare, la natura una miniera da sfruttare. È nuovo l'orizzonte del pensare che *Il Cantico delle creature* ha dischiuso. Cambia l'asse dell'intera storia del mondo, dalla creazione alla redenzione, storia della comunicazione gratuita dell'onda di vita che Dio ha voluto riversare fuori di sé, da raccontare sempre da capo[62]. Alla fonte del dono non la ragio-

---

[61] La volontà, non schiava delle passioni, è sinonimo della libertà creativa. La visione francescana è la più radicale perché sottrae la volontà finanche alla forza suggestiva della ragione.

[62] P. MARANESI, *Il cantico delle creature di Francesco d'Assisi: vie di lode al Signore della vita*, in "Frate Francesco" 83 (2017) 405-436.

ne, quale facoltà del "perché", ma la volontà, cifra del senza-perché. Finché si è sotto la signoria della ragione identitaria, uscir fuori dal circuito del "perché" e immergersi nel "senza-perché" è impresa ardua. È questa l'alta testimonianza del francescano, esempio di libertà creativa di segno oblativo.

Egli è protagonista di un'avventura singolare, dal momento che propone di vivere nella donazione di sé all'altro, senza pregiudizi e senza condizioni. Dunque, un nuovo modo di stare al mondo, da arricchire, non da sfruttare; un nuovo modo di guardare l'altro, non più nemico, ma amico o fratello; non più la verità come adeguazione a un'inviolabile trama razionale, ma come la luce dell'esistenza di chi ama lasciare un segno del suo passaggio nel tempo a beneficio della comunità. Dunque, un nuovo modo di intendere l'essere, non più l'essere in quanto essere o neutro, ma l'essere in quanto sorgente e insieme espressione di libertà creativa, intesa come un fluire di forme di vita, non determinato da un motivo specifico, ma dal fascino della vita stessa, che è senza perché, e per questo piena di senso.

6.3. *Atene o Gerusalemme?*

Con tale cambio di registro complessivo, alla domanda a chi spetti il ruolo-guida se alla visione del mondo, ispirata al primato della razionalità, quasi che tutto ciò che è si dia perché razionale, o invece alla visione del mondo ispirata al primato della libertà creativa e al principio dell'alterità, il francescano non esita a dirsi a favore del primato della libertà e dell'alterità. Se identifichiamo la prima prospettiva con Atene e la seconda con Gerusalemme, la domanda è possibile esprimerla così: a chi la bandiera, a Gerusalemme per la quale Atene è la traduzione razionale della sua libertà creativa, non però la grammatica di lettura che lascia cadere tutto ciò che non soggiace ai suoi canoni; o invece spetta ad Atene che subordina a sé Gerusalemme, sottomettendo il suo messaggio alla logica della ragione critica e autoreferenziale?

Occorre riconoscere che finora la guida dell'Occidente è stata Atene. La ragione identitaria è risultata la padrona del territorio, filtro esigente attraverso il quale il mondo cristiano è stato esaminato, privato della sua anima essenziale e cioè l'essere senza-perché, essenzialmente gratuito. È questo il punto. Prima che il carattere rivelato o trascendente, ciò che nella cultura del primato della ragione identitaria entra in crisi è la visione del mondo come dono e, più radicalmente, ciò che è assente è la libertà creativa di segno oblativo. La pupilla dell'occhio del moderno è di carattere dominatorio, nel senso che interpreta l'essere in chiave potestativa e vede solo ciò che amplia il controllo, quasi che il principio normativo generale sia il *"carpe diem"*. Nonostante tutte le contaminazioni di segno cristiano, che hanno dato vita alla nobile civiltà dei diritti e delle libertà, è rimasto nell'ombra o ai margini della storia, quasi fosse secondario, il primato della volontà e dunque la concezione secondo cui il mondo è un dono e noi chiamati all'essere per donarlo a nostra volta. L'indole concorrenziale e conflittuale della storia incombe su di noi. Il francescano è consapevole che l'esistenza è alimentata da una cultura conclusivamente identitaria e autocelebrativa, e che tentare un suo ripensamento è un impresa ardua, e tuttavia da intraprendere.

6.4. *Cambio di registro: dalla volontà possessiva alla volontà oblativa*

Non è un'operazione da poco quella che il francescano propone, e cioè il cambio del punto di vista, perché si tratta della luce con cui guardare il mondo, e dunque dell'ideale cui ispirare i rapporti di vita religiosa, civile e politica. *Le cose ci vengono incontro se e come noi andiamo loro incontro, proiettando su di esse la luce raccolta nell'abisso della nostra anima.* Perché sia possibile tale cambio è necessario una luce singolare, che scaturisca dalla convergenza del versante sia teorico che pratico, due momenti che il realismo francescano considera inscindibili. Per quanto concerne il primo, occorre ribadire che il mondo non è perché razionale ma perché voluto.

È la volontà, creativa e oblativa, la fonte della dignità delle creature e in particolare dell'indole qualitativa della vita dei singoli, non più solo produttori e consumatori, ma protagonisti di storia all'insegna di una sostanziale amicizia, da alimentare. Il che comporta un nuovo concetto di "verità", non tanto percezione della realtà "oggettuale", quanto forma espressiva della volontà creativa, e la "ragione" non più sua guida suprema, ma capacità di tradurre in termini concreti le forme che può assumere la sua onda progettuale.

Oltre alla visione del mondo come dono, è necessario disporre la "volontà" ad amare tale stile di vita – ecco l'aspetto esistenziale o pratico – nell'assunto che, in fondo, volontà e amore si identificano – «*voluntas: amor seu dilectio*»[63].

Il che comporta anzitutto una decisione radicale che faccia di questa prospettiva la fonte inesausta del pensare e del progettare; e poi che ci si abbandoni a Colui nel cui nome conferire l'eternità del valore alla contingenza dell'attimo, nella consapevolezza che la verità rivelata non è se non lo svelamento del suo abitare il tempo[64].

---

[63] AGOSTINO, *De Trinitate*, libro XIV, cap. 21, n. 41.
[64] BONAVENTURA, *III Sent.* d. 23, a. 1, q. 4c: «(...) sic quodam modo certior est fides quam scientia et quodam modo e contrario. Est enim certitudo speculationis et est certitudo adhaesionis et prima quidem respicit intellectum, secunda vero respicit ipsum affectum. Si loquamur de certitudine adhaesionis sic maior est rectitudo in ipsa fide quam sit habitu scientiae (...)»; *ibidem*, a. 2, q. 2c: «Cum ergo quaeritur utrum fides sit abitus acquisitus vel infusus, respondendum est quod si loquamur de fide quantum ad illud quod

Questa dunque l'alternativa: assumere a motivo ispirativo il fascino dell'essere come dono, origine della gratitudine e della sorpresa o, invece, considerare l'essere come diritto, fonte di quell'atteggiamento rivendicativo che porta a con-correre sempre e per ogni cosa, alimento di quella stanchezza morale che qualunque traguardo attenua senza eliminare.

6.5. *Una nuova cultura?*

Se è vero che la nostra è una razionalità sistemica, coinvolgente tutte le dimensioni della nostra esistenza, come procedere alla sua "bonifica"? Ecco il grande sforzo che il francescano si propone soprattutto attraverso una pastorale propriamente "culturale", ispirata alla visione secondo cui il mondo va considerato come il grande dono di Dio e l'uomo chiamato a esplorarne gli elementi che lo costituiscono, sia per ammirarne l'armonia e sia per migliorarne la qualità. *L'obiettivo è di trasformare la razionalità sistemica in rete protettiva* sia dell'uomo, nato per la pace, non per la guerra, sia del dialogo come ricerca dell'intesa, non come maschera del dominio, e sia, in genere, del vivere e del pensare, sorretti dall'assunto che ognuno, perché voluto, è se stesso e qualcos'altro, e dunque un mistero, da custodire e interrogare.

È questo lo scenario che la rete sistemica, tessuta con il corteo prezioso delle scienze, vorremmo che proteggesse. Non si tratta di misconoscere il potenziale scientifico-tecnico dell'Occidente, ma di contestarne la funzione di guida del vivere e del pensare e la pretesa di dire l'ultima parola sui grandi interrogativi dell'esi-

---

est materiale in ea (contenuto dottrinale) sic concedendum est quod fides est per auditum et per acquisitionem (...). Si autem loquamur de fide quantum ad formale (condivisione esistenziale) sic dicendum est quod (...) est (...) per infusionem».

stenza. È quest'arroganza che si intende sconfiggere, operando il passaggio dall'essere-come-diritto all'essere-come-dono, in linea con la fonte ispirativa sia del vasto mondo missionario sia della costellazione infinita delle famiglie, come del variegato panorama del volontariato.

A quando l'esplosione di queste molte luci in una grande fiammata, in grado di trasformare lo stile dell'umanità da possessivo in oblativo[65]? È questo l'interrogativo che riepiloga tutti gli altri e l'attesa che anima la pastorale francescana.

7. Conclusione

7.1. *La soggettività del soggetto è sempre oltre l'oggettività*

Non è sufficiente analizzare ciò che vien detto o fatto. L'io si ritrae nella caverna della sua soggettività, sottraendosi all'occhio dissacratorio della ragione esploratrice.

La razionalità, essenzialmente oggettivante, si arresta alle frontiere della libertà creativa, di cui indica gli strati disegnandone il volto complessivo, senza però dirne la ricchezza potenziale o intravvederne l'abissale profondità. L'uomo non è libero di essere libero.

La libertà precede ed eccede la razionalità, perché emerge dal fondo inesauribile della soggettività: non siamo liberi perché razionali, ma razionali perché liberi.

Se è la libertà a qualificare lo scenario dell'essere, incombe il compito di espanderla e custodirla in noi e negli altri, perché è dalla sua crescita che si misura l'elevazione qualitativa dell'esistenza

---

[65] È l'auspicio di Bonaventura che, considerando Francesco stella polare di una nuova epoca, ritiene che la pace è possibile nel tempo, se fedeli al suo messaggio: «(...) ita deberet esse secundum Evangelium» (*Collationes in Hexaëmeron*, ed. Delorme, Quaracchi 1934, visio III, coll. 3, §2).

dell'altro, che ci ha voluto e, per il suo tramite, della comunità che ci protegge.

È uno stile dettato dalla coscienza di ciò che siamo e sostenuto dal bisogno di dare forma al debito di gratitudine per ciò che abbiamo. Ora, come sorge il vincolo che ci accomuna nella libertà? Se per la conoscenza delle cose è sufficiente l'evidenza – gli oggetti sono utili o dannosi, da desiderare o da rifiutare – per la conoscenza dell'altro come altro è necessario quell'abbandono – ecco la potenza del dono – che si risolve nello spazio che si concede all'altro di volgersi a noi, incrociando il nostro sguardo, senza maschere[66]. Tale atteggiamento d'accoglienza lascia trasparire, attraverso la dimensione oggettivante, l'altro come soggetto, che accetta e risponde secondo i suoi tempi, sorretto dalla fiducia nell'interlocutore. Se si autopercepisce in siffatta cornice, allora l'io si sente spronato a crescere, confermandosi espressione di quella progettualità che rinvia alla libertà creativa della comunità, da cui è sostenuto sia pure in modo ondeggiante e attraverso molte mediazioni.

E non è forse questa consapevolezza la molla che spinge a fare cultura, o meglio, non è forse questa la sostanza stessa della cultura, e cioè l'intreccio delle relazioni umane da potenziare e la loro elevazione qualitativa da curare?

7.2. *La conoscenza come ri-conoscenza*

Ora, se la comunità è la fonte del pensare e progettare dei suoi membri come del loro operare, qual è quel tratto che ne segna la

---

[66] «Autrui m'apparaît que si je lui donne gratuitement l'espace où apparaître; et je ne dispose d'aucun autre espace que le mien. (...) L'amour d'autrui répète la création, par le même retrait où Dieu ouvre à ce qui n'est pas le droit d'être et même de le refuser, Lui» (J.-L. MARION, *Prolégomènes à la charité*, Editions de La Différence, Paris 2007, p. 201).

novità rispetto al taglio dominatorio e depersonalizzante del sapere oggettivante, proprio dell'Occidente? Se si parte dalla liberalità della comunità e se ne condivide l'onda sotterranea di carattere oblativo – è questa la premessa – il conoscere perché sia propriamente comunitario deve essere un ri-conoscere, e cioè un sapere destinato a ricadere sulla trama delle relazioni, ispirate alla logica della gratuità.

E come esprimere siffatta conoscenza come ri-conoscenza e siffatta trama di relazioni, ispirate alla logica della gratuità, se non facendo a favore della comunità ciò che riteniamo atteso e gradito, da progettare con intelligenza e realizzare con passione, quale forma, alta e nobile, di gratitudine per essere al mondo? Qui non ci si ferma al carattere gratuito dell'essere, ma si sottolinea il fatto di averlo ricevuto senza alcun titolo e cioè senza averlo chiesto – l'iniziativa è dell'altro – sicché qualunque risposta è sempre successiva e dunque sempre in ritardo in rapporto a quel gesto originario e fondativo. La traccia del debito è incancellabile. Chiede di farsi stile di vita e di pensiero.

7.3. *Dalla logica possessiva alla logica oblativa*

Il Dio francescano non è, ma si dona nell'eterno della Trinità e nel tempo delle creature. Dio, la cui radice indoeuropea è *"diu"*, da cui viene il latino *"divus"* e successivamente "dio", e significa "luce", o forse è *"dies"*, giorno, splendore, apre i nostri occhi perché vedano il mondo come dono, da accogliere ringraziando e da custodire abbellendolo.

Da qui la persuasione di fondo del francescano e cioè, se l'essere è ciò che si dona, più che ciò che è, il mondo è in difficoltà non perché i più non abbiano ciò cui hanno diritto o perché le risorse siano scarse, ma perché guidato da una cultura ispirata non alla logica oblativa, ma alla logica possessiva – ìncita a prendere, non insegna a dare, a rivendicare, non a ringraziare. Se prevalesse la tesi dell'essere come dono e fossimo persuasi che la dignità è da misurare non in base ciò che si è o si ha, ma in base a ciò che si dà, come in famiglia, e se si alimentasse lo stile comunionale con premesse filosofico-teologiche ispirate non alla logica dell'essere-come-diritto ma dell'essere-come-dono, non vivremmo nella povertà ma nell'abbondanza di idee, di sentimenti, di opere. Forse che la logica del dono rappresenta la chiave risolutoria dei problemi? La logica del dono mostra la sua efficacia non in quanto risolve i problemi, lasciando inalterate le cause, ma in quanto, bonificandone la radice, impedisce che sorgano. Almeno alcuni, quelli che costituiscono l'anima tenebrosa del nostro tempo[67].

---

[67] Il che non significa cancellare l'orma dell'umana peccaminosità e instaurare l'Eden. Si sa che con il battesimo si risana la persona, non la natura e che si continua a trasmettere ai discendenti non una natura risanata ma inquinata. Cfr. BONAVENTURA, *Breviloquium* III, cap. 7, n. 3: «Et quia homo generat non secundum quod corruptus in mente, sed secundum quod corruptus in carne, non secundum quod spiritualis, sed secundum quod carnalis, hinc est quod quamvis sit baptizatus et sic ab originali mundatus in se, trasmittat tamen originale in prolem». Siamo all'assioma di Lutero: «simul iustus et peccator».

LA LIBERTÀ CREATIVA DELL'ARTISTA CON BONAVENTURA DA BAGNOREGIO[1]

«Haec autem ars et est una et multiplex.
Quomodo autem hoc esse possit videri non potest
nisi veniat illuminatio a montibus aeternis,
et tunc turbabuntur insipientes corde, id est stulti.
Oportet enim alte sentire de Deo».

(*Collationes in Hexaëmeron* XII, n. 12)

---

[1] Bonaventura, al battesimo Giovanni, nasce a Civita, oggi frazione di Bagnoregio (VT) nel 1217. Per le sue doti intellettuali e le possibilità economiche della famiglia nel 1236 è a Parigi per lo studio della filosofia. Conseguita la laurea in Arti, nel 1243, a circa 26 anni entra nell'Ordine francescano e prende il nome di Bonaventura. Frequenta i corsi di teologia, prescritti dall'Università, con maestri quali Alessandro d'Hales, Odo Rigaud, Guglielmo di Melitona e altri. Conclusi i cinque anni obbligatori, nel 1248 riceve il titolo di Baccelliere biblico, iniziando l'insegnamento di esegesi ed esposizione della Bibbia. All'età prescritta di 35 anni, nel 1253 si sottopone alle prove della *licentia docendi* conseguendo il titolo di Maestro reggente nello Studio Francescano di Parigi, incorporato da circa un trentennio all'Università. Qui continua a insegnare regolarmente dal 1253 al 1257. I maestri parigini in lotta contro i mendicanti gli riconoscono il titolo di "maestro" solo nel 1257, eletto da alcuni mesi ministro generale dell'Ordine. Il suo generalato dura 17 anni. Cardinale nel 1273, attende alla presidenza dei lavori preparatori e poi alla celebrazione del concilio ecumenico di Lione. Muore nel 1274. – Le opere occupano 10 volumi nell'edizione critica di Quaracchi (FI). Opera fondamentale: *Commentarii in IV libros Sententiarum*, da aggiungere *Breviloquium*, *Itinerarium mentis in Deum*, *De reductione artium ad theologiam*. Le tre serie di "questioni disputate": *De scientia Christi*, *De SS. Trinitate*, *De perfectione evangelica*, del 1254-56; le tre serie di *Collationes* in polemica con gli averroisti: *De X praeceptis*, del 1267, *De VII donis Spiritus Sancti*, del 1268, e *In Hexaëmeron* o *Illuminationes Ecclesiae*, del 1273. Da aggiungere *Opuscoli* ascetici e mistici, oltre a molti *Sermoni*.

Il gran libro del mondo è opera del Verbo di Dio, «Colui al quale il Padre ha confidato tutto ciò che ha voluto fosse chiamato all'essere»[2]. Essendo opera di Dio[3], ogni creatura «*via est in aliud*»[4], nel senso che sospinge verso quella verità che, considerata «*secundum id ad quod est, tenet se ex parte rerum*»[5], e cioè è presente nel mondo ma non si risolve nel mondo. La verità è una e, in ultimo, si identifica con Dio stesso, ma la sua articolazione nel tempo e nello spazio ha infiniti volti[6]. Circoscrivendo il discorso, pare lecito dire che il vero per un verso fa tutt'uno con la cosa («*veritas idem est quod rei entitas*»), per l'altro va oltre la cosa illuminando la nostra intelligenza («*veritas est lux expressiva in cognitione*

---

[2] *Collationes in Hexaëmeron* (=*Hex.*) III, n. 13: «Pater enim ab aeterno genuit Filium similem sibi et dixit se et similitudinem suam similem sibi et cum hoc totum posse suum; dixit quae posset facere, et maxime quae voluit facere, et omnia in eo expressit, scilicet in Filio suo seu in isto medio tanquam in sua arte».

[3] È questa la scelta di partenza e cioè Dio crea il mondo che affida alla cura dell'uomo. Si parte da qui, per dirne le conseguenze o anche l'impatto nella visione della vita e del mondo. Cfr. M. Novello, *Qualcosa anziché il nulla. La rivoluzione del pensiero cosmologico*, Einaudi, Torino 2011.

[4] *In I Sent.* d. 3, p. 1, q. 2, - I, 72.

[5] *De scientia Christi* q. 3, concl. 2: «In hac autem expressione est tria intelligere, scilicet ipsam veritatem, ipsam expressionem et ipsam rem. Veritas exprimens una sola est et re et ratione; ipsae autem res, quae exprimuntur, habent multiformitatem vel actualem, vel possibilem; expressio vero, secundum id quod est, nihil aliud est quam ipsa veritas; sed secundum id ad quod est, tenet se ex parte rerum, quae exprimuntur».

[6] È il tema della poligonia del vero, ovvero dell'unicità e insieme della molteplicità del vero. *I Sent.*, d. 35, a. u., q. 3, concl., resp. - I, 608: «Idea significat divinam essentiam in comparatione sive in respectu ad creaturam. Idea enim est similitudo rei cognitae, quae quamvis in Deo sit absolutum, tamen secundum modum intelligendi dicit respectum medium inter cognoscens et cognitum. Et quamvis ille respectus secundum rem plus se teneat ex parte cognoscentis, quia est ipse Deus, tamen secundum rationem intelligendi sive dicendi similitudo plus se tenet ex parte cogniti. Et quoniam cognoscens est unum, et cognita sunt multa, ideo omnes ideae in Deo sunt unum secundum rem, sed tamen plures secundum rationem intelligendi sive dicendi».

intellectuali»)[7]. Ogni creatura è passibile di una duplice lettura, nel senso che o viene colta per ciò che è o, invece, per ciò cui rinvia, sicché o ci si limita a decriverne l'identità o se ne indica l'alterità. Dunque, o si dice il vero che fa tutt'uno con la cosa, o ci si apre al vero che trascende la cosa, ma a cui la cosa rinvia. I percorsi sono due, con due visioni del mondo. Il primo privilegia la razionalità del mondo, la sua struttura razionale, da individuare nella sua oggettività; il secondo privilegia la libertà creativa di chi, creando il mondo, ha inteso trasmettere un certo messaggio. Data la rilevante differenza tra le due prospettive, diventa significativa la domanda a chi spetti il primato fondativo, se alla razionalità oggettiva o invece alla libertà creativa, se all'identità o all'alterità, se alla cosa o invece al disegno per la cui manifestazione la cosa è stata voluta. La prima prospettiva si occupa del mondo come sistema di cause ed effetti, regolato da leggi che ne spiegano l'accadere – è il trionfo della razionalità; la seconda si occupa del mondo come cifra di senso – è il trionfo della libertà; per la prima è fondamentale la verità oggettiva, intesa come espressione della struttura del mondo; per la seconda è fondamentale la libertà, intesa come donativa di senso al mondo voluto.

Ora, è un fatto che la storia abbia privilegiato il primo percorso, interessata al vero della cosa e cioè a ciò che la cosa è, dando vita a una sorta di «parmenidismo scientista, in cui il livello fisicalistico è l'unico a esistere veramente, mentre gli altri, che se ne

---

[7] *De scientia Christi* q. II, obiectio 9: «Ad illud quod obiicitur, quod veritas est ratio cognoscendi etc., dicendum quod veritas dupliciter dicitur: uno modo veritas idem est quod rei entitas, secundum quod dicit Augustinus, quod "verum est id quod est". Alio modo veritas est lux expressiva in cognitione intellectuali, secundum quod dicit Anselmus in libro de Veritate, quod "veritas est rectitudo sola mente perceptibilis". Primo modo veritas est ratio cognoscendi, sed remota; secundo modo est ratio cognoscendi proxima et immediata (...) Propter quod et Augustinus frequenter dicit, quod cognitio in Verbo assimilatur luci diei, cognitio autem in proprio genere assimilatur vesperi, propter hoc quomodo omnis creatura tenebra est respectu divinae lucis».

distinguono, sono in fondo solo apparenze»[8]. È la linea aristo-telico-averroista[9]. Andando contro corrente, Bonaventura contesta quest'orientamento, ritenendolo secondario (*"assimilatur vesperi"*) rispetto al percorso incentrato sul principio d'alterità o di differenza (*"assimilatur luci diei"*), secondo cui la cosa rinvia, in forma prioritaria, al disegno progettuale di colui che l'ha voluta[10]. Egli, dunque, assegna il primato alla libertà creativa e dunque all'alterità, ritenendo la razionalità e dunque l'identità della cosa strumentali e dunque derivate.

Da qui i passaggi della ricerca, e cioè (I) la presa d'atto che l'Occidente si è affidato per lo più alla linea di ispirazione identitaria, sul presupposto che il mondo sia un sistema razionale di cause ed effetti da indagare ai fini del suo controllo; (II) l'ipotesi ermeneutica secondo cui l'opzione di Bonaventura è per la linea di ispirazione libertaria, vòlta a mettere in luce il senso o il fon-

---

[8] E. GUGLIELMINETTI, *Troppo. Saggio filosofico, teologico, politico*, Mursia, Milano 2017, p. 46.

[9] M. DI GIOVANNI, *Averroè*, Carocci, Roma 2017, p. 99: «La venerazione che Averroè dimostra per Aristotele corrisponde quasi a quella che la coscienza cristiana riserva al Verbo incarnato. La piena e perfetta congiunzione tra l'intelletto di Dio e quello dell'uomo eleva Artistotele a modello e misura ultimativi di ogni sapienza».

[10] C. MERCURI, *Francesco d'Assisi. La storia negata*, Laterza, Bari 2016. Se si lascia cadere questa griglia di lettura, resta fondata l'osservazione, secondo cui Bonaventura «è l'unico tra i biografi di Francesco che del *Cantico di Frate sole* fa sparire ogni traccia. Ed è anche l'unico a non fare parola di quella peculiare inclinazione di Francesco verso la poesia e la letteratura. Spariscono dalla sua *Leggenda* anche i molti riferimenti fatti dai compagni alla consuetudine di Francesco di usare la lingua francese per declamare passi del ciclo arturiano; sparisce cioè la cultura cortese di Francesco e la conoscenza profonda di quel mondo, più volte usato come metafora del suo stesso programma di vita: dallo sposalizio con Madonna povertà alla descrizione della sua fraternità come cenacolo dei cavalieri della Tavola Rotonda» (p. 184). Sì, è vero, sotto un profilo filologico nelle opere del Dottor serafico non ci sono richiami a questo significativo capitolo della personalità di Francesco. Ma se sotto un profilo filologico le cose stanno così, il quadro generale del suo dire però pare segnato dalla visione di Dio come supremo artista e dalla lettura del mondo come somma opera d'arte.

do valoriale delle cose, sul presupposto che il mondo sia un'opera d'arte, che vale in sé, ma soprattutto per ciò che significa; (III) il privilegiamento della linea d'indole libertaria, perché si percepisca e si custodisca il mondo come l'opera di un grande artista. *La conclusione* riguarderà la riconciliazione tra l'uomo, il mondo e Dio non nel segno della razionalità oggettiva, ma nel nome della libertà creativa.

1. **La metodologia identitaria guida dell'Occidente**

La filosofia greca nasce con l'obiettivo di venire a parte della verità della *Physis* (=natura), entro cui l'uomo prende coscienza di sé. Da nessuno creata e a nessuno affidata, la *Physis* si presenta allo sguardo ammirato dell'uomo come un grande enigma. Quale la sua indole e quale il nostro posto? Il *"thauma"* o meraviglia, che suscita, oltre che sorpresa davanti alla sua complessità, è angoscia e terrore davanti al dolore e alla morte, che in essa sperimentiamo. La *Physis*, infatti, per un verso ci accoglie e ci alimenta e per l'altro ci mortifica e ci abbandona al ciclo inesorabile del tempo. Quale la portata di tutto ciò? In risposta l'umanità per millenni ha sognato mondi di pace, abitati da divinità potenti, rese amiche attraverso offerte e sacrifici. Non senza ragione «il mito arcaico è sempre collegato al sacrificio, cioè all'atto col quale l'uomo si conquista il favore degli dèi e delle forze supreme che, secondo la rivelazione del mito, regnano nell'universo. Il sacrificio può essere cruento, oppure del tutto incruento (...); ma in ogni caso il suo intento è di identificarsi e di dominare ciò che nel mito appare come la potenza suprema»[11].

---

[11] E. SEVERINO, *La filosofia dai greci al nostro tempo. La filosofia antica e medievale*, Rizzoli, Milano 2004, p. 21.

1.1. *Genesi della linea identitaria e valutazione di Bonaventura*

Questa plurimillenaria lettura della *Physis*, variabile nel tempo, accomunata dalla fede in un mondo divino altro da noi ma a noi propizio, alla fine viene in sospetto che sia illusoria, e cioè che sia una sorta di benevolo autoinganno. Da qui l'abbandono del mito e la creazione di «un sapere che non può essere negato né da uomini né da dèi, né da mutamenti dei tempi e dei costumi»[12]. È la grande conquista dell'Occidente, e cioè il trascendimento del mito a opera del *Logos*, e dunque il passaggio dalla metafora al concetto, dall'emozione alla ragione, dalla differenza tra essere e pensiero alla loro identificazione. Più che alla coniugazione di mito e logos, si è proceduto all'assolutizzazione del logos a detrimento del mito, con risultati di grande rilievo sul piano del sapere, ma di notevole impoverimento sul piano del senso, dal momento che l'abbandono del mito ha portato alla mitizzazione del *logos,* inteso come pura razionalità.

È l'avvio solenne della filosofia occidentale, costituito dall'assunto che il logos è la trama razionale del reale e dunque la sua sostanza, forza coesiva delle molte forme in cui si articola il sapere, lungo un percorso di crescente autonomizzazione. Una qualsiasi altra prospettiva risulta segno di immaturità o di "minore età"[13]. È l'affermazione della ragione veritativa, altra cosa rispetto alla ragione mitica, perché fa tutt'uno non con ciò che si desidera, ma con ciò che è incontrovertibile. La ragione cerca e trova la verità, assumendo una veste regale, con cui affascina e mette a tacere ogni altra voce. Le categorie di spazio e tempo, di causa ed effetto, come i principi di non contraddizione, del terzo escluso, di iden-

---

[12] *Ivi*, p. 22.
[13] Cfr. per questa linea storiografica U. GALIMBERTI, *Psiche e techne. L'uomo nell'età della tecnica*, Feltrinelli, Milano 2000, pp. 175-250: "Psicologia della tecnica: teoria dell'azione".

tità, di causalità, indicano le molte vie attraverso cui la ragione mette mano a siffatta costruzione. È l'articolazione del modulo onto-gnoseologico con cui la filosofia greca nasce e si impone, impegnata nell'esplorazione delle leggi dei fenomeni naturali, con l'obiettivo di far fronte all'angoscia dell'imprevedibile e di pervenire al loro auspicato controllo.

Il Dottor Serafico non esita a notare che, inoltrandosi nel cuore della *physis* al fine della sua conoscenza, l'uomo ne è rimasto prigioniero. «Infatti, si pensava che, come una sfera è mossa contro un'altra sfera, così la fantasia muovesse e inclinasse l'anima alle cose esteriori e l'intelletto la muovesse naturalmente alle superiori. E così è rimasto ingannato, perché queste infermità – le potenze concupiscenziali – sono nella parte intellettuale, e non solo in quella sensitiva»[14].

Desiderosi di venire a capo del segreto delle cose, i filosofi hanno aperto vie che ne hanno consentito il controllo, non però il trascendimento, ne hanno individuato la struttura, non il senso[15]. Avendo per millenni puntato gli occhi in basso, l'uomo si è ritrovato incurvato su se stesso[16], interessato prevalentemente all'utilizzazione delle cose ai fini della soddisfazione dei bisogni elementari[17]. Questo stile ha influito su tutto l'uomo – intellettivo e amativo[18]

---

[14] *Hex.* VII, n. 8.

[15] *Breviloquium* (=*Brev.*) III, 1, 4: «Peccatum omne, in quantum huiusmodi, et est a voluntate sicut a prima origine et est in voluntate sicut in proprio subiecto». *Brev.* V, cap. 8, n. 4: «Amor est pondus mentis et origo omnis affectionis mentalis».

[16] *Itinerarium mentis in Deum* (=*Itin.*) I, n. 7: «Avertens se a vero lumine ad commutabile bonum, incurvatus est ipse per culpam propriam, et totum genus suum per originale peccatum».

[17] *II Sent.* d. 26, a. u., q. 2, concl.: «Affectus autem hominis recurvatus est et mercenarius, quantum est de se; unde si quid facit, intendendo proprium commodum facit».

[18] *Hex.* VII, n. 8: «Et tamen decepti fuerunt, quia hae infirmitates in parte intellectuali sunt, non solum in parte sensitiva: intellectiva, amativa, potestativa infectae sunt usque ad medullam».

– oscurandone la vocazione alla trascendenza[19]. E così il mondo creaturale è risultato *"cancellatus et deletus"*[20], senza alcuna traccia della voce di Colui che lo ha chiamato all'essere. Nonostante il crescente progresso delle scienze a opera degli arabi e dei contributi rilevanti circa la cosmologia e l'astronomia a opera in particolare dei greci, Bonaventura non esita a scrivere che l'uomo appare cieco, sordo, muto, inetto a leggere questo libro che pure ha tra mani. Lo spirito, sopraffatto dalla concupiscenza, è incapace di percepire la voce che viene dall'alto[21] – ammira le creature, ma non va oltre la loro struttura[22]. La forza delle passioni mondane ha impedito di aprire la finestra sul mondo e di guardare lontano e in alto. Rimasto incatenato nella caverna dell'io, l'uomo non ha accolto i richiami delle creature, che pure giungevano da ogni parte, a dilatare l'orizzonte. L'uomo si è limitato a pensare in termini di conformità o di adequazione a ciò che si dà ai fini del suo controllo, ma senza interrogarne la genesi e cercarne il senso[23]. In quest'ottica, il mondo è apparso mirabile per l'equilibrio delle parti ma senza profondità, oscurata dalla fatua impressione che tutto è destinato a tornare, per

---

[19] *Hex.* XX, n. 2 : «Bestialis est homo carens his et habens faciem inclinatam ad terram sicut animal».

[20] *Hex.* XIII, n. 12. La cancellazione dei caratteri significativi del mondo è stata radicale al punto d'aver bisogno di un altro libro – le Scritture sacre – il cui obiettivo è di insegnare a leggere da capo il libro del mondo e a scoprirne il senso.

[21] *Itin.* I, n. 7: «Sed avertens se a vero lumine ad commutabile bonum: incurvatus est ipse per culpam propriam, et totum genus suum per originale peccatum, quod dupliciter infecit humanam naturam, scilicet ignorantia mentem et concupiscentia carnem; ita quod excaecatus homo et incurvatus in tenebris sedet et coeli lumen non videt».

[22] *Itin.* V, n. 4.

[23] M. HEIDEGGER, *Che cosa significa pensare?*, Sugarco, Milano 1978, p. 41. La scienza non appartiene al regno teoretico-contemplativo, proprio del pensiero pensante, bensì al versante teorico-pratico, nel senso che lo sguardo dello scienziato è essenzialmente tecnico, dal momento che esplora per controllare, è dunque manipolatorio-produttivo.

l'eternità. È il fulcro del naturalismo greco, soggiacente all'identificazione tra essere e pensiero, obiettivo della ricerca e compendio della filosofia.

1.2. *Primato della razionalità fonte remota del pensiero sostanzialmente unico*

Le proposte teoriche, che si sono succedute in seguito alla Rivelazione biblica, sono accomunate dal presupposto che il reale, in quanto opera di Dio, somma sapienza, è dotato di autentica razionalità. Sullo sfondo di questa condivisa concezione del mondo si afferma una linea – quella aristotelico-tomista – che assolutizza siffatta razionalità, al punto da confermarla come motivo primario dell'essere e sostanza delle creature. L'Aquinate è esplicito, a cominciare dall'annotazione generale, secondo cui la volontà si attiene al giudizio della ragione[24], da cui è legittimata. Infatti, «radice della libertà è la ragione»[25], cui spetta preparare il terreno per la scelta, che la volontà compie «*secundum quod in ea virtus rationis manet*»[26]. Una qualunque decisione non va riportata a uno dei due elementi – ragione o volontà – ma alla loro armonizzazione,

---

[24] *Contra Gentiles* I, cap. 88, in fine: «Adhuc: voluntas divina in his ad quae non secundum naturam suam determinatur, inclinatur quodammodo per suum intellectum, ut supra (c. 82) ostensum est. Sed ex hoc homo dicitur prae caeteris animalibus liberum arbitrium habere; quia ad volendum judicio rationis inclinatur, non impetu naturae sicut bruta; ergo in Deo est liberum arbitrium».

[25] *De veritate*, q. 24, a. 2: «Judicium autem est in potestate iudicantis secundum quod potest de suo judicio iudicare: de eo enim, quod est in nostra potestate, possumus iudicare. Iudicare autem de iudicio suo est solius rationis, quae super actum suum reflectitur, et cognoscit habitudines rerum de quibus iudicat et per quas iudicat: *unde totius libertatis radix est in ratione constituta*. Unde secundum quod aliquid se habet ad rationem, sic se habet ad liberum arbitrium. Ratio autem plene et perfecte invenitur solum in homine: unde in eo solum liberum arbitrium plenarie invenitur».

[26] *II Sent.* d. 24, q. 1, a. 3, ad 2.

ribadendo però che la ragione precede *"naturaliter"* la volontà[27] e che questa non può disattenderne le indicazioni se non vuol cadere preda dell'anarchia. Il problema, allora, non sta nella compresenza di volontà e di ragione, data per scontata, ma nel primato, se spetti all'una o all'altra. È certo che la casa che Dio ha creato e che noi abitiamo sia razionale. Ora, se si pone in primo piano la razionalità della costruzione, il richiamo all'atto creativo serve solo a rinsaldarla in quanto opera divina e a chiudere il cerchio, non a dirne il senso e a viverne la sorpresa. Il discorso risulta confermato anche se si sottolinea che Dio decide liberamente di creare. Nell'età medievale è unanime la persuasione che la libertà qualifichi l'agire divino. E tuttavia, per la linea aristotelico-tomista tale libertà soggiace agli ordini della ragione, nel senso che, se è libero di creare, Dio, una volta che lo ha deciso, non può che creare ciò che crea e nel modo in cui crea. La razionalità si impone. Il suo primato non viene scosso, ma ribadito.

Le conseguenze di questo indirizzo sono note. Quando dal primato della fede (età medievale) si passa al primato della ragione (età moderna) si metterà in dubbio quanto ereditato, accettando solo ciò che passa attraverso il filtro della ragione. Risulterà inevitabile la secolarizzazione del dato rivelato, e cioè il venir meno del carattere gratuito del reale, e dunque il fatto che sia senza-perché, e, insieme alla gratuità, il venir meno di quel mondo di senso legato alla libertà creativa di colui che l'ha voluto, sicché la cosa non potrà che apparire nella sua nudità razionale, senza

---

[27] *De veritate* q. 22, a. 1, ad 6: «Dicendum quod voluntas non directe ex intelligentia procedit; sed ab essentia animae, praesupposita intelligentia. Unde ex hoc non ostenditur ordo dignitatis, sed solummodo ordo originis, quo intellectus est prior naturaliter voluntate». Dunque, il primato dell'intelletto rispetto alla volontà non è fondato sul primato del vero sul bene, bensì sulla constatazione che ogni moto della volontà è preceduto dall'apprensione, secondo il principio, che qui resta improblematizzato, e cioé nessuno può volere ciò che non conosce.

trascendimenti o aggiunte di sorta. Con la messa in crisi della gratuità e dell'alterità si annuncia il carattere superfluo di Dio ai fini della comprensione della cosa, dal momento che la razionalità del mondo gode di un'oggettività che ne consente la resa in termini teorici senza richiami ad altro che a se stessa[28]. La trama razionale rende conto di ciò che la cosa è e di ciò che sarà. Dove e perché il trascendente? Siamo alla fonte del pensiero sostanzialmente unico, pur nella pluralità delle sue espressioni, conseguente al primato della razionalità, intesa come tessitura pluriarticolata e insieme unitaria del reale e via privilegiata per la sua identificazione come per il suo controllo.

Dal primato della razionalità alla sua autosufficienza il passo è breve. Infatti, nel contesto di una razionalità oggettivata, si ritiene che è bene fare a meno dell'Autore – *agere vel cogitare ac si Deus non esset*. In tale ipotesi, infatti, la ricerca risulta libera da motivi estranei alla struttura della cosa.

Lasciando nell'ombra l'ipotesi-Dio, si evita quel volume ingombrante di significati, che possono oscurare il volto dei fenomeni e falsarne la funzione – gratuità e alterità stanno o cadono insieme. Il compito del ricercatore è di individuare i principi che spiegano l'avventura di questo mondo, del suo ordine e dei suoi sconvolgimenti.

I fenomeni sorgono nella natura e nella natura si risolvono in base a leggi che aiutano a intendere le modalità del loro accadimento.

Qui la ragione trova le sue ragioni e s'arresta soddisfatta.

È l'identità di essere e pensiero, nel senso che l'essere diventa trasparente al pensiero, senza resti, e il pensiero non pensa che l'essere, e cioè non pensa che ciò che è, tracciando la rete delle relazioni possibili in cui la cosa consiste. Il resto è interdetto come

---

[28] Con o senza Dio, le cose sono quelle che sono. Spinoza compendia tutto ciò: «Res nullo alio modo vel ordine a Deo produci potuerunt quam productae sunt» (*Ethica*, I, 33).

non-essere e dunque come impensabile[29]. In breve – e la cosa è di grande rilevanza – il non-essere è ipotizzato «come lontananza infinita dall'ente, come privazione assoluta, totale mancanza di essere. (...) La filosofia per la prima volta pensa il "non essere" come assoluta mancanza di ogni qualcosa e di qualsiasi forma di positività. Il niente sta al di là degli estremi confini del Tutto, nel senso che al di là di tali confini non vi è niente»[30]. Al di qua l'essere, tutto l'essere, al di là il non-essere, il nulla di essere[31]. Il circolo è chiuso. Nulla di sostanzialmente nuovo è ipotizzabile pena la violazione del supremo principio di non contraddizione. Da questa angolazione si comprende il peso dell'interdetto di Parmenide – tu non penserai il nulla, concepito come «l'assoluto non essere che non trova luogo all'interno dei confini del Tutto»[32]. La conseguenza grave è che solo il *Logos* di ciò che è si lascia sensatamente dire, premessa remota del pensare unico, ieri sotto le vesti della metafisica dell'essere che è e del non-essere che non è, sostenuto dal principio di non-contradizione, oggi della scienza, unico verbo attendibile

---

[29] O. Franceschelli, *Elogio della felicità possibile. Il principio natura e la saggezza della filosofia*, Donzelli, Roma 2014, p. 57: «Una delle acquisizioni più preziose del naturalismo metodologico, della scienza moderna e dell'espistemologia della plausibilità è che anche la consapevolezza delle tante cose di cui la ricerca non è venuta ancora a capo non si trasforma mai nel pretesto di rifugiarsi ancora una volta nel soprannaturale o in una qualche forma di misterialismo antropologico». Nulla sfugge a tale prospettiva: «dall'astrobiologia che scruta l'origine più remota della vita dalle polveri cosmiche, fino alla paleontologia genetica, all'impetuoso sviluppo delle neuroscienze, alla psicologia evoluzionista e alla primatologia, grazie a cui comprendiamo sempre meglio anche l'effettivo rapporto esistente tra le capacità etico-intellettive dell'uomo e quelle delle altre scimmie antropomorfe». Il problema non riguarda il sapere, destinato a crescere, ma il fondo delle cose, se identificabile con la razionalità o con la libertà creativa di segno oblativo.

[30] Severino, *op. cit.*, p. 39.

[31] È il limite che E. Levinas coglie nel primato dell'ontologia sull'etica. Cfr. *La traccia dell'altro*, Pironti, Napoli 1979.

[32] Severino, *op. cit.*, p. 67.

perché confermato dal controllo sperimentale[33]. Se del nulla non ne è più nulla, si decreta la morte dell'inedito e si pone il compito di prendere le misure di ciò che è e delle sue potenzialità – il futuro non è inedito perché iscritto nel passato – e di chiudere il dibattito[34]. Qualunque sia la forma, si tratta pur sempre di una versione del sapere scientifico, secondo cui occorre «*non ridere, non lugere, neque detestari sed intelligere*», e cioè non si tratta di detestare o deridere, ma di "intendere" che tutto si svolge secondo necessità[35]. Escludendo il nulla, si impone il paradigma identitario, con il quale vengono meno i rinvii e le allusioni sotto il peso della dimostrazione, che pone fine al regno dell'alterità a favore del regno dell'identità, senza aggiunte[36].

---

[33] S. GIVONE, *Storia del nulla*, Laterza, Bari 1995, p. 204. Infatti, «è la scienza che considera le cose nel loro insieme come cose che sono quelle che sono e nient'altro, con ciò censurando la possibilità stessa di una riflessione sul niente». Il brano continua: «Già, ma la scienza non presuppone proprio il niente che esclude? L'insieme delle cose, ossia la totalità dell'ente, giunge alla scienza in quanto tale, ossia, come ciò che è qualcosa e non niente, sulla base dell'evidenza che niente è l'altro dell'ente e dunque a partire da una nientificazione (da uno sfondamento, da un'apertura di senso) che, per quanto rimossa e dimenticata, rappresenta per il sapere scientifico la possibilità di esprimere la propria essenza».

[34] Il richiamo è a Spinoza: «Sembra che la maggior parte di coloro che hanno scritto sugli affetti e il modo di vivere degli uomini non trattino di cose naturali, che seguono le leggi comuni della natura, ma di cose che sono al di fuori della natura. Sembra anzi che concepiscano l'uomo della natura come uno Stato nello Stato, perché credono che l'uomo turbi, piuttosto che seguire l'ordine della natura, che abbia un'assoluta potenza sulle proprie azioni (...) A questi senza dubbio sembrerà strano che io intraprenda a trattare con *procedimento geometrico* le stoltezze e i vizi umani...» (*Ethica*, La Nuova Italia, Firenze 1974, III, Prefazione, p. 235).

[35] SPINOZA, *Ibidem*. Il richiamo è alla "Gestalt" come unificazione del molteplice o all'eidos husserliano

[36] GIVONE, *I sentieri della filosofia* cit., p. 70: «La filosofia dell'identità si basa non solo sull'identità dell'essere e del pensiero, ma prima ancora sull'identità dell'essere con se stesso. L'essere è. Il non essere non è – non è al punto che neppure si può dire che non è. L'essere è l'essere: questo è tutto quel che si può

1.3. Eritis sicut dii, scientes bonum et malum[37]

Ritenendo che il mondo – ovvero ciò che è – è scritto in termini matematici e con caratteri geometrici (Galilei), s'impone l'ardita tesi secondo cui il sapere di Dio non è qualitativamente altro rispetto al nostro, ma solo quantitativamente più esteso – Dio sa tutto, noi non ancora (Laplace). Il sapere appare divino nella forma – il numero ci restituisce la materia in un intreccio definito e perfetto di rapporti – e nel contenuto – confermato dalla possibilità del controllo fino alla sua manipolazione. Quest'orientamento libera il pensiero da quei turbamenti che, legati al non-essere dell'essere, paiono frutto di una visione morbosa, e ribadisce l'idea che gli eventi della natura sono ciò che la scienza dice che siano, e nient'altro. Attraverso un lavoro capillare di decostruzione, si libera il terreno da tutto ciò che non è positivamente esplorabile e narrabile. «Che l'universo sia giunto al punto in cui è ora e mostri una disposizione degli elementi tale per cui esso vive e si rinnova per una sua energia intrinseca, non implica alcun prodigio né atto volontario di creazione, ma semplicemente realizza una delle possibilità che da sempre sono presenti nello spazio infinito e che nel tempo infinito, prima o poi, necessariamente si compiono. Verità è liberazione dal timore»[38] o, anche, è rasserenamento dell'animo, finalmente sgombro dei fantasmi evocati dalle religioni; o anche, è riconciliazione con la realtà, persino nell'infuriare dei mali più

---

dire». Compendiando il proprio libro – *Troppo. Saggio filosofico, teologico, politico*, Mursia, Torino 2015, E. Guglielminetti scrive che «questo libro invita il lettore a guardare il mondo sotto specie di duplicità, non applicando da fuori una categoria soggettiva, ma lasciandone emergere fenomenologicamente il valore di aggiunta: l'aggiunta cioè sta dalla parte della cosa, non siamo noi a introdurla» (Quarta di Copertina).

[37] *Hex.* XIX, n. 4: «Per scientiam enim est tentatio facilis ad ruinam. Unde: eritis sicut dii, scientes bonum et malum».

[38] S. GIVONE, *Metafisica della peste. Colpa e destino*, Einaudi, Torino 2012, p. 184.

rovinosi, anche nell'implodere del cosmo. Si ritiene che la linea, che carica i fenomeni di senso, espressione di un volere superiore, sia tracciata da quanti sono in preda a particolari turbamenti o a scelte arbitrarie. Il sapere come frutto dell'esplorazione razionale del reale dissolve paure e preoccupazioni, il che accade grazie alla restituzione della natura a se stessa. Lo scienziato libera le cose da elementi ingombranti, dovuti a una mente impreparata e immatura. «*Tantum religio potuit suadere malorum!*», esclama Lucrezio[39]. Ristabilire il dominio della ragione e dissolvere fantasmi, suscitati da bisogni consolatori o da pratiche malvagie, è la missione dello scienziato, impegnato a creare un uomo impavido, che guarda in faccia gli eventi, compresi il dolore e la morte. Tutto rientra nel processo della natura, nulla oltre o al di là – si muore non perché ci si ammala, ma ci si ammala perché bisogna morire. La morte è la legge inesorabile della vita, come il dolore lo è del suo percorso. È il naturalismo greco. Di cosa le scienze sono l'esplorazione se non della *natura* e delle sue manifestazioni? Certo, la letteratura, l'arte, la musica, la liturgia, non sono messe al bando. Esse sono coltivate, non però come rivelative del fondo abissale degli eventi, ma come consolatorie e ornamentali.

Con l'affermazione del principio di identità e dunque sul presupposto dell'irrilevanza dell'alterità, si impone la voce normativa della verità o meglio, la sua razionalità, rispetto a cui la volontà assolve al ruolo di esecutrice. Qui non conta l'interpretazione, ma la dimostrazione, non il soggetto, ma la cosa esplorata o esplorabile, nell'assunto che il vero si risolve nella struttura razionale di ciò che è o accade. È la verità a pensarsi in me, imponendosi alla ragione, come al geometra si impone la geometria, al matematico la matematica. La verità è scoperta – tolgo il velo a ciò che è lì – non creata, quasi che cominci a essere; se è, è da sempre. Ciò che conta è la

---

[39] *De rerum natura* I, 101, commentato da GIVONE, *op. cit.*, p. 184.

verità, non il ricercatore. Il soggetto in quanto tale è irrilevante. È in questa logica lo spazio delle cosiddette "scienze umane", la cui oggettivazione è parallela allo smarrimento della soggettività dei soggetti. L'epilogo è la rivoluzione scientifica, sullo sfondo e in alto la tecnica, cui l'uomo affida il suo futuro, diventandone l'argomento prevalente[40].

Il trionfo della ragione, fonte del controllo, in ultima analisi fa tutt'uno con il trionfo del sapere tecno-scientifico. Il soggetto dell'età contemporanea, epilogo dell'avventura iniziata in Grecia con il *Logos,* non creatore ma pura trama razionale, più che l'uomo, pare sia la tecnica. Sembra che stia venendo meno lo spazio per l'uomo, il protagonista di sempre.

Certo, non si rinuncia ancora alla libertà – il che implicherebbe il presupporla e dunque in qualche modo il preservarla – ma si creano le condizioni che progressivamente possono svuotarla di forza e di senso. Si intravede all'orizzonte la possibilità di essere uomini senza più essere soggetti, con un'umanità impersonale. Ora, a quale condizione è possibile recuperare e porre al centro dell'avventura l'uomo, fonte del vivere e misura del pensare? In quale contesto la responsabilità, libera e creativa, si impone come volto regale di colui che si ritiene a immagine di Dio?

---

[40] È il tema riassuntivo della sottomissione dell'uomo alla scienza. Infatti, l'icona del nostro tempo è il DNA. Dopo il secolo della chimica (l'Ottocento) e dopo il secolo della fisica (il Novecento) siamo ora nel secolo delle scienze della vita. Queste "scienze storiche", che cioè descrivono l'ontogenetica del vivente, sono oggi le discipline della "sintesi del vivente". I riflessi sono molti e decisivi – basti pensare alle applicazioni biotecnologiche in medicina, industria e agricoltura. Tutte le tradizionali discipline non sono forse segnate dalla biologia? Le pratiche del nostro vivere – da come ci si riproduce (concepimento e nascita) al fine vita – ne sono profondamente segnate, e gli avanzamenti di tale sapere indurranno a una diversa percezione dell'"umano", con paure non immotivate e aspettative di diversa indole.

2. Oltre la metodologia identitaria

Si tratta di una scelta di campo, non di una deduzione, di un'opzione, non di una dimostrazione, di un nuovo paradigma e dunque di un cambio di prospettiva. Se il primato del logos come cifra del vero ha generato una visione complessiva del reale che è andata chiudendo il cerchio, sterilizzando quei germi di vita trascendente in una sorta di radicale immanentizzazione, pensiamo che il primato del logos come cifra della libertà possa generare una diversa prospettiva, strutturalmente aperta. Intesa come forma di vita, la libertà si presenta come forza potenzialmente esplosiva della comunità, nemica d'ogni stagnazione, responsabile sia del mondo che della storia.

2.1. *Il testo sacro e il nuovo* "cominciamento"

È una storia plurimillenaria la nostra, che ha piegato l'uomo su se stesso, al punto che è stato necessario l'intervento divino – la Rivelazione sacra – per frenare la piega identitaria della mente e far fronte alla pressione irrefrenabile della concupiscenza[41]. Prima che di una serie di asserti, si tratta di un altro cominciamento, in grado di orientare diversamente la lettura del mondo, mettendo a frutto le indicazioni di un altro libro – la Bibbia[42] – che spinge l'io a cogliersi come causalità in esercizio, lungo sentieri, talvolta tortuosi e incerti, e il mondo come la traduzione nel tempo del

---

[41] *Itin.* I, n. 7: «Sed avertens se a vero lumine ad commutabile bonum, incurvatus est ipse per culpam propriam, et totum genus suum per originale peccatum, quod dupliciter infecit humanam naturam, scilicet ignorantia mentem et concupiscentia carnem; ita quod excaecatus homo et incurvatus in tenebris sedet et caeli lumen non videt, nisi succurrat gratia cum iustitia contra concupiscentiam, et scientia cum sapientia contra ignorantiam».

[42] *De reductione artium ad theologiam* n. 7.

disegno di Dio[43]. Il testo sacro è come un vortice di luce, che avvolge corpo e anima, senso interiore e senso esteriore, entro la cui logica pensare e operare.

Vivendo nel mondo e partecipando alla sua storia[44], l'uomo si ritrova immerso in mondi di senso, alla cui luce fenomeni ed eventi rivelano una sensatezza che va bene al di là del loro accadere[45]. Come suscitare interessi per cose caduche, apparentemente insignificanti? Come far sì che un'informazione divenga fonte di un'azione? La risposta è tutta nel "perché" una cosa che poteva

---

[43] *Brev.* II, 11: «Quia primum principium fecit mundum istum sensibilem ad declarandum se ipsum, videlicet ad hoc quod per illum tamquam per speculum et vestigium reduceretur homo in Deum artificem amandum et laudandum».

[44] *Brev.* II, 11: «Datus est ei duplex sensus, scilicet interior et exterior, mentis et carnis. Datus est ei duplex motus, scilicet imperativus in voluntate et executivus in corpore. Datum est ei duplex bonum, unum visibile, alterum invisibilem».

[45] *S. Andrea Ap. sermo*, 1 - IX, 463a-b: «Sicut Dominus in prima conditione mundi, quando condidit hominem et posuit eum in paradiso, diversa lignorum genera in paradiso produxit: quaedam ad continuandam vitam, quaedam ad perpetuandam, ut lignum vitae: ita Deus (dedit) homini quasdam doctrinas ad ordinem vitae hominis, quasdam doctrinas ad acquirendam vitam aeternam; et haec est sacra scientia; et ideo omnes aliae isti famulantur, et ista omnibus aliis antecellit. Et ideo de ista scientia, quae est lingua placabilis, dicit: lingua placabilis, lignum vitae. Et videte, quod, sicut non potest aliquis accipere doctrinam ab aliquo, nisi intelligat linguam suam, sic nec nos istam scientiam accipere possumus, nisi intelligamus linguam eius. Lingua eius est Spiritus sanctus, per quem ipsa sacra scientia intelligitur. Proba luculenter. Locuti sunt pastores et piscatores in scientia ista et fecerunt libros. Unde habuerunt auctoritatem loquendi? Nisi quia loquebantur a Spiritu sancto, non video, unde. Et ideo dicit Petrus in Canonica sua quod Spiritu sancto inspirati, locuti sunt sancti Dei homines; Psalmus: Lingua mea calamus scribae velociter scribentis, Spiritus sancti, supple. Et quomodo poterimus intelligere linguam istam? Non potest homo intelligere eam, nisi Spiritus sanctus loquatur ad cor eius. Nihil facimus nos praedicatores et doctores extra clamantes, nisi ipse interius operetur in corde per gratiam suam. Ut igitur possimus istam linguam intelligere et audire, rogabimus Spiritum sanctum, ut iuvet nos per gratiam suam, me ad loquendum, vos ad audiendum etc».

non essere è, un evento che poteva non accadere accade. Noi per lo più siamo interessati al "come" hanno luogo i fenomeni, alla loro indole.

È lo stile che caratterizza il cammino dell'Occidente, con le radici nel cuore del pensare greco, per il quale il mondo è lì, nella sua oggetivittà, da nessuno voluto, da esplorare nella sua razionalità ai fini del suo controllo[46].

Altrettanto si dica dell'uomo, ente naturale, che nasce, cresce e muore come ogni altro essere vivente. Ora, nel contesto di siffatto "naturalismo" l'unico interrogativo che si impone è "come" gli enti vengano all'essere, "come' crescano e "come" scompaiano nel tempo e nello spazio, lasciando fuori il "perché" del loro essere e divenire[47]. Ebbene, sottolineando che la creatura è chiamata all'essere «*per artem sive ex voluntate*»[48], Bonaventura vuole capovolgere l'impianto, assegnando il primato non al "come", ma al "perché", ritenendo prioritario l'interrogativo circa il "perché" Dio, che poteva non volerla, l'abbia voluta, dal momento che «*nihil educit se ipsum de non-esse in esse*»[49].

Se è tratta dal non essere o "*de nihilo*"[50], vuol dire che la creatura, non avendo alcun diritto a essere, non è frutto di un atto di necessità. Noi facciamo fatica ad ammetterlo perché pensiamo

---

[46] In merito al "discernimento vocazionale" si rilevi l'equivoco in cui cade colui che pone al primo posto la riflessione scientifica e non l'invocazione della luce divina nella preghiera.

[47] È interessante notare che il cosmologo sacerdote George Lamaître (1894-1966) – padre della scoperta dell'espansione dell'universo, nota come "Legge Hubble-Lamaître" – suggerì a papa Pio XII di non identificare il Big-bang dell'emergente modello cosmologico con il "Fiat Lux" biblico, come invece il Pontefice sembrava che inclinasse a pensare, perché la Creazione del mondo, e dunque anche del tempo e dello spazio, non è assimilabile a un evento che avviene nello spazio e nel tempo come il Big-bang.

[48] *Hex.* XII, n. 3.

[49] *De mysterio Trinitatis* q. 1, a. 1, f. 12.

[50] *Hex.* III, n. 7: «Pater enim intelligitur principium principians de se, principium principians de nihilo...».

e giudichiamo ancora sotto il potente influsso del demiurgo platonico, e cioè sotto il giogo dei vincoli potenti della razionalità, trascurando il fatto che con il richiamo al mondo ideale platonico Bonaventura non intende contestare questa libertà radicale, ma dire, in ultima analisi, che tutto ha senso, perché ogni creatura è più vicina al Principio di quanto lo sia a se stessa.

Lasciando in ombra il ruolo della volontà, nel tacito assunto che sia esecutrice delle indicazioni della ragione, noi continuiamo a ritenere che Dio faccia quel che deve, e cioè realizzi il piano idealmente definito o rigorosamente progettato, secondo la logica del mondo greco-pagano.

In questa ipotesi non resta che individuare le linee essenziali del modello, al quale il demiurgo si richiama, e ammirarne la perfetta traduzione, confermando la ragione padrona del campo – è la ragione a seminarlo ed è la stessa ragione a dissodarlo.

Non c'è posto per la sorpresa, né per il desiderio di reinterrogare la realtà, perché questa non scaturisce dall'abisso della libertà creativa, ma è la traduzione di una trama razionale, coerente e definita, alla nostra portata.

C'è solo l'ammirazione per la perfetta esecuzione del progetto, individuabile anche se a fatica da una ragione impegnata nella ricerca e insieme soddisfatta per il risultato. La luce del "come" lascia in ombra o ritiene irrilevante e pretestuosa la problematica del "perché" le cose siano[51].

---

[51] Da qui si comprende che l'ammonimento di Wittgenstein – «Su ciò di cui non si può parlare si deve tacere» (*Tractatus logico-philosophicus e Quaderni 1914-1916*, Einaudi, Torino 1964, prop. 7, p. 82) – non vada inteso come interdizione a pensare, bensì come invito a porre domande circa le molte direzioni del vivere effettivo, dal momento che il silenzio è la cifra di una Presenza che ci avvolge, dando senso anche a ciò che pare di poco conto. Per l'approfondimento del tema in questione cfr. di D. ANTISERI, *L'anima greca e cristiana dell'Europa*, La Scuola, Brescia 2018. È uno dei temi nodali della sua vasta bibliografia.

2.2. *Il recupero dello spazio del soggetto*

La linea di pensiero, che fa capo al "come", e cioè alla visione del mondo come un sistema regolato dal principio di causalità – ogni effetto ha o deve avere una causa adeguata – è sorta e si è affermata come arma di difesa contro le forze sopraffattrici della *physis* e dunque per il controllo del reale, altrimenti angosciante, e insieme per tenere unita la comunità, rissosa e conflittuale. A tale scopo – ed è il rilievo più impegnativo – la linea di pensiero è interessata ai tratti essenziali delle cose e dunque agli enunciati generali che rendono conto dei mutamenti senza mutare a loro volta lasciando cadere le voci delle creature, ritenute assordanti e insensate. Qui non conta la singolarità delle cose singolari e dunque la soggettività dei soggetti. Qui conta la verità, oggettiva e universale, alla cui luce mantenere durevolmente l'ordine. Ebbene, pur apprezzando tale sapere, Bonaventura invita a rendersi conto dell'impoverimento del reale, ridotto a un gioco di cause ed effetti, rispetto a cui il resto è marginale o di poco conto, e a contrastare tale orientamento proponendo una diversa visione del mondo, e cioè, non più perfetto come una figura geometrica, ma ricco come un'opera d'arte, e una diversa concezione dell'uomo, non riconducibile alla logica dell'essere in quanto razionale, ma alla logica dell'essere in quanto libertà creativa, interprete di un mondo inesauribile, come lo è tutto ciò che è frutto di libertà.

2.3. *Il passaggio dal primato del "come" al primato del "perché"*

La prospettiva che si impone comporta un rovesciamento dell'impianto valoriale tradizionale. Non si tratta di contestare l'indirizzo epistemologico proprio del sapere scientifico, alla ricerca dell'invariante e dunque dei tratti essenziali dei fenomeni ai fini del loro auspicato controllo. Si tratta di contestare l'emarginazione del "perché" del loro accadere e di ricollocarli nel quadro complessivo della natura, la cui ricchezza germinale siamo chiamati a sviluppare, perché la sinfonia del creato sia un crescente canto di gratitudine a Dio. In questo contesto, ciò che si impone è il "perché" del nostro essere al mondo, e cioè, cosa comporti il partecipare alla ricchezza pluridimensionale delle creature, interpretandole come orme di Dio nel tempo. Quanto ciò sia impegnativo perché rivoluzionario risulta dall'ovvia constatazione che ciò che l'età moderna ha rimosso è stato appunto lo spazio del "perché" esistano le creature, totalmente occupato dal "come". È quanto dichiara Bacone, inaugurando la rivoluzione scientifica, allorché osserva che «la ricerca delle cause finali è sterile al pari di una vergine infeconda, che non partorisce nulla»[52]; o quanto ribadisce P. J. Proudhon che, nell'auspicare la rivoluzione sociale, afferma in modo perentorio che «la ricerca delle cause prime e delle cause finali è eliminta dalle scienze economiche e dalle scienze naturali. L'idea di progresso rimpiazza nella filosofia quella di Assoluto. La rivoluzione succede alla rivelazione»[53].

È ovvio, allora, che il problema non è la rettifica o il misconoscimento del ruolo prezioso del sapere scientifico-tecnico, ma la sua assolutizzazione. Da qui la necessità di procedere alla creazione

---

[52] F. BACONE, *La dignità e il progresso del sapere divino e umano*, in *Scritti filosofici*, UTET, Torino 1986, Libro I, par. 24, p. 158. La critica alle cause finali ritorna nel Libro II, par. 14, pp. 225-232. Così come il paragone con le vergini infeconde ritorna in *Pensieri e conclusioni sull'interpretazione della natura o sulla scienza operativa*, in *Scritti filosofici* cit., par. 13, p. 381.

[53] Cfr. U. GALIMBERTI, *Psiche e tecne* cit., pp. 299-300. Egli così commenta il tratto singolare dell'età moderna: «La concezione meccanicistica della natura, la traduzione dell'ordine qualitativo nell'ordine quantitativo, l'abbandono delle cause prime per la cura delle cause seconde empiricamente verificabili, la misurazione del tempo e la determinazione dello spazio si presentano come condizioni pregiudiziali per l'instaurazione del regnum hominis, perché solo un mondo che si lascia risolvere in rapporti meccanici e misurabili può rientrare nel pieno dominio della mente umana» (p. 301).

di quel *milieu* culturale-spirituale di segno trascendente, entro cui far fiorire tale sapere assieme alle sue realizzazioni tecniche, senza del quale si è inevitabilmente prigionieri della sua logica. Da qui la rilevanza strategica di quel versante del dire e del pensare di Bonaventura relativo al carattere divino delle creature – orma e vestigio di Dio – da recuperare nel contesto della comune persuasione che «il progresso delle scienze e della tecnica, liberando gli elementi da ciò che questi hanno di cieco e di pericoloso, rendendoli più idonei al servizio dell'uomo, li rende ancora più fraterni e più trasparenti rispetto al mistero d'amore che li abita»[54].

3. La metodologia dell'alterità guida del pensare bonaventuriano

Perché tale nuova prospettiva prenda volto è necessaria una diversa grammatica di lettura, non fondata sul principio di identità e dunque sul primato della ragione. I tratti fondamentali della nuova grammatica di lettura del reale, che Bonaventura ci propone, sono riconducibili al primato della libertà creativa, sia divina che umana, dunque, al conseguente primato del principio d'alterità o di differenza.

3.1. *Fecondità ermeneutica della metodologia dell'alterità*

Tale nuova grammatica dà luogo a un ben diverso scenario, per il quale non sono sufficienti le scienze rigide così come non lo è il vaglio critico della ragione. In quanto frutto della libertà creativa, le creature sollecitano quei saperi interessati alla loro traiettoria di

---

[54] E. LECLERC, *La fraternità come testamento*, Biblioteca Francescana, Milano 2016, p. 92.

senso, grazie alla luce che certe creazioni proiettano sull'esistenza, come la poesia, la letteratura, l'arte, la meditazione, la liturgia[55]. Siamo oltre l'immobilità dell'identità strutturale. A differenza del principio di identità che dice come stanno le cose, il principio di differenza sottolinea «quale possa essere il loro senso, che cosa si manifesti negli eventi, perché essi mi inquietano, perché mi parlano talvolta da un'alterità infinita»[56]. Da qui la distanza teorica del principio di differenza rispetto al principio di identità, che invece è fermo a ciò che la cosa è – struttura, leggi e dinamica. Il che porta a dire che Bonaventura si lascia guidare dal primato della libertà creativa, e dunque dal principio d'alterità o di differenza. È questa la nuova grammatica interpretativa che guida sotterraneamente lo sguardo esplorativo del Dottor serafico. L'albero della nave, che consente di tenere la rotta, è appunto la volontà, non la ragione, la libertà non la necessità, l'una fonte della differenza, per cui una qualunque cosa è anche altra da sé, l'altra fonte dell'identità, per cui una cosa è quella che è, e nient'altro. Si tratta di un "cominciamento" che riguarda sia l'"interprete" che l'"*interpretandum*", dal momento che dà luogo a un pensare che è altro dal conoscere: questo ha per oggetto la cosa identica a se stessa, e dunque la co-

---

[55] *I Sent.* d. 3, p. 1, q. 2, resp. ad arg. 1: «Creaturae possunt considerari ut res vel ut signa».

[56] L'autore continua: «Questa la differenza tra linguaggio scientifico e linguaggio ermeneutico. Se io dico che Dio ha creato il mondo traendolo dal nulla, non dico niente di paragonabile alla teoria del big bang – sto dicendo che Dio ha compiuto un gesto di libertà e gratuità, capace di dar senso alle cose, perché esse sono grazie a una scelta libera di Dio, che avrebbe potuto non volerle» (S. GIVONE, *I sentieri della filosofia*, Rosenberg e Sellier, Torino 2015, p. 89). A ulteriore puntualizzazione di questo passaggio il filosofo scrive che il senso di affermazioni come *Dio ha tratto il mondo fuori dal nulla* non riguarda «questo o quel fatto, né la totalità dei fatti, né l'essere, ma il senso dell'essere. Quando dico che Dio ha tratto il mondo fuori dal nulla non sto affatto descrivendo il processo che ha innescato il big bang, cioè una serie di fatti. Al contrario sto dicendo (...) che il mondo ha senso, visto che Dio che poteva abbandonarlo al nulla, lo ha invece tratto fuori dal nulla e quindi lo ha "salvato"» (pp. 109-110).

stituzione ontologica o fisica della realtà; quello invece, il pensare, intravede mondi possibili, pone interrogativi ancora senza risposta, addita inediti sentieri da esplorare, nell'assunto che la cosa provenga dal fondo abissale della libertà, che la filosofia e la scienza, le due figlie del logos, non riescono a esaurire.

3.2. *La benevolenza, oltre la neutralità dell'essere*

Il presupposto di tale principio è per un verso il ridimensionamento dello spirito dominatorio che abita il vero, tipico del pensare occidentale, e per l'altro l'accentuazione della gratuità, nel cui contesto la libertà creativa risulta non sottomessa ad alcuna urgenza di segno razionale. Siamo al modo artistico di guardare la realtà, fonte di potenzialità da portare a maturazione. Da qui l'insufficienza della ragione identitaria e oggettivante, e la necessità del principio d'alterità[57]. In discussione è l'indole dell'essere, non più neutro, ma espressivo dei disegni del soggetto e dunque della sua bontà espansiva[58]. Si è oltre la disarticolazione di matrice aristote-

---

[57] GIVONE, *I sentieri della filosofia* cit., p. 90: «La verità ermeneutica è interessante perché inoggettivabile. Se fosse oggettivata si spegnerebbe. Per questo a un certo punto non abbiamo più saputo che farcene della metafisica, perché trattando di cose che possono essere trattate solo simbolicamente, ha preteso di elevarle alla verità oggettiva del dire, spegnendo la loro luce». È l'inarrestabile cammino della ragione occidentale che, nel tentativo di leggere in tutta la sua portata la cosa, ha cominciato con un sapere a un tempo filosofico e scientifico, nel senso della commistione delle dimensioni, per poi lentamente lasciare ai margini il dire simbolico a tutto favore del dire oggettivo o scientifico.

[58] *Itin.* VI, n. 2: «(bonitas) quae est diffusio per modum Verbi, in quo omnia dicuntur, et per modum Doni, in quo caetera dona donantur». È una tematica che pare rientri nell'ottica dell'impegnativo volume di E. GUGLIELMINETTI, *Troppo. Saggio filosofico, teologico, politico*, più sopra citato, come risulta dalla dichiarazione dell'autore che nell'*Introduzione* scrive: «Non basta rinunciare a *un* amore per risolvere il traffico dell'affettività, dal momento che l'*unico* amore è *già* di troppo, duplice in se stesso. La teologia, infine, è un'unica teoria della

lica, per la quale il bene è una versione dell'essere; come anche si è oltre la tradizione naturalistica di matrice platonica, per la quale il bene trascende l'essere[59]. L'indole bonaventuriana dell'essere non è rappresentata dal vero o dal bene, neutri e impersonali, ma dal *volere* il vero, dal *volere* il bene, sicché sia il vero che il bene sono da collocare nell'orizzonte del più-che-essere, nel senso che la cosa voluta, oltre a essere ciò che è, è anche qualcos'altro, dal momento che porta dentro l'amore che ha inteso esprimere colui che l'ha posta in essere. In principio, dunque, non la ragione, ma la volontà oblativa, alla cui luce il carattere autoreferenziale del vero e del bene in sé viene trasceso a favore del suo carattere eteroreferenziale, grazie al quale prende forma il fascino delle creature[60]. Il che viene compreso se ribadiamo che l'atto di volontà è libero quando e se non presuppone null'altro che se stesso – si autogenera – non determinato da interessi o motivi che il soggetto subisce, né riconducibile alla pura attuazione di virtualità latenti in ciò che si dà, ma è altro, inedito, inatteso. Ciò che si impone è che ciò che viene all'essere non sia espressione di una legge estrinseca al soggetto, ma porti dentro di sé l'eco della sua volontà. Dio non vuole il bene perché tale in sé, quasi si dia qualcosa che si imponga al suo sguardo. Siamo al fondo inesauribile della libertà creativa o anche al primato assoluto della volontà. Il che significa che le cose sono originariamente buone perché e in quanto espressione del fondo abissale di Dio – tutte le

---

bi-locazione: non basta che questo pezzo di pane sia quello che è, dev'essere per sovrappiù anche qualcos'altro, il corpo di Cristo» (pp. 6-7).

[59] E. GABELLIERI, *Verbum et donum. Principes d'ontologie trinitaire de Bonaventure à Blondel et Simone Weil*, in "Doctor Seraphicus" 64 (2016) 11: (La prospettiva di Bonaventura) «se distingue aussi bien de la tradition aristotélicienne ne faisant pas de différence entre les deux (d'Aristote à Heidegger), que de la tradition d'origine nèo-platonicienne tendant à opposer l'être et au-de-là de l'être (de Plotin à Lévinas)».

[60] *Hex.* XII, n. 3: «Creatura egreditur a Creatore, sed non per naturam, quia alterius naturae est: ergo per artem, cum non sit alius modus emanandi nobilis quam per naturam, vel per artem sive ex voluntate».

motivazioni sono successive e di contorno. È la benevolenza la sorgente, di cui le cose sono traccia, da cogliere sotto la coltre dei motivi, più o meno rilevanti. Il voler-bene da parte di Dio trascende la mera identità dell'essere, sia dell'esser-vero e sia dell'esser-bene, ed è prioritario, nel senso che, a differenza di queste modalità dell'essere, che hanno luogo all'insegna dell'identità, il volere-il-bene, esprime l'amore creativo di colui che vuole, fonte dinamica della cosa voluta. Dunque, lo spazio bonaventuriano, all'interno del quale le domande filosofiche prendono forma, o anche, il paradigma intorno al quale questo pensare ruota, non è costituito semplicemente dal primato del bene o del vero, ma dal *bene e dal vero in quanto voluti*. Il regno del senso, il versante progettuale, l'apertura dell'orizzonte entro cui le cose prendono forma, portano il sigillo della volontà creativa, ovviamente inseparabile dalla ragione, in quanto consapevole di sé[61]. Bonaventura sottolinea ripetutamente che il libero arbitrio riguarda l'anima come un *"totum potentiale"*[62] e che una cosa, per volerla, occorre conoscerla: «*praeit cognitio disponens, et subsequitur voluntas perficiens*»[63]. Si sottolinei però che Bonaventura assegna il primato al *"voluntatis nutum"*, non al verdetto della ragione[64]. La volontà non sta agli ordini della ragione, ma la ragione agli ordini della volontà. Aderisce o resiste, se vuole. Il che si dica

---

[61] *In II Sent.* d. 25, p.1, q. 5, resp: «Cum dico rationem per se et rationem associatam sive adiunctam voluntati, non addo aliquid novum supra ipsam rationem secundum se, sed solum coniunctionem sui ad alterum, quantum ad aliquem consequentem actum». È questa la tesi dell'ottimo saggio di G. Maglio, *Libero arbitrio e libertà in san Bonaventura*, CEDAM, Padova 2017.

[62] *Ivi*, q. 3, resp.: «Ad praedictorum intelligentiam est notandum quod liberum arbitrium simul comprehendit et rationem et voluntatem».

[63] *Ibidem*.

[64] *In II Sent.* d. 25, p. 1, *Dubia circa litteram Magistri*, dub. I, resp. – II, 607: «Et quoniam liberum arbitrium, quantum est de se, decernere habet de agendis iuxta voluntatis nutum magis quam iuxta iuris praeceptum».

sia di ciò che la ragione ritiene male e dunque da evitare[65], sia di ciò che ritiene bene, dunque da seguire, come anche della grazia, gratuitamente elargita[66]. È nella libertà che siamo eguali in dignità[67]; è nella libertà la fonte del divieto di sottomettere l'altro a sé[68], come il dovere di sostenerlo[69]. Intesa come assenza di ogni forma coattiva, la libertà è nell'uomo come è in Dio[70]. Ora, come si esprime? Quale la ricchezza di tale libertà?

3.3. *L'esemplarismo e la strutturale alterità del creato*

In risposta e a conferma del primato del principio d'alterità, Bonaventura richiama la nota tesi esemplaristica di matrice platonico-agostiniana, e cioè che gli esseri hanno in Dio le loro ragioni o similitudini. Infatti, al pari di un essere intelligente, Dio opera razionalmente e cioè esprime ciò che vuole e ciò che vuole è sommamente razionale, sicché quel mondo che conosciamo non è estraneo al mondo di Dio[71]. La sua razionalità rinvia al regno delle

---

[65] *Ivi*, p. I, q. 6, resp. ad 4: «Quantumcumque enim ratio dictet actum voluntatis esse malum, numquam voluntas se retrahit nisi velit».

[66] *Brev.* V, 3: «Quod gratiae gratis datae est excitare liberum arbitrium; liberi arbitrii autem est huiusmodi excitationi consentire vel dissentire».

[67] *In II Sent.* d. 25, p. II, q. 1, concl. I: «Prout autem consideratur in creaturis relatis ad invicem, sic habet in eis reperiri aequaliter».

[68] *II Sent.* d. 25, p. II, q. 4, resp.: «Hanc autem dignitatem habet liberum arbitrium ut, in quantum liberum soli Deo sit subiectum; et quia, in quantum liberum, nulli agenti creato subest, cum coactio sit a superiori, nullum agens creatum potest ipsum cogere».

[69] *Brev.* II, 4: «Et quoniam in illud tendit per liberum arbitrium, ideo quantum ad arbitrii libertatem praecellit omnem virtutem corporalem; ac per hoc cuncta nata sunt sibi servire...».

[70] *II Sent.* d. 25, p. II, q. 5, concl. gen.: «... libertas voluntatis est ita plena suo modo in creatura sicut in Creatore, et quod in omnibus reperitur aequaliter».

[71] *I Sent.* d. 35, a. u., q. 1, f. 3: «... omne gens rationabiliter, non a casu, vel ex necessitate, praecognoscit rem, antequam sit».

idee o degli archetipi, che sono Dio stesso, la sua verità[72], sicché la struttura delle creature, oltre ad essere quella che è, rinvia oltre sé, eco di un'altra voce. Il mondo porta le tracce del suo creatore, che ha scelto ciò che ha voluto[73], al punto che, come di un quadro si dice "è un Tiziano", del mondo si può dire che "è divino". Se opera della Trinità, oltre la quale non c'è che il nulla assoluto, il mondo appare come "cominciamento", capitolo nuovo. Più che la mentalità fondazionale, ciò che conta mettere in luce è lo stile genealogico[74]. In principio non si dà alcunché che abbia valore normativo, ma solo una fonte inesauribile, quella divina. Siamo alla sorgente delle meraviglie[75] e dunque della libertà creativa. «Nelle cose create

---

[72] *I Sent.* d. 35, a. u., q. 2, concl. resp.: «Et ideo est alia positio, quod ideae sunt unum secundum rem. Et hoc patet sic: idea in Deo dicit similitudinem, quae est ratio cognoscendi; illa autem secundum rem est ipsa divina veritas, sicut supra monstratum est; et quia illa est una, patet, quod secundum rem omnes ideae unum sunt».

[73] *Lignum vitae*, n. 1: «Imaginatio iuvat intelligentiam» (Cfr. *De scientia Christi* q. 2, ad 9).

[74] *II Sent.* p. 1, a. 1, q. 1, nn. 3-4: «Dicendum quod est agens secundum naturam et secudum intellectum. Agens secundum naturam producit per formas, quae sunt vere naturae, sicut homo hominem, asinus asinum; agens per intellectum producit per formas, quae non sunt aliquid rei, sed ideae in mente, sicut artifex producit arcam», dove è da mettere in luce non la traduzione dell'idea ma l'originalità del gesto e del prodotto.

[75] *II Sent.* d. 25, p. I, q. 2 resp.: «Et iste actus (liberum arbitrium) praeambulus est ad rationem et voluntatem, et ista potentia correspondet Patri, pro eo quod actus eius maxime potens est et primus est, cum non moveatur, sed moveat». È la lezione appresa dal suo maestro Alessandro d'Hales, il quale nelle *Qq disp.* "antequam esset frater" (t. I, n. 54, p. 584) scrive: «Notandum autem quod trinitas est ex parte cognitivae, scilicet mens, intelligentia et voluntas... item ex parte motivae est trinitas, ex cuius parte potentissimum liberum arbitrium... Liberum arbitrium (aliquando) sumitur distincte, aliquando indistincte, secundum quod dicit Augustinus... Secundum vero quod distincte dicitur, sic tenet imaginem ex parte motiva.... Sic per se nihil est liberi arbitrii nisi imperare, sicut Patris non est nisi posse, Filii scire, Spiritus Sanctus velle...»; n. 43, p. 581: «Et videtur quod (liberum arbitrium sit) potentia separata, quia est imago Trinitatis in anima ex parte cognitivae, scil., mens intelligentia et voluntas, et iterum imago est in anima ex parte motivae scilicet liberum arbitrium, ratio et voluntas».

– scrive Bonaventura – risplendono l'assoluta potenza, sapienza e bontà del creatore, secondo il triplice modo in cui il senso esterno testimonia tale situazione al senso interno. Il senso esterno, infatti, aiuta l'intelletto sia a ricercare in modo razionale, sia a credere per mezzo della fede, sia a conoscere in modo intellettuale. La conoscenza considera l'attuale esistenza delle cose, la fede il loro specifico svolgimento, la ragione la perfezione delle loro possibilità»[76]. Nel mondo brilla la luce della verità divina[77]. Il che Bonaventura ribadisce sottolineando la naturale inclinazione al bene, detta "sinderesi", antenna della volontà, voce della coscienza che nulla vale a spegnere[78]. Siamo all'eco del "profondo sì al bene" che Dio creando ha pronunciato, come all'eco del profondo "no" che ha rivolto al male. Nessuna giustificazione filosofica del "no" al bene e del "sì" al male riesce a cambiare le carte in tavola. Il suo ufficio, infatti, è *«remurmurare contra malum et stimulare ad bonum»*[79]. Prospettiva, questa, che rinvia alla visione bonaventuriana della volontà e dell'intelligenza, abitate da Dio[80], e della coscienza seminata di virtualità teoretiche e di principi operativi[81]. In breve, le creature portano in sé la memoria di un'altra provenienza, oltre quella ter-

---

[76] *Itin.* I, n. 10. La realizzazione nel tempo di ogni creatura è sempre parziale rispetto alla sua intravista perfezione alla fonte divina: «... illa enim similitudo exemplaris perfectius exprimit rem quam ipsa res causata exprimat se ipsam».

[77] *Hex.* IV, n. 1: «Lux animae veritas est; haec lux nescit occasum. Ita enim fortiter irradiat super animam, ut etiam non possit cogitari non esse nec exprimi, quin homo sibi contradicat».

[78] *II Sent.* d. 39, a. 2, q. 2: «Synderesis dicit illud quod stimulat ad bonum (...) Synderesis autem nominat potentiam affectivam secundum quod movetur naturaliter et recte». È la voce del bene nel cuore della volontà.

[79] *Brev.* II, 11.

[80] *De myst. Trin.* q. 1, a. 1, f. 6: «Item, insertus est mentibus hominum appetitus sapientiae, quia dicit Philosophus: "Omnes homines natura scire desiderant"; sed sapientia maxime appetibilis est sapientiae aeterna: ergo illius sapientiae potissime insertus est appetitus menti humanae».

[81] *II Sent.* d. 39, a. 21, q. 2, concl.: «Conscientia dicit habitum innatum ratione tam luminis animae inditi, tum primorum principiorum moralium, di-

rena, e una destinazione che siamo chiamati a portare alla luce e a favorire. L'onda divina si pluripartisce in mille rivoli e si rifrange in mille direzioni, da ricondurre alla sorgente[82]. Ogni creatura ha un carattere rivelativo che ci porta lontano e in alto[83]. Vuol dire forse ciò che le creature inducano a pensare che in Dio si diano più mondi[84]? Nell'Eterno l'idea è una, nel tempo gli ideati sono molti; o anche, unica è la verità, molte le sue traduzioni. Ora, alla luce di siffatto scenario, trascendente e infinito, del mondo ideale, si impone l'interrogativo: perché queste creature e non altre, perché così e non altrimenti? È la volontà creativa la radice della pluralità degli ideati, dei molti veri. Infatti, il mondo è «*per artem sive ex volunta-*

---

cit autem habitum acquisitum tum ratione specierum ipsius cognoscibilis tum respectu specialium operationum».

[82] *Hex.* XII, nn. 14-15: «(...) totus mundus est umbra, via, vestigium et est liber scriptus forinsecus. In qualibet enim creatura est refulgentia divini exemplaris, (...) est via ducens in exemplar. Sicut tu vides, quod radius intrans per fenestram diversimode coloratus secundum colores diversos diversarum partium; sic radius divinus in singulis creaturis diversimode et in diversis proprietatibus refulget; (...) est vestigium sapientiae Dei et quodddam sculptile. Et ex his omnibus est quidam liber scriptus foris».

[83] S. GIVONE, *Quant'è vero Dio. Perché non possiamo fare a meno della religione*, Milano, Solferino 2018, p. 78: «Non c'è storia sulla scena del mondo che non sia compresa da una storia più grande e più alta. Ce lo dice la religione, ce lo dice la natura simbolica della religione. Sotto ogni cielo, in ogni epoca. Ovunque la religione ha fatto ricorso alla letteratura, fosse pure letteratura orale, nella forma della mitologia o dell'epopea o della tragedia». In maniera compendiosa e dottrinalmente intensa, Bonaventura scrive: «Quia enim ipse intellectus divinus est summa lux et veritas plena et actus purus; sicut divina virtus in causando res sufficiens est se ipsa omnia producere, sic divina lux et veritas omnia exprimere; et quia exprimere est actus intrinsecus, ideo aeternus; et quia expressio est quaedam assimilatio, ideo divinus intellectus, sua summa veritate omnia aeternaliter exprimens, habet aeternaliter omnium rerum similitudines exemplares, quae non sunt aliud ab ipso, sed sunt quod est essentialiter» (*Quaestiones de scientia Christi* II, concl. Resp.).

[84] *I Sent.* d. 35, q. 2: «Utrum in ideis ponenda sit pluralitas secundum rem». Nella quaestio successiva (n. 3) si chiede «Utrum in ideis sit pluralitas secundum rationem».

te». Dal momento che ha Dio per causa efficiente come anche per causa sia finale che esemplare, il mondo non può non essere fonte di sorpresa e di ammirazione. Le ragioni del suo essere sono infinite, da esplorare sempre da capo, senza però una ragione fondante, conoscendo la quale pretendere di essere a parte della "cosa". Essendo frutto di libertà creativa, il mondo è da collocare all'interno di un orizzonte strutturalmente aperto.

3.4. *Identità e alterità dell'unico mondo*

Il discorso sull'esemplarismo mira a dare sostegno alla traiettoria di luce che le creature, venendo all'essere, tracciano a favore della nostra traversata nel tempo. Il dire che le cose hanno la sorgente in Dio è come il confermarne la dignità, non però nel senso che si siano imposte alla sua volontà, ma nel senso che trovano là, in quella scelta, le radici della loro significatività[85]. Nel visibile l'invisibile, nel quotidiano il sorprendente. L'identica verità soggiace a quella pluriarticolazione per cui siamo nella verità, senza possederla, ma da cercare sempre da capo. La verità possiamo considerarla sia in se stessa (*secundum id quod est*) e sia in rapporto alla cosa che l'incarna (*secundum id ad quod est*), questa parziale e oscillante, quella compiuta e definitiva. Più che questa o quella verità, occorre scorgere il coinvolgimento di Dio attraverso la natura e attraverso l'uomo, e dunque la sua presenza nel tempo[86]. Da qui la duplice funzione

---

[85] *I Sent.* d. 35, a. u., q. 1, f. 4: «(...) quia res a Deo producuntur, ideo sunt in Deo tamquam in efficiente, et Deus verissime est efficiens; similiter, quia ab ipso finiuntur, ideo verissime est finis: ergo pari ratione, quia ab ipso cognoscuntur et exprimuntur, per se ipsum Deus verissime est exemplar. Sed exemplar non est, nisi in quo sunt rerum exemplarum ideae: ergo etc».

[86] PAPA FRANCESCO, *Lettera Enciclica Laudato si'. Sulla cura della casa comune*, in "AAS" 107 (2015) n. 239: «San Bonaventura arrivò ad affermare che l'essere umano, prima del peccato, poteva scoprire come ogni creatura testimonia

della ragione, una grazie a cui percepiamo il vero delle creature e dunque la loro identità, l'altra grazie a cui ne ammiriamo l'indole divina, proiettati altrove – *prima che un'esigenza della ragione, il trascendimento è un'istanza delle creature*[87]. Il mondo nel quale viviamo porta dentro di sé l'eco di un altro mondo, esplorando l'uno non si può trascurare l'altro, pena il disconoscimento del suo volto autentico. Due momenti che tendiamo a dissociare cadendo per un verso nel *naturalismo* e per l'altro nel *trascendentismo*.

Eppure – è il problema principale – il mondo è uno solo. È la stessa realtà che è passibile di più letture. È quanto ci invita a fare lo stesso Kant costatando che, se sotto il profilo bio-psichico noi siamo guidati dalla legge della necessità o principio di causalità, sotto il profilo spirituale noi siamo guidati dalla legge della libertà o responsabilità, per cui un qualsiasi nostro gesto è a un tempo necessario e libero, sottomesso al principio di identità e al principio di alterità, non l'uno senza l'altro[88]. Questa duplice dimensione del nostro sguardo rinvia al fatto che il mondo è a un tempo un teorema e un'opera d'arte, l'uno da esplorare attenendosi alla logica della scienza, l'altra alla logica dell'arte. La realtà è una, la cui complessità è tale da impegnare l'occhio dello scienziarto e da svegliare

---

che Dio è trino. Il riflesso della Trinità si poteva riconoscere nella natura quando né quel libro era oscuro per l'uomo, né l'occhio dell'uomo si era intorbidato. Il Santo francescano ci insegna che ogni creatura porta in sé una struttura propriamente trinitaria, così reale che potrebbe essere spontaneamente contemplata se lo sguardo dell'essere umano non fosse limitato, oscuro e fragile. In questo modo ci indica la sfida di provare a leggere la realtà in chiave trinitaria».

[87] *Hex.* IV, n. 1: «Lux animae veritas est; haec lux nescit occasum. Ita enim fortiter irradiat super animam, ut etiam non possit cogitari non esse nec exprimi, quin homo sibi contradicat».

[88] È in fondo il problema messo in luce da Kant: «Per Kant in realtà il mondo è uno solo, infatti è nel mondo dei fenomeni che l'uomo agisce moralmente, liberamente, responsabilmente, non in un mondo al di là del mondo, puramente fantastico, irreale. Il "mondo fenomenico", mondo della necessità, e il "mondo noumenico", mondo della libertà, sono la stessa cosa» (GIVONE, *Quant'è vero Dio*, Solferino, Milano 2018, p. 14).

l'attenzione dell'artista. Siamo alla ricchezza espressiva della libertà creativa, punto di riferimento assoluto sia di ciò che viene esplorato dallo scienziato sia di ciò che viene ammirato dall'artista. L'arte è un arduo processo formativo, le cui radici sono nell'abisso dell'essere e i cui frutti sorprendono lo stesso artista, il quale, ammirandoli, è indotto a esclamare: *valde bonum*! L'artista non traduce un progetto anteriormente definito, ma lo modifica via via che procede, rispettando le esigenze della ragione e insieme la voce dell'ispirazione creativa[89]. Dunque, in principio il soggetto che, volendo il bene, lascia la traccia di sé nelle creature – esemplarismo – sicché una cosa è se stessa e insieme eco della voce di colui che l'ha voluta. Da qui la coscienza che ciò che le creature sono non chiude, ma apre il discorso nella direzione di altri mondi, per cui occorre mettere a frutto, oltre alla metodologia dell'identità, la metodologia dell'alterità.

4. Lo spazio e il ruolo della razionalità

Ora, le pagine di Bonaventura non sono forse tutte illuminate da una potente razionalità, fondo luminoso dell'identità delle creature? Se è favorevole al primato dell'alterità, quale l'indole di tale razionalità? La risposta è che questa razionalità è solo un consapevole omaggio al gesto creativo e alla parola rivelata, e dunque una legittimazione dell'abbandono fiducioso alla volontà di Dio, che non impedisce, ma anzi sollecita la ricerca dell'alterità ovvero del disegno che, creando, ha inteso tracciare.

---

[89] L. PAREYSON, *Estetica. Teoria della formatività*, Sansoni, Firenze 1974, p. 60: «Infatti, il modo di fare che si tratta di inventare è insieme l'*unico* modo in cui il da farsi può esser fatto e il modo in cui lo si *deve* fare».

4.1. *Dalla razionalità autosufficiente pagana alla razionalità fiduciosa francescana*

«L'assenso alla rivelazione è universalmente condiviso in modo paradigmatico» (...). Infatti, «la filosofia di quest'epoca cerca sempre di verificare ("iudicare", appunto) solo la capacità che può essere riconosciuta alla mente dell'uomo nel misurarsi e armonizzarsi con lo sguardo con cui Dio considera tutta la realtà, e la cui finale esplicitazione dovrà coincidere in tutto e per tutto con la verità degli enunciati della Scrittura»[90]. La ragione si lascia sostenere e sorreggere dalla fede e questa si lascia articolare e arricchire dalla ragione, senza che sia possibile separare il dominio dell'una dal dominio dell'altra. Il mescolamento è consapevole[91]. È l'occhio di Dio a guidare l'esplorazione razionale da parte dell'uomo, in grado di svelare segreti che altrimenti resterebbero celati. Lo spazio che Bonaventura riserva all'esegesi della parola di Dio è da questo punto di vista una conferma autorevole[92]. Il taglio critico della ricerca, presente in tutti gli autori medievali, consiste nell'individuare le condizioni che rendano conto di ciò che sperimentano, e cioè il darsi in forma compiuta in Dio di ciò che percepiamo in forma imperfetta in noi e intorno a noi. È la logica di tutte le argomentazioni. «La fede cristiana e la filosofia a essa convertita confermano concordemente che la realtà esiste secondo regole oggettive perché la mente di Dio è il luogo certo in cui ogni creatura veritativamente sussiste e ac-

---

[90] G. D'ONOFRIO, *Pensiero eidetico e paradigma medievale*, in F. ALFIERI, *La presenza di Duns Scoto nel pensiero di Edith Stein*, Brescia, Morcelliana 2014, p. 213.

[91] È lo stile del tempo da ricondurre alla concorde adesione a una sola fede, cui nell'età medievale si è ispirata la pedagogia intellettuale dei popoli, finalizzata a creare l'unità spirituale e insieme territoriale, politica e religiosa, del Sacro Romano Impero.

[92] Egli ci offre il *Commentarius in librum Ecclesiastae, in librum Sapientiae, in Evangelium Ioannis, Collationes in Evangelium Ioannis*, nel vol. VI dell'*Opera Omnia*, per un totale di 634 pagine, e *Commentarius in Evangelium Lucae*, nel vol. VII, 604 pagine.

quisisce tutte le specificità del suo esistere, anche se i modi secondo cui il soggetto finito può accostarsi a tale sua verità sono inevitabilmente molteplici e tra loro distinti»[93]. Non è decisivo il realismo oggettivistico.

Ciò che si impone è l'orizzonte divino, dunque il principio d'alterità. Preso da quest'obiettivo, il medievale attraversa tutte le vie che conducono alla risoluzione delle difficoltà o contraddizioni riscontrabili nel testo sacro, in omaggio alla sapienza divina[94]. La razionalità, dunque, anima la produzione filosofico-teologica di Bonaventura a garanzia della nostra fiducia in Dio e nella sua parola, nonostante situazioni paradossali o apparentemente contraddittorie. Non si tratta di privilegiare siffatta razionalità o di addurla a sostegno della sua autosufficienza, come accadrà con l'età moderna, ma di esplicitarla per giustificare il nostro abbandono in Dio, dal momento che si tratta di un omaggio alla libertà creativa che, essendo di Dio, non può non essere sommamente razionale.

4.2. *Significativa la compresenza improblematizzata di ragione e fede*

In questo ampio quadro è rilevante notare che Bonaventura non pone il problema del rapporto della ragione alla fede, come quanti muovono dal primato della ragione, come ad es. Tommaso, il quale sente il dovere di mostrare l'accordo tra le verità del filosofo e le verità del teologo. Bonaventura, ad es., non è preoccupato di dimostrare l'esistenza di Dio, persuaso che la sua "inesistenza" è impensabile, dal momento che Dio è *"ubique"*, sicché «è inutile

---

[93] D'ONOFRIO, *Pensiero eidetico* cit., p. 215.
[94] *Ivi*, p. 216: «La ricostruzione della verità del reale è subordinata a un pieno convergere delle parzialità dell'intellectus creato nella risolutiva e onnicomprensiva perfezione logico-ontologica dell'eterno Intellectus divino».

sforzarsi di provare quello di cui non è possibile dubitare»[95]. Certo, le sue pagine come di ogni altro pensatore medievale sono disseminate di argomenti a favore dell'esistenza di Dio. Queste, però, sono da considerare più come *"exercitationes intellectus"* che come *"ratiocinationes"*, e cioè, tentativi vòlti a rendere solo più luminosa «l'evidenza indubitabile dell'esistenza di Dio»[96]. La ragione si muove entro la luce di Dio. È pacifica la compresenza di ragione e fede, grazie a una complementarietà continua e feconda, il che si dica sia per la conoscenza dei fenomeni celesti che per gli eventi mondani, dal momento che questi hanno le loro radici *"in superioribus"*. La prospettiva che si dischiude è a un tempo razionalmente esplorabile e insieme indigente del supplemento di luce che viene dalla fede, grazie a cui coglierne le implicazioni o intravvederne il senso ultimo[97]. È la messa in atto sia del principio di identità che del principio d'alterità, innestando in ciò che la cosa è ciò cui la cosa rinvia. Il che si dica di ogni evento come di ogni cosa, passibili di una duplice lettura. E così, ad es., il mondo non è solo materia e energia, da esplorare in vista della loro manipolazione. Il mondo è anche informazione da accogliere, messaggio da decifrare. Il mondo non è chiuso in sé – il mondo della "natura" – su cui costruire un altro mondo – il mondo della "sovra-natura" –, ma piuttosto

---

[95] *De Mysterio Trinitatis* q. 1, a. 1: «Frustra nititur quis probare illud, circa quod non potest incidere dubitatio: si ergo Deum esse a nullo potest dubitari, frustra nititus quis illud ostendere».

[96] *De Mysterio Trinitatis* q. 1, a. 1: «Ad illud quod obiicitur, quod frustra quis nititur probare illud, de quo nemo dubitat, dicendum quod, sicut iam patet, hoc verum non indiget probatione propter defectum evidentiae ex parte sua, sed propter defectum considerationis ex parte nostra. Unde huiusmodi ratiocinationes potius sunt quaedam exercitationes intellectus, quam rationes dantes evidentiam et manifestantes ipsum verum probandum».

[97] *De reductione artium ad theologiam* n. 26: «Patet etiam quomodo omnes cognitiones famulantur theologiae; et ideo ipsa assumit exempla et utitur vocabulis pertinentibus ad omne genus cognitionis. Patet etiam quam ampla sit via illuminativa, et quomodo in omni re, quae sentitur sive quae cognoscitur, interius lateat ipse Deus».

è un mondo pluridimensionale, ricco di senso, individuabile non arrestandosi alla trama razionale, ma procedendo oltre, secondo le indicazioni del testo sacro[98]. Ma cosa legittima un tale ulteriore percorso, riservato al *"verus metaphysicus"*[99]? Non è sufficiente constatare la compresenza nel discorso di Bonaventura di ragione e fede con i due corrispettivi orizzonti. Occorre legittimare il passaggio dall'una all'altra attraverso una prospettiva che sia a un tempo razionale e di fede grazie alla sua fontale ricchezza. A tale scopo si richiama per lo più quella pagina dove Bonaventura afferma che la ragione conosce la verità delle cose (*indivisio entis ab esse*), la verità dei discorsi e la verità dei costumi e dunque si eleva alle sostanze somme. E poi in questa stessa pagina si legge: «Se giunta fin qui si riposa e si arresta, la ragione cade inevitabilmente in errore, per cui ha bisogno della luce della fede»[100] nella Parola, da cui è sostenuta lungo un processo senza fine, perché sempre in *statu nascenti*[101].

4.3. *Circolarità di* "exitus" *e* "reditus"

Ora, perché la ragione non dovrebbe arrestarsi e godere dei suoi risultati? perché, se non prosegue il cammino, diventa "blasfema e idolatra"? Perché mai «*omnis sapientia de Deo in via absque fide magis est stultitia quam vera scientia*»[102]? La risposta è che Bonaven-

---

[98] *De donis* IV, n. 12 : «Philosophica scientia via est ad alias scientias; sed qui vult ibi stare cadit in tenebris».

[99] *Hex.* I, n. 13: «Sed ut considerat illud esse in ratione omnia exemplantis, cum nullo communicat et est verus metaphysicus. Pater enim...».

[100] *De donis* IV, n. 12: «Esto quod homo habeat scientiam naturalem et metaphysicam, quae se extendat ad substantias summas, et ibi deveniat homo ut ibi quiescat; hoc est impossibile, quin cadat in errorem, nisi sit adiutus lumine fidei...».

[101] *Hex.* VII, n. 8: «Isti philosphi habuerunt pennas struthionum, quia affectus non erant sanati nec ordinati nec rectificati; quod non fit nisi per fidem».

[102] *III Sent.* d. 24, a. 2, q. 3, ad 4.

tura è persuaso che, se la ricerca si ferma alla razionalità, analizzata nel suo rigore e con il suo peso argomentativo, non si ha sollecitazione alcuna a procedere oltre, anzi il discorso tende a chiudersi[103]. A questa prospettiva Bonaventura ne oppone un'altra, attenta alle suggestioni che vengono dalla fede nella parola di Dio, dando luogo a un discorso che è fondato a un tempo sulla ragione e sulla fede, e dunque sull'identità e sull'alterità. Il tutto si illumina se non perdiamo di vista la visione complessiva, secondo cui il mondo è la traduzione razionale dei disegni di Dio, e dunque aperto a ciò da cui è trasceso e che tuttavia è alle sue radici. Il che è confermato dalla circolarità delle due categorie che ben compendiano la prospettiva filosofico-teologica di Bonaventura, e cioè "*exitus*" e "*reditus*", o anche "*eductio*" e "*reductio*", allusive a quel grande movimento che procede da Dio e torna a Dio, espressione del disegno originario della Trinità divina. Il che implica la critica della compartimentazione delle conoscenze, dal momento che le grandi interrogazioni e i conseguenti orizzonti di luce sorgono solo quando si associano le conoscenze, raggiunte in specifiche discipline, in maniera che l'una riceva sostegno dall'altra. Nel caso del loro isolamento si cade inevitabilmente in errore, come è capitato ai sommi filosofi, Aristotele e Platone, autori di grandi filosofie, paghe di sé, non animate dalla vialità verso forme ulteriori di sapere.

L'apertura è il tratto essenziale dell'essere e delle sue declinazioni. Il che si dica anche della teologia se da razionale non diventa sapienziale – non è sufficiente sapere che il Signore è buono, occorre sperimentarlo, perché solo la conoscenza "*experimentalis*" è davvero affidabile, confermando che la verità è la forma che assume la

---

[103] E. LÉVINAS, *Dall'altro all'io*, Meltemi, Roma 2002, p. 140: «L'opera hegeliana in cui confluiscono tutte le correnti dello spirito occidentale e dove si manifestano tutti i suoi livelli, è al tempo stesso una filosofia del sapere assoluto e dell'uomo soddisfatto (...). L'attività del pensiero ha ragione di ogni alterità e, in fin dei conti, in ciò risiede la sua stessa razionalità».

libertà creativa in esercizio. Pertanto, Bonaventura rimodella i vari ordini del sapere a partire dall'unità della vita dell'uomo e del suo fine, il tutto nell'ottica del "gemito" della creazione, che vive le doglie del parto, e dunque spinge innanzi e più in alto. È in quest'ottica che acquista luce l'"esemplarismo", da non risolvere nella dottrina secondo cui l'atto creativo sarebbe pura esecuzione di ciò che è scritto da sempre, trasformando Dio da artista in artigiano – è la versione di quanti si schierano a favore del primato della ragione e condividono la mentalità fondazionista.

L'esemplarismo è piuttosto da pensare come il tentativo di render conto della genesi dell'impulso ascensivo che anima il nostro interrogare, come della capacità delle creature di parlarci di Dio, aiutandoci a definirne il volto.

Con la Rivelazione divina è sorto un altro giorno e sulle cose è scesa un'altra luce, grazie alla libertà creativa di colui che ha voluto ciò che avrebbe potuto non volere. «Tutto il mondo è ombra – afferma Bonaventura – via, vestigio ed è come un libro scritto di fuori. In qualunque creatura vi è il riflesso del divino splendore, frammisto tuttavia con la tenebra, per cui una certa opacità è connessa alla luce»[104]. Ne consegue che «quando l'anima percepisce questo, capisce che dovrebbe passare dall'ombra alla luce, dalla via al termine, dal vestigio alla verità, dal libro alla vera scienza che è in Dio». La conclusione è perentoria: «Leggere questo libro è solo degli uomini di altissima contemplazione, non dei filosofi naturali, poiché questi conoscono solo la natura delle cose (l'identità) e non vedono il mondo come vestigio» (alterità)[105].

La luce del testo sacro aiuta a intendere le cose come segni che indicano un percorso, oggetto della conoscenza non dimostrati-

---

[104] *Hex.* XII, n. 14.
[105] *Hex.* XII, n. 15: «Hunc librum legere est altissimorum contemplativorum, non naturalium philosophorum, quia solum sciunt naturam rerum, non ut vestigium».

va, bensì interpretativa: l'una impegnata a mostrare l'indole della struttura delle cose che sono quello che sono, l'altra l'eccedenza dell'essere sul pensiero[106]. Al centro non la ragione, ma la libertà creativa, punto di riferimento assoluto sia della ragione che della fede[107].

5. La potenza creativa dell'uomo e l'avventura del *"reditus"*

La proposta di Bonaventura apre lo scrigno delle creature, persuaso che «non ci sia storia sulla scena del mondo che non sia compresa da una storia più grande e più alta»[108]. La linea dottrinale fin qui richiamata, costituita dal ripensamento complessivo del reale alla luce degli esemplari eterni, è compendiabile nella categoria bonaventuriana dell'*"exitus"* o uscita delle creature da Dio, al centro del *Breviloquium*. La trama delle relazioni è fitta e variamente articolata, dal momento che ogni cosa è se stessa e altro ancora. Ciò che resta da interrogare è la categoria complementare e cioè il *"reditus"* o il ritorno alla fonte, l'*Itinerarium mentis in Deum*. È il tema centrale dell'età medievale come del mondo speculativo di Bonaventura.

---

[106] *Hex.* XII, n. 2: «Supponendum enim est per fidem, quod Deus est conditor rerum (...) causa causarum et ars praestantissime originans».

[107] A. D. SERTILLANGES, *Il cristianesimo e le filosofie. Il fermento evangelico. L'elaborazione secolare. La sintesi tomista*, Morcelliana, Brescia 1956, vol. I, p. 328: «(S. Bonaventura) teologo e mistico, tradizionalista con doni personali di alto valore, non considera quanto a sé la possibilità di una filosofia veramente autonoma (...) la filosofia non è che una scienza intermedia tra la fede, da cui bisogna sempre partire, e la contemplazione mistica. La ragione non ha dunque dominio che le sia proprio, e in cui essa si basti rispetto al suo oggetto: si misura la distanza tra questa concezione e quella di un Tommaso d'Aquino che, accordando largamente l'autonomia della ragione filosofica, apre l'èra moderna del pensiero».

[108] GIVONE, *Quant'è vero Dio* cit., p. 78.

5.1. *Dimensione cosmologica del pensare*

È sorprendente che, nell'epoca del mescolamento dei popoli e dei diversi culti religiosi, Bonaventura ponga al centro della riflessione non problemi teologici o spirituali, ma cosmologici, relativi al modo di abitare il mondo. Il Dio di Bonaventura non è il Dio di Agostino che dà riposo al cuore inquieto; né il Dio di Tommaso che soddisfa l'*appetitus naturalis et supernaturalis visionis* dell'uomo. Il suo è il Dio che crea un giardino e, in un atto imperscrutabile di libertà, vi colloca l'uomo, voluto a sua immagine, perché lo coltivi e lo custodisca. Da qui la forza dell'interrogativo circa l'indole della razionalità che l'uomo ha elaborato e a cui vivendo si richiama (Gn 2,15). Bonaventura restituisce al pensiero quella dimensione cosmologica con cui la filosofia è sorta in Grecia, privilegiando il modo di rapportarci alla natura – la nostra casa – in merito alla quale chiede se l'abbiamo abbellita o invece deturpata. Il tratto originale del dire di Bonaventura sta nell'aver problematizzato il nostro modo di stare al mondo, nonostante la constatazione che la natura dorma i suoi sogni millenari, sorda ai nostri passi, sfondo del nostro agire più che co-attrice del nostro vivere e pensare. L'uomo ne dipende, vivendo al ritmo delle stagioni. Il legame è profondo. Ebbene, nonostante tutto ciò, Bonaventura denuncia la "perdita della natura" da parte dell'uomo, non perché ne ignori la struttura, ma perché lo sguardo non va oltre, fermo alla sua superficie, interessato solo al suo sfruttamento. L'uomo ha disatteso il compito di aprire lo scrigno d'oro che Dio ha messo nelle sue mani.

5.2. *L'uomo e la natura* "ut signum" *e in subordine la natura* "ut res"

Bonaventura è persuaso che le vicende del mondo seguano le vicende dell'uomo. Perché ci sia armonia tra l'abitazione e il suo inquilino[109] è necessario che lo sguardo sia corretto, perché se turbato, lo è anche il suo abitare[110]. Il che ha avuto luogo dal momento che l'uomo si è lasciato prendere dal demone del possesso, esaltando la natura *"ut res"* e lasciando nell'ombra la natura *"ut signum"*[111]. Ebbene – Bonaventura lo sottolinea – il mondo è l'una e l'altra cosa insieme, oggetto del principio di identità e oggetto del principio d'alterità, con la puntualizzazione che la natura *"ut res"* è funzionale alla natura *"ut signum"* e dunque che il principio di identità è subordinato al principio d'alterità. Ogni creatura come qualsiasi evento sono da intendere come l'opera di un artista, passibile di una duplice lettura. Si pensi al Mosé di Michelangelo, in merito al quale si può prendere in esame il blocco di marmo da cui è tratto, la grandezza che gli dà maestà, le nervature che gli danno movimento, la postura regale che lo innalza sopra tutti; come anche – ed è l'altra lettura – evocare la storia del suo popolo, indicare la missione che ha svolto, accennare all'ardimento delle scelte compiute, rilevare la saggezza della legislazione emanata o la strategia con cui ha guidato un popolo verso la terra promessa. Sono due letture della stessa opera, non però giustapposte, dal momento che ciò che Michelangelo vuole glorificare è il mondo, unico e prezioso, di quel popolo, che il Mosé a suo

---

[109] *Brev.* VII, cap. 4, n. 3: «Quoniam ergo Deus secundum sapientiam suam ordinatissimam cunctum mundum istum sensibilem et maiorem fecit propter mundum minorem, videlicet hominem, qui inter Deum et res istas inferiores in medio collocatus est; hinc est, quod ut omnia sibi invicem congruant, et habitatio cum habitatore habeat armoniam, homine bene instituto, debuit mundus iste in bono et quieto statu institui; homine labente, debuit etiam mundus iste deteriori; homine perturbato, debuit perturbari; homine expurgato, debuit expurgari; homine innovato, debuit innovari; et homine consummato, debuit quietari».

[110] *Ivi*, n. 4: «Primo ergo, quoniam mundus iste perturbari debet, homine perturbato, sicut stetit cum stante».

[111] *I Sent.* d. 3, p. I, q. 2, resp ad arg. 1 – I, 72: «Creaturae possunt considerari ut res vel ut signa».

modo rappresenta e a cui rinvia, cui dunque spetta il primo posto. L'opera, infatti, non ne è che la traduzione.

Ecco la proposta innovativa di Bonaventura. Il primo posto spetta al mondo come opera da ammirare e in posizione subordinata al mondo come un sistema di cause ed effetti da padroneggiare. Dunque, il mondo è il capolavoro di Dio, passibile di più letture, a cominciare però da quella artistica, cui tutte le altre sono funzionali. È l'abitazione che Dio ci ha preparato «secondo la sua sapienza ordinatrice ("*secundum sapientiam suam ordinatissimam*")». Dio è anzitutto un artista, che trascende, non viola le leggi della ragione, risultando intelligibile e da noi decifrabile, anche se a fatica. In quanto è tratto dall'abisso della libertà a opera di un Dio sapiente e buono, il mondo è cifra di una ricchezza che va ben oltre la logica a cui la ragione si attiene, portandoci lontano e in alto.

A conferma della fecondità del primato del principio di alterità prendiamo in esame un attentato terroristico. Colui che segue il primato del principio di identità concentra l'attenzione sugli attentatori e sull'innocenza delle vittime, provocando l'ovvia reazione, immediata e forte, di immediata vendetta. È questa la pulsione istintiva, al punto che l'uccisione degli assassini, comunque avvenga, provoca una parziale soddisfazione. Ebbene, costui è su una strada non del tutto corretta, dal momento che la vendetta si contrappone alla giustizia – la logica dell'una è inconciliabile con la logica dell'altra. Se quest'analisi è plausibile, il primato non può spettare all'identità. L'evento luttuoso va letto alla luce del principio d'alterità, e cioé ampliando l'orizzonte alla storia e formazione dei criminali, alla situazione sociale e politica in cui vengono progettati e messi in atto gesti di assurda degradazione umana. In breve, occorre opporsi alla restrizione identitaria, ricordando e convincendosi «che i confini di una disgrazia vanno considerati, in definitiva, sulla scala dell'umanità intera, e non vanno mai circoscritti a quelle dichiarazioni che li riducono all'identità»[112]. I criminali, oltre e prima che alla loro identità, vanno rapportati all'onda di tenebra che gettano sul momento storico dell'umanità, madre di tali mostri, cui metter mano, senza ovviamente venir meno al rigore della giustizia. Altrettanto si dica di un reperto archeologico, in merito al quale non è prioritario né sufficiente descriverne la presenza e la struttura – l'identità. Ciò che conta e rende prezioso il reperto è la conoscenza della civiltà a cui appartiene e il tempo cui rinvia – l'alterità. In breve e in generale, ogni evento è da inserire in un orizzonte che non ne vanifichi l'identità ma insieme ne mostri la genesi remota, i molti ingredienti e il mondo valoriale cui rinvia. È il compito della letteratura, dell'arte, della filosofia, della teologia, della meditazione – queste le forme primarie, attente all'alterità – come anche delle varie scienze – sociologia, criminologia, antropologia, storia, funzionali e secondarie. È la rivoluzione di Bonaventura che resta impensata, e cioé il considerare le cose anzitutto *"ut signum"* e in subordine *"ut res"*, mettendo in luce prima il loro senso e poi la loro struttura, prima il mondo che son chiamate a manifestare e poi il modo di manifestarlo, prima il "perché" e poi il "come", nel qual caso soltanto si rende giustizia alle cose e si motiva la valutazione che si è chiamati a formulare.

5.3. *La luce dell'uomo e l'alterità del mondo*

Ora, che il mondo sia solo una miniera di risorse o invece anche un capolavoro, un carcere o un giardino, questo è nel potere dell'uo-

---

[112] A. Badiou, *Il nostro male viene da più lontano*, Einaudi, Torino 2016, p. X. È la trascuratezza dell'appartenenza comunitaria che rinforza il ripiegamento identitario, mentre il suo riconoscimento non ostacola ma favorisce la costruzione di un'identità invaduale complessa. Cfr. M. Walzer, *Sfere di giustizia*, Laterza, Bari 2008.

mo. Siamo al cuore della libertà come responsabilità. Le cose ci vengono incontro – appaiono – se e come andiamo loro incontro. Se il soggetto non riversa la sua luce – attenzione – su di loro, le cose restano nell'oscurità o meglio è come se non esistessero. Il che si dica di un'opera d'arte, come di un paesaggio. La nostra disposizione ad accogliere un messaggio prendendone coscienza o a lasciarlo svanire è decisiva ai fini dell'esistenza stessa del messaggio. Quando non ci saremo più, l'arte non avrà più occhi né avrà più luce. Tutta la dimensione dell'alterità dipende da noi – tesi questa che lascia trasparire l'enorme peso della nostra responsabilità. L'altro che ti è a fianco, l'evento che ti sorprende, l'opera d'arte che ammiri, sono tutti frammenti di luce che vengono da un altrove incatturabile, da un fondo abissale indisciplinabile, e si spengono se volgiamo lo sguardo altrove. Solo l'uomo attento a ciò che è altro da sé coglie e apprezza lo splendore dell'opera di Dio[113]. Se non c'è chi la risveglia fruendone, l'arte ci abbandona o scompare. Ma il compito dell'uomo non si ferma qui. Oltre che responsabile della bellezza del mondo, condizionata alla sua capacità di percepirla, e oltre al recupero del carattere strumentale delle creature, l'uomo è anche creatore di nuovi mondi. Oltre che fruitore, l'uomo, in quanto a immagine di Dio, è a suo modo un artista, chiamato a tradurre in atto la sua libertà creativa. Egli vive in un mondo ove «ogni creatura rivela una straordinaria densità d'essere; dalla più umile alla più alta tutte esprimono qualcosa dell'essenza stessa di Dio. La creazione intera diventa un mistero profondo»[114], inesauribile e affascinante, che siamo chiamati a custodire e ad arricchire.

Il problema non è la fondatezza o l'oggettiva verità dei nostri prodotti. Che siano storici o inventati, ciò che conta è la luce che emanano, le possibilità che dischiudono, i voli che consentono a

---

[113] *Brev.* VII, cap. 4, n. 3: «Homine innovato, debuit (mundus) innovari; et homine consummato mundus debuit quietari».

[114] LECLERC, *op. cit.*, p. 91.

colui che, oltre alla fatica, vuol gustare la gioia di vivere in questo mondo. È questo un capitolo prezioso di quel versante fatto di aspirazioni, di idee, di prospettive, di messaggi, che si suppone provengano da lontano. Che senso ha indagarne la storicità e la fondatezza? È vero, queste cose «non hanno né contenuto né autore; ma tale infondato fondamento è al tempo stesso una riserva a cui sempre di nuovo l'uomo attinge come alla fonte stessa in cui la sua vita si rinnova e si rigenera. Infatti, l'uomo diventa uomo raccontandosi sempre di nuovo qualcosa che non è reale, ma che è più reale del reale, perché non ne dipende, ma semmai lo crea»[115]. È l'apertura al mondo, grazie a cui siamo una comunità, non una setta. Dunque, oltre che interprete della bellezza e dell'armonia della natura, come dei suoi tratti oscuri e problematici, dei suoi interrogativi esistenziali e delle sue possibili soluzioni, e oltre che rispettoso del carattere strumentale delle creature, l'uomo è chiamato a svolgere un ruolo propriamente creativo[116].

6. La conversione come modo d'essere e modo di pensare

La coniugazione del principio di identità e del principio d'alterità non è solo un esercizio intellettuale[117]. È anche, e soprattutto,

---

[115] GIVONE, *Quant'è vero Dio* cit., pp. 132-3.

[116] *Itin.* III, n. 10: «Et ab his manant numeri progressores, ex quibus creantur numerosae (=armoniche) formae artificiatorum». Cfr. F. CORVINO, *Bonaventura da Bagnoregio francescano e pensatore*, Dedalo, Bari 1980, p. 307, dove si legge che «l'uomo non percepisce passivamente la bellezza sensibile, giacché le sensazioni esterne sono soltanto stimoli di un processo che è del tutto spirituale. Perciò non si tratta della concezione dell'arte come "imitazione" della natura, in quanto non si considera l'arte come semplice capacità di riprodurre le forme naturali, ma come capacità di cogliere nella natura i "ritmi" segreti della sua armonia, per reinserirli in prodotti nuovi e in forme originali».

[117] Heidegger parlerà dell'avventura dell'Occidente all'insegna del primato dell'ente sull'Essere in termini di "destino" o di necessità.

un nuovo modo d'essere, conseguente al nuovo modo di leggere la realtà. L'illusoria fiducia nel potere della conoscenza ha una qualche plausibile ragion d'essere nella concezione del primato del principio di identità.

A partire dall'età moderna, infatti, non si ritiene necessaria alcuna "conversione". La filosofia è preoccupata solo di affinare la capacità critica della ragione – soprattutto dopo Cartesio e Kant. Il tema del primato del vero e questo identificato con la struttura del reale è decisivo ai fini dell'irrilevanza del soggetto, servo della verità[118]. Bonaventura, al contrario, ribadisce che il sapere filosofico si dimostra "luciferino" se non apre a quello teologico e questo risulta incompiuto se non provoca un'autentica "conversione" antropo-teologica.

6.1. *Conversione antropo-teologica*

Ponendo in principio il Dio che creando traduce i suoi progetti – il mondo è funzionale ai disegni di Dio – Bonaventura propone una rivoluzione non di poco conto, perché esige che ciò che si considera fine divenga mezzo e ciò che era mezzo diventi fine. Perché questa prospettiva prenda quota è necessario che si senta, si viva e si pensi in altro modo, sciogliendo la volontà dalla sudditanza alla ragione potestativa e dunque al peso delle passioni possessive e do-

---

[118] P. HADOT, *Esercizi spirituali e filosofia antica*, Einaudi, Torino 1988, pp. 162-163: «Nella filosofia universitaria moderna, evidentemente la filosofia non è più una maniera di vivere, un genere di vita (...). Anche la filosofia di Schopenhauer e quella di Nietzsche sono inviti a trasformare radicalmente il proprio modo di vivere. Del resto Nietzsche e Schopenhauer sono pensatori immersi nella tradizione antica». Nell'età contemporanea si impone il sapere scientifico-tecnico ovvero il primato dell'identità sull'alterità. Certo, le varie proposte filosofiche non sono esistenzialmente indifferenti. Cfr. S. D'AGOSTINO, *Esercizi spirituali e filosofia moderna. Bacon, Descartes, Spinoza*, ETS, Pisa 2017.

minatorie[119]. È necessaria una vera "conversione". La situazione di incurvamento sulle cose, consolidata nel tempo grazie a un sapere che si è rivelato fonte di potere, ci ha resi inabili a separare la luce dalle tenebre[120] e a riguadagnare la via che conduce al Creatore[121]. Da qui il sostegno divino nel realizzare l'unione tra il libro scritto dentro (l'anima) e il libro scritto fuori (il mondo) a opera e grazie al secondo libro – il testo sacro – con al centro Cristo[122], testimone dell'unione della natura divina e della natura umana in un abbraccio ipostatico[123]. L'obiettivo è di porre in principio non l'esploratore, preoccupato dell'identità delle cose, ma l'artista, il soggetto affascinato dall'alterità delle creature; non il primato della necessità razionale, ma il primato della libertà creativa; non l'io alla ricerca del controllo e del possesso delle cose, ma l'io creativo, impegnato a tradurre fattualmente la gratitudine per essere al mondo; non la natura neutra e impersonale, ma la natura dono e capolavoro di Dio. Tutto ciò comporta un'autentica torsione spirituale, a partire dall'impianto gnoseo-antropologico, non schiavo del mondo sensibile, dal momento che le facoltà dell'anima non hanno altra essenza che la sostanza stessa dell'anima[124], e questa non soggiace al mondo sensibile, se non nel senso che ne ricava il materiale, ma non i principi del suo funzionamento. L'anima *"se ipsam movet"*, nel sen-

---

[119] È Pavel Florenskij a rilevarlo notando che il valore di una concezione del mondo consiste nell'unità viva di molteplici elementi e che, sotto questo profilo, un qualunque fenomeno può essere recepito anche sotto forma di miracolo, in quanto opera immediata della bontà divina. Cfr. *Sulla superstizione e il miracolo*, SE, Milano 2018.

[120] *Brev.* IV, 1.

[121] *Itin.* VI, n. 7.

[122] *Hex.* III, n. 4: «Horum ostium est intellectus Verbi increati, qui est radix intelligentiae omnium; unde qui non habet hoc ostium, intrare non potest». *Hex.* I, n. 13: «Nec aliquo modo aliqua veritas sciri potest nisi per illam veritatem».

[123] *Hex.* XIV, n. 17: «In omnibus Scripturae mysteriis explicatur Christus».

[124] *I Sent.* d. 3, p. 2, concl.: «Istae potentiae sunt animae consubstantiales et sunt in eodem genere per reductionem».

so che reagisce agli stimoli di ciò che è altro da sé, confermandosi orizzonte aperto e attivo, dotata di un *"lumen directivum"* o di una *"directio naturalis"* d'origine divina. Il che risulta confermato dalle condizioni di possibilità dei "giudizi", costituite da principi assoluti che sono nell'anima ma non dall'anima[125]. Permeata di divino, la nostra esistenza prende luce e calore entro la *"summa diffusio"* o mutua donazione tra le Persone della Trinità, di cui è a immagine – la memoria il Padre, l'intelligenza il Verbo, la volontà lo Spirito.

Dall'insieme si ha la coscienza dell'essere come dono, nella luce dello Spirito Santo, «dono nel quale tutti gli altri doni sono donati». Lo Spirito Santo «è (esiste) perché dono (*"ideo est quia donum"*) (...) e non dono perché è»[126]. L'essere è dono, quello di Dio e quello nostro. Se dono, l'essere che siamo è da donare attraverso una condotta libera e creativa – il che è possibile solo in seguito e grazie alla conversione che consente di recuperare il primato del "perché" sul "come", percependo la presenza di Colui che ti attira verso i suoi disegni anche attraverso le tue inquietudini e le tue inclinazioni[127]. Su questo sfondo si impone il pieno recupero del soggetto, creatore di quella verità che è in quanto la progetta e donando la realizza, dunque, suo padrone, non suo schiavo[128]; come

---

[125] *Hex.* II, n. 9: «Regulae istae mentibus rationalibus insplendentes sunt omnes illi modi, per quos mens cognoscit et iudicat id quod aliter esse non potest».

[126] E. FALQUE, *Saint Bonaventure et l'entrée de Dieu en theologie*, Vrin, Paris 2000, pp. 148-9.

[127] *III Sent.* d. 27, a. 2, q. 1, f. 5: «Nullum obsequium est meritorium apud Deum nisi quod fit liberaliter; sed nihil fit liberaliter nisi quod fit ex amore, quoniam amor est donum in quo omnia alia dona donantur; si ergo efficacia merendi consistit in liberalitate, et liberalitas primo et principaliter reperitur in motu caritatis et amoris, videtur idem quod prius, videlicet quod motus caritatis primo et principaliter sit meritorius».

[128] B. FONDANE, *La coscienza infelice*, Aragno, Torino 2015, p. 334: «Il pensiero, fino a oggi, ha disdegnato l'uomo. Ha sacrificato di buon grado il finito, l'effimero, il vivente alle cose eterne e immutabili, alle figure della ragione, come il triangolo, i teoremi, le leggi. È tempo che il pensiero, che non è nient'al-

anche il recupero del primato del conoscere interpretativo degli infiniti fattori che entrano nel mondo, opera della Trinità, sul conoscere dimostrativo, legato all'identità della cosa in quanto è quella che è e non altra[129].

6.2. *Conversione intellettuale*

Oltre al ristabilimento del carattere divino del nostro essere, nel cui nome il soggetto si ritrova protagonista e non servo d'alcuno e d'alcunché, occorre favorire una sorta di mutamento paradigmatico che consiste non solo nel distinguere il mondo dell'alterità o della differenza dal mondo dell'identità, ma nel condividere il primato del principio d'alterità sul principio di identità con le sue molte implicazioni. Tra queste, il declassamento della struttura logica che, disciplinando il pensiero, prepara il dominio delle cose, poiché nel mondo dell'alterità è possibile la coesistenza del vero e del falso, dell'assurdo e del sensato, al punto da trovarci in un mondo segnato dalla contraddizione. Il che è conseguente a quell'insieme di ragioni che animano un'opera d'arte, senza che una possa dirsi fondatrice rispetto alle altre. Tutto ciò non impedisce che si proceda anche alla sua esplorazione rigorosa, dal momento che è anche razionale. Ciò che conta è che il primo posto vada riservato non all'attuale ma al possibile, nel senso che l'essere è progettazione o possibilità di essere, dunque espressione della soggettività crea-

---

tro che ragione, ridiventi totale e che l'uomo (la persona, l'individuo) sia reintegrato nei suoi diritti».

[129] GIVONE, *I sentieri della filosofia* cit., p. 90. È il lento e inarrestabile cammino della ragione occidentale che, nel tentativo di leggere in tutta la sua portata la cosa, ha cominciato con un sapere che è a un tempo filosofico e scientifico, nel senso della commistione delle dimensioni, per poi lentamente lasciare ai margini il dire simbolico a favore del dire oggettivo o scientifico.

tiva del soggetto[130]. È la via, ardua e impegnativa, per mostrare il potenziale trasgressivo, come il potenziale ideale di concetti biblici centrali, come peccato, grazia, croce. Per questo, ad alimento della nostra relazione a Dio occorre porre la libertà come condizione della sua crescita. Se Dio si risolvesse nella perfezione dell'essere – l'essere assoluto – presentandosi come l'essere che non può essere che come è; se la sua onnipotenza non prevedesse anche la rinuncia a tale onnipotenza; se non potesse che essere Dio in tutto il suo splendore, non ci sarebbe null'altro, e se qualcosa ci fosse per suo volere, questo si imporrebbe con un peso normativo assoluto. E poi, chi pregherebbe un tale Dio o lo riterrebbe misericordioso? chi si rivolgerebbe a Lui come a un Padre? Egli si imporrebbe minaccioso con il peso della sua suprema perfezione e non invece come fonte di ogni donazione[131]. Ciò che si dice di Dio – la libertà come cifra della grandezza – si dica di ogni artista, essenzialmente indisciplinato e dunque imprevedibile. Il primato è alla libertà creativa, fonte dell'indeducibile, del sorprendente, così come lo è il mondo tratto dal nulla. Espressione primaria di tutto ciò la letteratura, l'arte, la poesia, la musica, la preghiera, le cui suggestioni aiutano a intendere l'orizzonte effettivo dell'esistenza, tessuta di insondate relazioni, che solo l'artista è in grado di cogliere e di descrivere.

Si comprende dall'insieme la convergenza della conversione teologica e della conversione intellettuale, e dunque il ruolo della formazione francescana, il cui obiettivo non è di sottrarci all'ambiguità del mondo dell'alterità, ma di darci il ramoscello d'oro a garanzia del ritorno alla luce, oltre il fascino seducente del nulla e l'oscurità delle contraddizioni. È questo il contesto che consente il passaggio dell'uomo da consumatore a protagonista, da produttore a creatore, da appendice della trama sociale a suo interprete e innovatore. Si

---

[130] GIVONE, *I sentieri della filosofia* cit., p. 55: «Anzi nulla sarebbe se non ci fosse il nulla».
[131] *Ibidem.*

è ben oltre la filosofia antica, per la quale la conversione implicava lo spegnimento del sé di fronte alla trascendenza della verità metafisica[132], come si è ben oltre la filosofia moderna e contemporanea per la quale il soggetto cerca e trova la verità, diventandone, per lo più, esecutore perché monodimensionale e sostanzialmente potestativa. La conversione chiama a vivere la propria finitezza «con l'esigenza del *più alto*, il che vuol dire anche del *più profondo*»[133].

6.3. *La* "reductio artium ad theologiam" *e la riunificazione dei mondi*

L'arte non sottrae il soggetto alla concretezza della vita, nè dissipa le energie, ma dilata le frontiere del vivere e del pensare abilitando a trarre come da un abisso mondi nascosti o ignorati. Si vada allo sguardo poetico di Francesco, per il quale, prima che miniera di risorse cui attingere, la natura è l'opera da ammirare, perché dono del sommo artista. Il *Cantico delle creature* «è segnato dall'alternanza di immagini virili e di immagini femminili: a un elemento sognato come espressione di forza e di azione risponde subito un altro elemento sognato come espressione di intimità e di comunione. Quest'alternanza esprime un'anima aperta a tutte le sue potenze.

---

[132] Si sa che P. Hadot ha dimostrato in maniera peruasiva che la filosofia antica è un insieme di esercizi spirituali, da praticare conseguendo uno stato di liberazione dalle passioni e di conoscenza di sé e del mondo. Cfr. *Esercizi spirituali e filosofia antica*, Einaudi, Milano 1988. Ma il tutto pare attraversato da un'onda stoica di rispetto della razionalità oggettiva rispetto a cui l'autonomia, che ognuno rivendica per sé, è un affronto che va pagato con la morte, secondo il detto di Anassimandro. Per la filosofia greca il problema sono i molti, tradimento o offesa all'Uno; per la prospettiva cristiana invece, i molti sono l'esaltazione dell'Uno, in quanto artisti voluti a sua immagine, il cui problema non è la vita, ma la morte, da scontare vivendo. Per l'una, dunque, la morte è la conclusione della vita, per l'altra la morte dischiude un'altra forma di vita.

[133] C. CHALIER, *Il desiderio di conversione*, Giuntina, Firenze 2015, p. 11.

Il *Cantico delle creature* appare come il linguaggio simbolico di un uomo pienamente riconciliato con la totalità della sua affettività, quasi rinato in una personalità nuova e armoniosa in cui tutte le forze oscure della vita e del desiderio sono anch'esse venute alla luce»[134]. Nel contesto di tale visione, la disciplina della passione possessiva matura alla luce del principio secondo cui le esigenze del corpo sono controllabili a condizione e in misura che l'anima si apra allo scenario del mondo dell'alterità, diventandone protagonista. Educare a leggere il mondo come un'opera d'arte, individuando il *"radius divinus"* pur tra le tenebre del tempo[135], e dunque la Bellezza suprema nelle cose belle, dal sole alle foreste agli animali[136], è la via francescana verso l'alleggerimento dell'animo dal peso delle cose. Ci si libera dalle cose non fuggendole ma ammirandole. Ebbene, le radici del dire bonaventuriano sono in tale visione, se è vero che lo stile peccaminoso è risolto nella lettura opaca delle creature[137]. Tale dimensione terrestre del pensare è da riportare al tentativo di cogliere quel misterioso legame tra l'uomo, mondo e Dio, senza del quale ne va del posto dell'uomo e del ruolo delle creature. Il *Cantico delle creature* è un mondo fatto di più mondi, esempio della coniugazione di senso e di struttura, di identità e di alterità, sostanza della lode all'Altissimo.

Il che comporta che gli occhi siano pieni di luce, problematizzando quell'assunto preambolare che è alla radice del pensiero unico, e cioè la pretesa della ragione di ritenersi padrona del territorio,

---

[134] LECLERC, *La fraternità come testamento* cit., pp. 96-7.

[135] *Itin.* II, n. 5.

[136] *Legenda maior* in "Analecta Franciscana" X (1926-1941) 597: «Contuebatur in pulchris Pulcherrimum et per impressa rebus vestigia prosequebatur ubique Dilectum, de omnibus sibi scalam faciens, per quam conscenderet ad apprehendendum eum qui est desiderabilis totus».

[137] *Hex.* II, n. 20: «Haec sapientia manifestata est; (...) et tamen nos non invenimus eam, sicut laicus nesciens litteras et tenens librum non curat de eo; (...) unde haec Scriptura facta est nobis Graeca, Barbara et Hebraica et penitus ignota in suo fonte».

ribadendo che le creature non sono la semplice realizzazione di una trama razionale. Non si tratta di contestare il ruolo della ragione ma il suo primato, in nome del quale si sente padrona del mondo, alimentando quell'istinto possessivo che risolve il sapere in fonte del potere. Solo se considerata opera divina, ricolma di sorprese, secondo le indicazioni della Scrittura – dunque se letta alla luce del principio d'alterità – la natura sarà causa di lode al creatore e fonte di un sapere plurale[138]. È l'esito della lettura del reale, pieno di ragioni ma senza alcuna ragione fondante. Occorre ribadirlo, non è la ragione in discussione, ma il suo primato, in nome del quale siamo inclini a occuparci delle cose così come sono, ritenendo ornamentale l'uso di metafore e di simboli, e ridondante l'allusione a mondi possibili. Il pensiero plurale si dà a condizione che il mondo risulti espressione di libertà creativa e insieme sia pensato da sempre sull'orlo del nulla, e dunque da custodire fruendone con misura. Da qui la necessità che la lettura identitaria del reale, propria del sapere scientifico, abbia luogo nel nome della differenza, propria del sapere ermeneutico, scoprendo nella struttura delle cose le tracce del passaggio di Dio. Non sono percorsi che corrono paralleli, ma compresenti e in comunione. Il risultato più rilevante è costituito dall'atteggiamento positivo nei riguardi dei saperi, purché collegati tra loro e unificati nel nome di quell'abisso teologico, che garantisce loro senso e profondità.

È l'intuizione della *Reductio artium ad theologiam*, da cui è legittimo ricavare la suggestione che non è rispettoso della ricchezza del reale colui che assolutizza un sapere, collocando in subordine tutti gli altri. Il sapere va declinato al plurale in fedeltà alla ricchezza dell'essere, nel contesto di una comunione complessiva che, se sorregge gli uni con gli altri, corregge gli uni con gli altri e li orienta

---

[138] *Hex.* XIII, n. 10: «Habet autem Scriptura multos intellectus, quia talis debet esse vox Dei, ut sit sublimis. Ceterae scientiae sunt contentae sub uno sensu, sed in hac est multiformis».

verso un orizzonte di senso, che assume specifiche tonalità nel tempo e nello spazio e si perde in Dio. Per questo Bonaventura non esita a inserire il sapere filosofico-scientifico di matrice aristotelica come le suggestioni di altri filosofi o tratte da altre fonti nel più ampio cerchio del sapere teologico, accogliendone il sostegno e insieme ridimensionandone le pretese[139]. Oltre che un sapere specifico, quello teologico è lo spazio entro cui gli altri saperi prendono posto se è vero che il mondo è anzitutto un'opera d'arte. Più che "centro", la teologia è *"medium omnium scientiarum"*. In quanto dice prossimità, utilità, minorità, il termime *"medium"* pare più vicino alla sensibilità francescana del termine "centro"[140]. Grazie a questa funzione "mediana" la teologia aiuta a evitare lo scollamento sociale come le negative ripercussioni sulla crescita qualitativa della comunità. È gravemente dannosa la scissione tra le cosiddette "scienze dello spirito" e le "scienze della natura", prolungando un dualismo con radici profonde nell'Occidente, dualismo oggi in ombra non grazie a una rinnovata comunione, ma al prevalere della prospettiva scientifico-tecnica, con il conseguente impoverimento dei fenomeni, non più alimento del sapere teologico, né fonte di suggestioni poetiche. A questa tendenza conflittuale occorre opporre una visione, il cui carattere teologico funga da forza coesiva dei saperi, in maniera che l'uno sostenga e giustifichi l'altro e tutti si ritrovino nell'essere traduzione del grande disegno divino. È lo stile conciliante, non compromissorio, propriamente francescano[141]. In questo collegamento,

---

[139] In quest'ampio contesto le pertinenti riflessioni di L. MAURO, *Antiqui philosophi. Storia e filosofia in Bonaventura*, in "Doctor Seraphicus" 63 (2015) 15-27.

[140] C. SOLIGNAC, *Centrum et medium chez Saint Bonaventure: le christocentrisme du Collationes in Hexaëmeron*. À la lumière de l'exégèse et de l'homiletique bonaventuriennes, in "Études Franciscaines" 110 (2017) 93-116.

[141] C. SENOFONTE, *Speculazione filosofica e sue interazioni*, in "Civitas et Humanitas", 7 (2016). E così, ad es., «una visione consumistica della vita sostiene le tecnologie miranti all'incondizionato aumento della produttività, mentre una concezione austera della vita è tale da promuovere il controllo delle tec-

a volte soltanto sotterraneo, ma sempre fecondo, è forse da riporre la lezione esistenzialmente coinvolgente della *Reductio artium ad theologiam*, e cioè l'apertura dei saperi verso quell'abisso di senso, costituito dalla libertà creativa, da cui i fenomeni provengono e che conclusiamente richiamano[142]. In quest'ottica plurale e insieme teologicamente unificata dei saperi è da riporre il tratto essenziale del realismo francescano, quale fedele traduzione dell'invito di Francesco a «frate Antonio, mio vescovo» e cioè che insegni la sacra teologia, senza però estinguere lo spirito della santa orazione[143]. Si intravedono sullo sfondo le implicazioni filosofico-teologiche del primato dell'alterità sull'identità e dunque della libertà creativa sulle molte forme più o meno mascherate di necessità. È questa la via per combattere l'arroganza di chi non è consapevole che l'assolutizzazione della ragione è solo la maschera della schiavitù.

7. La libertà creativa fonte di riconciliazione universale

La libertà è il segreto dell'atto creativo sia divino, sia umano. È grazie alla libertà che il mondo appare un'opera d'arte del creatore, altrimenti solo un enigma da sciogliere o una miniera da sfruttare. Con la libertà la storia risulta opera dell'uomo e compendio delle sue scelte, mentre senza libertà è solo un insieme di eventi, in balia del vento; con la libertà l'uomo si riscopre protagonista della verità, forma espressiva della sua progettualità, mentre senza libertà, essendo la verità neutra e oggettiva, si riscopre schiavo ed esecutore; con la libertà si impone il principio di differenza come guida nella ricer-

---

nologie produttive affinché risultino orientate verso l'appagamento dei bisogni essenziali» (p. 160).

[142] *Soliloquium de quattuor mentalibus exercitiis* IV, n. 27 -VIII, 66: «Iam gravis est mihi omnis creatura ad videndum, quia nimis incomparabiliter supereminet eius pulchritudo, a quo processerunt haec omnia».

[143] *Lettere*, in *FF* n. 251.

ca di ciò che è altro e altrove; senza libertà si impone il principio di identità, fermo ai fatti e alla logica che li governa; con la libertà si ha l'affermazione della pluralità dei saperi, dalla poesia alla musica, dalla letteratura alla liturgia; senza libertà nasce e si afferma il sapere unico, dominatorio e possessivo, rispetto a cui gli altri avranno al più un tratto aggiuntivo e consolatorio. Certo, non è la libertà che ci salva, e tuttavia senza libertà non si dà salvezza[144].

7.1. *L'indole plurale della libertà*

La libertà non è sinonimo di arbitrarismo, ma della potenza creativa del soggetto, fonte del nuovo, non deducibile da alcunché. Proprio perché frutto di libertà, il mondo è ricco di ragioni, e cioè di quei segreti che popolano l'animo dell'artista, senza però che alcuna si sia imposta esigendo esecuzione e obbedienza. «La libertà non è affatto il contrario della normatività, non è l'opposto del nomos e tantomeno del logos, perché il gesto sovrano, capace di assoluta libertà – la libertà dal punto di vista ontologico o è assoluta o non è – è un gesto tanto più libero quanto più capace di logoi»[145]. Il che viene confermato se, ad es., pensiamo al ruolo normativo dell'etica, la cui forza imperativa ha certo un peso, ma non è qualificante – l'azione non è umana perché conforme alla norma, ma perché compiuta in libertà[146]. Altrettanto si dica del gesto creativo divino, ricco di motivazioni, eppure frutto di un atto

---

[144] *Brev.* p. V, cap. 3: «Expellitur ergo culpa a Dei dono, non a libero arbitrio, non tamen sine libero arbitrio».

[145] GIVONE, *I sentieri della filosofia* cit., p. 48.

[146] H. ARENDT, *La vita della mente*, Il Mulino, Bologna 1987, p. 374: «L'azione non consiste nella semplice esecuzione dei comandi della ragione; è essa stessa un'attività razionale». L'accento cade su quella forza innovativa grazie a cui un'azione si afferma come cesura della necessità biologica e apertura di un nuovo cammino. È la libertà creativa a illuminarla.

sovranamente libero, i cui effetti sono dotati di senso e dunque di ragioni, da esplorare sempre da capo. La loro bontà non sta nella conformità a degli archetipi – è il loro aspetto materiale – ma nel fatto che ne sono un'irrepetibile traduzione.

La libertà ci imparenta a Dio e ci concilia con le creature, perché, sottraendoci a qualsiasi pressione possessiva, spinge a prendercene cura, rispettandone l'indole e la finalità. Fonte dello sguardo rispettoso e ammirato per tutte le creature, la libertà è fonte di tutti gli attraversamenti del pensare bonaventuriano, sia dell'estetica – quella di Bonaventura è l'estetica del dono libero e gratuito, cui non è estranea la razionalità ma non si risolve in essa; sia dell'etica – quella di Bonaventura non si richiama al dovere come al suo pilastro, ma alla libertà, come alla sua anima; sia della teologia – quella di Bonaventura non è incentrata sulla potenza come necessità ma sulla potenza quale volto della paternità creativa[147] o *fontalis plenitudo*[148]. In breve, è nella libertà che prende volto e respiro tutto ciò che è, infinito e finito. L'infinito si piega verso il finito e il finito cerca l'infinito, entrambi nella luce imperscrutabile della libertà. La prospettiva francescana è segnata in profondità da un'anima non razionalizzabile, perché ciò che accade nel tempo affonda le sue radici nella stessa libertà di Dio.

7.2. «Verbum Dei non est alligatum» *(san Paolo)*
ovvero la libertà contro la necessità

L'oscuramento di tale prospettiva ha avuto luogo in seguito all'affermazione del primato della ragione, le cui acquisizioni sono

---

[147] *I Sent.* d. 27, p. 1, q. 2, concl. 3: «Innascibilitas enim dicitur Pater, quia non est ab alio; et non esse ab alio est esse primum, et primitas est nobilis positio».

[148] *I Sent.* d. 2, a. 1, q. 2, concl.

apparse veritative purché adeguatamente argomentate. Da qui il *"fundamentum inconcussum"* come cifra della verità che, in quanto tale, ha coperto l'abisso attraverso una pedana – la fondazione – sulla quale l'Occidente ha costruito la sua casa. È il riassunto dell'autocelebrazione, sostenuta da una pretesa autosufficienza, piuttosto arbitraria, che trova sostegno nella logica del dominio, alla lunga impostasi come principale guida del pensare occidentale. Sostenitore del primato dell'alterità, Bonaventura insegna a riconciliarsi con il mondo e con Dio, non in nome delle strutture universali e necessitanti della ragione, ma in nome della libertà creativa che si esprime sia ristabilendo le condizioni della comunione tra le creature che risvegliando i molti centri di vita, mortificati nel corso della storia come ridondanti e infondati. In quest'ottica acquista luce la denuncia di Bonaventura nei riguardi della piega scientifica (dimostrativa) che l'Occidente ha impresso alla lettura del dato rivelato, quasi una sorta di incarcerazione (*alligatio*) del *verbum Dei*. Invece di essere descrittivo, narrativo, espositivo, poetico, vòlto cioè a conquistare gli animi dischiudendo nuovi orizzonti, il sapere sia filosofico che teologico ha elaborato *argomentazioni* più o meno sacrali, nell'assunto che a base della parola di Dio ci fosse un gesto di razionalità e non primariamente di libertà.

Il *verbum Dei* si è ritrovato irrigidito in schemi concettuali, che non gli hanno reso giustizia, dal momento che «*verbum Dei non est alligatum*»[149], e cioè la parola di Dio mette in discussione ogni identità, omogenea ed escludente, nell'assunto che la vera identità è tendenzialmente aperta a tutte le identità. Il che si impone alla luce del *paradigma fondante di tale modo di pensare, costituito dalla gratuità dell'essere*, secondo cui il primo posto spetta all'altro che dona o si dona, in un contesto di liberalità oblativa. Per Bonaventura la

---

[149] L'espressione è tratta dalla *II lettera a Timoteo*, e questa, assieme alla prima e a quella indirizzata a Tito, rientra tra le "lettere pastorali". Il periodo è quello della seconda prigionia romana di Paolo.

parola di Dio chiama all'"aperto", non annuncia la fine del tempo –
l'apocalittica – ma segna il tempo della fine delle forme idolatriche,
e cioè, è una voce che riempie il presente senza irrigidirlo o bloccar-
lo. Sottomessa a una ragione forte, tale parola si è ritrovata chiusa
in categorie logiche e stretta in forme argomentative estranee agli
"*historica*" o fascio di eventi che la incarnano e la dispiegano. La
scienza non si occupa delle cose singolari – *non est de singularibus*
– mentre il testo sacro è un insieme di eventi che però, diventando
oggetto di siffatto sapere, vengono trasformati in esemplificazio-
ni di assunti universali[150]. In reazione a questo stile, Bonaventura
fa ricorso al modo di procedere poetico e narrativo, consono alla
Scrittura, in contrasto appunto con il *modus definitivus, divisivus* e
deductivus del pensare teologico del suo tempo[151]. Il teologo deve
"*inquirere*", ma senza cadere nella logica dello stile essenzialista e

---

[150] Tommaso, la voce più autorevole di questo orientamento, lo dichiara
senza esitazione: «Singularia traduntur in sacra doctrina non quia de eis principaliter tractetur, sed introducuntur tum in exemplum vitae sicut in scientiis
moralibus, tum etiam ad declarandum auctoritatem virorum per quos ad nos
revelatio divina processit» (*Summa Theologiae*, q. 1, ad 2um). Aprendo una parentesi storica, a partire dalla *Summa Halesiana* nell'età medievale si registra la
denuncia di un radicale cambiamento in atto, che pare più un'involuzione che
un autentico progresso, e cioè il passaggio dalla teologia come esegesi della Scrittura, secondo lo stile dei padri della Chiesa, alla teologia come scienza, secondo
lo stile della Scolastica di matrice aristotelico-tomista. Non si ha più il "magister
in sacra pagina", bensì il "magister theologiae", non più la "lectio" del testo sacro,
ma la "quaestio", non più il "modus narrativus, historicus, parabolicus", di parlare
della storia sacra, bensì il "modus artificialis (=scientialis), divisivus, definitivus
et collectivus", di esporre il contenuto. Il cambiamento è profondo. Il modello
aristotelico di scienza, a cui lentamente ci si richiama, modifica il modo di elaborare il sapere e insieme la sua indole. Lo sfondo, su cui questo sapere prende
forma, è l'intemporale concezione del mondo e dell'uomo, espressa attraverso la
trama razionale, che da sempre terrebbe insieme le creature e che la Rivelazione
avrebbe ulteriormente fortificato.

[151] *I Sent.* Proem., q. 2: «Modus procedendi in parte scientiae debet esse
uniformis modo totalis scientiae; sed modus procedendi in sacra Scriptura est
typicus et per modum narrationis, non inquisitionis: cum ergo liber iste perti-
neat ad sacram Scripturam, non debet procedere inquirendo». Questa contrap-

deduttivo. Quale la premessa? È il diverso paradigma teoretico, costituito non dal principio di identità – l'essere trasparente al pensiero – *proteso al trionfo della razionalità, ma costituito dal principio di differenza o d'alterità, non dunque secondo il* logos *parmenideo, che spinge l'altro nel nulla, bensì secondo il* logos *giovanneo, che raccoglie l'altro chiamandolo all'essere.* Al centro, dunque, non la verità da dimostrare, ma la benevolenza da testimoniare[152]. Bonaventura vuole che ci si ponga da questo punto di vista[153]; o anche, vuole che, sull'orma di Francesco, non si smarrisca la sorgente di cui le creature sono espressione, e ci si lasci investire da quell'armonia nascosta o da quell'onda di luce, che avvolge il mondo[154]. Lungo questo percorso, l'essere si qualifica in base al bene che Dio liberamente espande intorno a sé attraverso le creature[155]. L'ontologia è la filosofia dell'essere *«quod est bonum omnis boni et quod est omnia in omnibus»*[156]. Perché forza effusiva, l'essere corre verso la fonte, da cui scaturisce, e lì provvisoriamente si acquieta[157].

---

posizione Bonaventura la respinge, dal momento che l'*inquisitio* è essenziale alla teologia e, in ogni caso, non è vero che il *modus narrationis* vi si opponga.

[152] C. VIOLA, *Manières personelles et impersonnelles d'aborder un problème: saint Augustine et le XII siècle. Contribution a l'histoire de la "quaestio"*, in *Les genres littéraires dans les sources théologiques et philosophiques médiévales*, Université Catholique de Louvain, Louvain-La-Neuve 1982, pp. 11-30.

[153] *Itin.* VII, n. 4: «Nemo novit nisi qui accipit, nec accipit nisi qui desiderat, nec desiderat nisi quem ignis Spiritus Sancti medullitus inflammat quem Christus misit in terram».

[154] *Legenda maior*, cap. 9, 1: «Fontalem illam bonitatem in creaturis singulis tamquam in rivulis degustabat (b. Franciscus) et quasi celestem concentum perciperet in comunantia virtutum et actuum eis daturum a Deo ipsas ad laudem Domini... dulciter hortabatur».

[155] *I Sent.* d. 6, q. 3, concl.: «Sicut producere per modum voluntatis et liberalitatis est dupliciter – uno enim modo procedit per modum liberalitatis ipsum quod non est liberalitas, sed quod fit vel datur ex liberalitate, et sic creaturae procedunt a Deo».

[156] *I Sent.* d. 1, q. 3, a. 2, concl.

[157] *III Sent.* d. 27, q. 2, a. 1, concl.: «Cum amor sit pondus facit in Deum tendere et in Deo quiescere».

7.3. *La croce di Cristo e la fraternità francescana*

Grazie alla sua formazione teologica e al suo magistero accademico, Bonaventura sa che la lettura del testo sacro, ispirato alla pluralità dei sensi – letterale-storico, morale, allegorico, escatologico – porta ad apprezzarne la ricchezza, non a svilirla. Certo, tale lettura esige riflessione teologica, scavo filologico, interpretazione contestuale che, però, di per sé non contaminano la purezza del testo, ma ne dicono l'inesauribilità. A conferma si rifletta sull'approfondimento della parola divina da parte dello stesso Francesco, sia pure per vie insospettate. Si tratta del passaggio progressivo dalla spiegazione letterale delle parole del Crocifisso – «Va' e ripara la mia casa (...) tutta in rovina» – che segnano l'inizio della sua avventura, alla successiva spiegazione morale e anagogica, fino a quella conclusiva, intendendo per "casa" la situazione spirituale dell'umanità. Quando poi, negli ultimi anni della vita, l'attenzione si concentrò intorno alla "casa" che egli aveva costruito e che a causa dei malumori e delle proposte di cambiamento di alcuni passaggi della Regola da parte di alcuni frati sembrava che fosse in rovina, egli ripensò alle parole del Crocifisso, rattristandosi profondamente, al punto da meritare il rimprovero di Chiara – «la famiglia, che hai voluto, non è tua, ma di Dio» – con il quale perviene alla fase finale di spogliamento di sé, culminata nelle stimmate. È l'approdo del lungo, laborioso itinerario interpretativo delle parole del Crocifisso. In fondo, si tratta della fatica che comporta l'individuazione del senso recondito delle parole sacre, perché siano efficace nutrimento dell'anima.

Lo studio non rende problematico l'annuncio di speranza ai poveri e sofferenti, né è solo e sempre motivo di tracotanza e dunque di abbandono dei semplici, dei diseredati, degli ultimi, perché mette a nudo le vicende della libertà umana e i suoi ondeggiamenti e dunque consente di soppesare la croce dell'umanità, la sua origine e le possibili vie di alleggerimento. L'iconografia rappresenta Francesco ricurvo sotto il peso della croce al seguito di Cristo. È il modello della fraternità cosmica. Non si tratta dell'«identità biografica» di Francesco con il carico dei suoi peccati. Lo sguardo va ben oltre tale identità, verso quell'alterità che si risolve nel sentirsi responsabile delle vicende del mondo, dal momento che – è la sua grande lezione – non dobbiamo rispondere solo di ciò di cui siamo autori – ecco il trascendimento della nostra identità. Le lacrime dell'umanità, anche se da noi non provocate, ci vengono addebitate – è l'alterità che per lo più preferiamo ignorare – perché nasciamo colpevoli, e cioè con una colpa che fa tutt'uno con l'essere ferito, non riconducibile alla coscienza di sé e alla sua voce. Venendo all'essere diciamo di sì al mondo nel suo insieme, fruendo delle sue conquiste e condividendo il peso delle sue sconfitte.

Ebbene, questa visione cosmica della fraternità, alimentata dalla solidarietà nel male oltre che dalla solidarietà nel bene, è da approfondire e sviluppare – è il ruolo dello studio – nel tentativo di sciogliere la libertà dal cumulo di pregiudizi, soggettivi e sociali, che la soffocano o la tradiscono.

8. Conclusione

8.1. *L'eteroreferenzialità della libertà creativa*

Ponendo in principio l'atto creativo, si è oltre la filosofia dell'indifferenza. A cominciare da Dio che per Bonaventura *non è ma si dà* nell'eterno come nel tempo, all'uomo che non è da sé ma dono di altri, all'ultima creatura che offre ciò che è e ciò che ha, si impone l'eteroreferenzialità come la direzione esemplare del pensare francescano.

La *Physis*, da nessuno voluta e a nessuno affidata, scenario eterno di uomini e dei; il motore immobile di Aristotele o gli dei di

Epicuro, banchettanti negli *"intermundia"* nel totale disinteresse per la nostra sorte, questi e analoghi motivi del pensare occidentale sono frontalmente in contrasto con la visione francescana che pone al centro l'essere che dona e si dona. «Dio ha in se stesso il suo principio, ma il principio (*arché*) non è autoreferenzialità del sé, è generazione. L'orizzonte dell'originario affettivo non è anonimo, è pura relazionalità personale»[158]. «In effetti, se nell'originario non è iscritta – prima della differenza del puro essere e del puro nulla – la generazione della vita e il dinamismo dello spirito che vi corrisponde, la stessa verità del divino degrada ad un livello inferiore rispetto a quello della pura arché»[159]. La generazione della vita – generazione del Figlio eterno e invenzione della vita creaturale – è la sostanza della benevolenza paterna, ben altra dall'indifferenza pagana – ed è qui la lezione normativa per la condotta umana all'altezza della sua vocazione – dando un taglio ottimistico al percorso e smascherando l'ipocrisia delle "belle forme", ma prive di quell'anima che invece vive di energie e di affetti in una strutturale eteroreferenzialità. È la benevolenza che nel pensare bonaventuriano costituisce l'orizzonte entro cui tutte le creature son chiamate a vivere – è il Dio creatore che tocca il dito di Adamo nel "Giudizio universale" di Michelangelo[160]. «Il Signore mi possedeva all'inizio delle sue vie» (Pv 8,22), con riferimento a tutte le creature, divine e mondane. Un'onda creativa entra nel territorio della vita dissipando quello stile, libertino e anarchico, proprio di chi ama porre al centro il suo io, non l'altro, la rivendicazione, non la gratitudine, il dominio, non il servizio.

---

[158] P. SEQUERI, *Il sensibile e l'inatteso. L'etica di estetica teologica*, Queriniana, Brescia 2016, p. 181.

[159] *Ivi*, p. 183.

[160] Più che dell'"essere per la morte", qui occorre parlare con Hannah Arendt dell'uomo come dell'"essere per la nascita", nel senso che, venendo al mondo, ognuno è un nuovo inizio, con l'impulso ad agire, ad essere presente in maniera attiva nella tessitura della rete sociale.

8.2. *Fecondità del principio d'alterità*

Perché frutto di libertà e di gratuità, il mondo rinvia al suo autore, della cui ricchezza è espressione, esplorabile con gli strumenti dell'arte, della letteratura, della poesia, della meditazione, dunque di quel sapere che non si preoccupa di controllare e di dominare, ma di illuminare con simboli, metafore, miti, scivolamenti linguistici, l'altra faccia del reale, non illusoria o di pura consolazione – è qui tutta la forza della Rivelazione. Ciò che è decisivo è che per un verso si contesti che la ragione assolva al ruolo di fondamento, di motivo determinante, e per l'altro che si condivida la libertà infondata o gratuita come origine di tutto, e cioè non preceduta né condizionata da alcunché e dunque principio inoltrepassabile. Grazie a quest'impianto libertario Bonaventura propone a guida del pensare il principio di differenza o d'alterità – l'altro al centro, colui che ha portato alla luce ciò che era nelle tenebre del nulla – quel principio incentrato sul primato della libertà creativa. Ieri di scarsa incidenza, perché era necessario incrementare il processo di razionalizzazione dell'identità delle creature, tale principio pare che oggi vada riproposto, per recuperare la densità semantica delle cose.

Il secolo XIII, ancora dominato dall'età agricola e dunque dalla dipendenza dalla natura, inviolata nei suoi nodi essenziali, capace di riassorbire nei suoi ritmi stagionali l'attività umana, può dirsi il secolo nel quale la natura appare come madre universale, a volte dura e violenta, spesso benevola e accondiscendente. Con l'età moderna comincia il suo dominio a opera di quella rivoluzione sia scientifica che industriale che vede il soggetto o meglio, la ragione, impegnata a sottoporre la natura ai progetti umani. È la rivoluzione copernicana (Kant), non riducibile alla sola diversa collocazione dei pianeti – non più la terra al centro, ma il sole – bensì da riporre nell'interruzione dell'abbraccio tra la terra e il cielo. È stato Galilei a mettere a tacere tutte le voci del cielo tolemaico, al punto da indurre il contemporaneo Pascal a confessare il suo sgomento per il « silenzio eterno degli spazi infiniti»[161]. Le voci tacitate sono quelle che hanno risuonato per millenni nella cosmologia tradizionale, secondo cui la natura è divina (piena di dei – Eraclito), articolata in più cieli, circondati a loro volta da quello etereo, della cui materia divina si riteneva fossero tessuti gli astri. Galilei dimostra che i cieli e la terra sono composti della stessa materia e retti dalle stesse leggi. E così, quella cosmologia, incrocio di idee, di saperi, di prospettive, di voci divine, che puntavano verso l'alto in una sintesi conclusivamente trascendente, cade in crisi irreversibile. Galilei getta nell'ombra millenni di storia in nome del sapere matematico, convalidato da "sensate esperienze". È la potenza del nuovo sapere, che mette a nudo come sia fatto il cielo. È il percorso della ragione oggettivante. È vero, accanto egli indica il percorso che porta al "Cielo", quello del senso, della trascendenza. Entrambi attendibili, scientifico l'uno, teologico l'altro, e tuttavia l'uno indipendente dall'altro, sicché l'uno va esplorato non tenendo conto dell'altro e viceversa. I saperi sono molti, tenuti insieme da quella razionalità, di cui sono, a diverso titolo e secondo diverse modalità, espressione più o meno trasparente.

Con l'età moderna questa duplicità di percorso entra in crisi, perché la ragione induce a considerare l'atto creativo o irrilevante o semplice esecuzione di un progetto razionale, imponendosi come autentica padrona del territorio, compreso quello propriamente teologico. È l'avventura trionfale della ragione scientifico-tecnica, che lascia sullo sfondo, come ornamentali o consolatori, gli altri tipi di sapere. Dunque, primato della ragione. È quanto Bonaventura previde e contrastò con i mezzi a sua disposizione, e cioè criticando aspramente l'aristotelismo-averroista, soprattutto nella fase finale della vita[162].

---

[161] B. PASCAL, *Pensées*, 202-206: «Le silence éternel de ces espaces infinis m'effraie».

[162] Siamo alla contestazione dell'esagerata attenzione che il pensiero cristiano aveva riservato all'aristotelismo. In due serie di conferenze universitarie tenute nel 1267 e 1268, a Parigi, Bonaventura aveva denunciato tre errori, relativi all'eternità del mondo, all'unità dell'intelletto e alla necessità fatale. Nel 1273,

8.3. *Alle radici dei problemi attuali*

Pare feconda la proposta di Bonaventura di porre a fondamento di tutto la libertà creativa, forza coesiva di culture e religioni e motivo sotterraneo della loro difesa.

Saltando secoli di storia, è lecito richiamare le due guerre mondiali e le due forme di totalitarismo del '900 come le forme terroristiche del nuovo secolo, spia potente del fatto che nel solco della storia vi è qualcosa di profondamente negativo. È l'essere ferito. Francesco con la croce sulle spalle al seguito di Cristo è ancora al centro della scena.

Qui ci si limita a rilevare che in Occidente la ragione preferisce occultare le ferite dell'essere e a rimuovere, più che ad assumere, la Croce.

La sensibilità diffusa sembra incline a ritenere che non vi sia altra via per far fronte ai problemi se non quella scientifico-tecnica.

Ora, se siamo a questo punto, il problema non sono i problemi. A parere di Bonaventura, il problema è la fonte dei problemi, e cioè la ragione oggettivante, o meglio, il suo primato, in quanto norma assoluta del pensare e fonte privilegiata dell'agire. Da qui il nucleo del discorso fatto fin qui e cioè, se la fonte dei problemi è il primato della ragione e della conseguente lettura del reale alla

---

durante la terza e ultima serie di conferenze intitolate *Hexaëmeron*, Bonaventura ritorna sugli errori denunciati da Tempier, disponendoli secondo un ordine logico (*Hex.* VI, nn. 2-4). Dall'insieme risulta che ciò che è assente nella prospettiva aristotelica è il tema della libertà creativa. Il Dio aristotelico è causa prima e insieme motore immobile, senza alcun rapporto di conoscenza e di interesse nei confronti del mondo, la cui avventura segue il ritmo della ciclicità, senza inizio e senza fine. Che ne è, in questa ipotesi, delle scelte morali come di una possibile ricompensa eterna? E soprattutto, che ne è di tutto ciò che si sottrae alle categorie della logica della necessità? Non siamo forse ai prodromi della prima teorizzazione del pensiero unico o dell'identità che, imponendosi, emargina il pensiero della differenza, che è il pensiero degli artisti, dei poeti, dei letterati, non autocelebrativo ma espressivo del nucleo ultimo del reale?

luce del principio di identità, che esige che si stia rigorosamente ai fatti, l'operazione improcrastinabile è di mostrare che il fondo ultimo del reale è di carattere germinale, proteso verso altri scenari da dischiudere, in linea con la libertà creativa di segno oblativo. Il che comporta che la ragione, prima che oggettivante o scientifica, sia, o debba essere, ermeneutica o simbolica al seguito del principio di alterità o di differenza.

Da qui la coniugazione di più dimensioni dell'essere e dei saperi nel contesto di quel rivolgimento etico, segnato dal primato del dare sul prendere, dell'ammirare sul controllare, del servire sul dominare.

Francesco ha aperto la strada liberando l'animo dell'ansia possessiva quale premessa fondamentale per intravvedere i mondi di cui il nostro è la cifra. Spogliati della rete sociale degli affetti, diventati del tutto privati, ci ritroviamo in balia della sola ragione che si è disfatta di quanto poteva offuscarne il primato e indebolirne il potere – l'alterità. La vita soggettiva con le sue aspirazioni e la corona dei suoi ondeggiamenti appare irrilevante alla ragione, impegnata nella ricerca del "cos'è" questo o quello e nella sempre più fruttuosa esplorazione dei segreti della natura ai fini del loro controllo e manipolazione.

È il predominio del sapere scientifico che si è affermato lasciando ai margini l'area dell'alterità e dunque quanto fuoriesce dal suo circuito identitario.

Ciò che è vissuto nel segno della differenza – non universalizzabile e dunque non controllabile – viene relegato nel perimetro della vita privata. Quali allora le ferite da sanare? Bonaventura vuol ridare il mondo all'uomo e l'uomo al mondo nel nome di quel Dio che ha creato entrambi per pura benevolenza ponendoli nel solco di quella trascendenza che è il suo sigillo sul tempo.

Noi e le creature siamo venuti alla luce da un abisso (*ex nihilo*), non fondato né fondabile, cui alludono la letteratura, la poesia, la musica, la mitologia, le religioni, disegnando un orizzonte nel quale le creature recuperano senso e noi dignità. Il Dio di Bonaventura è un artista, la cui compagnia ci proietta al di là della legge, non contro, al di là del vero e del falso, non contro, nella consapevolezza che occorra «*sentire de eo (Deo) altissime et piissime cum reverentia et timore*»[163], condizione essenziale per l'esercizio responsabile della libertà creativa[164].

---

[163] *De septem donis* III, n. 5.

[164] *Hex.* II, n. 33: «Ablationem sequitur amor semper (...) qui sculpit figuram nihil ponit, immo removet et in ipso lapide relinquit formam nobilem et pulchram. Sic notitia Divinitatis per ablationem relinquit in nobis nobilissimam dispositionem».

Capitolo terzo

LA LIBERTÀ SPECULATIVA DEL METAFISICO CON GIOVANNI DUNS SCOTO

> «*In processu generationis humanae*
> *semper crevit notitia veritatis*».
>
> (*Ordinatio* IV, d. 1, q. 3, n. 256)

La rete ontologica e gnoseologica di matrice pagana, oggetto di ampia discussione nel sec. XIII in seguito alla riscoperta delle opere di Aristotele, non regge il peso del mondo biblico-cristiano. Bonaventura ha messo in luce il cambio d'orizzonte, non più di segno destinale, ma *historialis, exemplificativus, revelativus, symbolicus,* con al centro l'arduo passaggio di un popolo – di ogni soggetto umano – dalla schiavitù alla libertà. La stagione greca della ragione "*iudicio proprio relicta*" è terminata. Si impone un nuovo modo di pensare, con il compito di far sì che «ciò che è credibile divenga intelligibile»[165]. Gli eventi, cui fa riferimento la parola di Dio – incarnazione, creazione, peccato, redenzione – costituiscono la fonte da cui "*rationem sumere*"[166] in vista di una corretta percezione dell'essere e di un conseguente modo di pensare. Ma qual è la portata della parola di Dio? Muovendo dal cuore della Rivela-

---

[165] BONAVENTURA, *In I Sententiarum, proem.*, q. 1, resp.

[166] BONAVENTURA, *Breviloquium.* Prol., n. 6: «Quia vero theologia sermo est de Deo et de primo principio, utpote quia ipsa tanquam scientia et doctrina altissima omnia resolvit in Deum tamquam in principium primum et summum: ideo in assegnatione rationum in omnibus, quae in hoc toto opusculo vel tractatulo continentur, conatus sum rationem sumere a primo principio».

zione, Bonaventura non ha esitato a mettere in luce il primato della libertà creativa di quell'artista supremo che è il Verbo, *"medium"* della Trinità nell'eterno e delle creature nel tempo, alla cui luce ogni evento è un brano del grande discorso di Dio all'umanità. Il mondo è uno scrigno da aprire, con mille segreti da decifrare.

Ora, Duns Scoto[167], della famiglia francescana come Bonaventura, per un verso segue un percorso originale e per l'altro si immette nella stessa onda di pensiero. Anzitutto, egli è persuaso che il sapere abbia per protagonista la ragione sia quando teorizza le coordinate generali dell'essere – la metafisica – sia quando prende in esame la Rivelazione divina – la teologia. Noi non disponiamo che della ragione, unica facoltà esplorativa in ogni occasione e per qualunque problema. Il che comporta un ripensamento dell'indole del sapere sia filosofico che teologico, le cui traiettorie sono illuminate dall'opera della ragione. La prima conseguenza è che il sapere come modo di pensare e la spiritualità come modo d'essere non sono più strutturalmente connessi come per Bonaventura – si può essere un ottimo teologo e un cattivo testimone. Inoltre, la filosofia e ogni altro sapere non sono da collocare entro il circuito della teologia. La cornice del pensare, qualunque sia la forma, è tracciata dalla me-

---

[167] Nato nel villaggio di Duns, nei pressi della contea di Berwich, in Scozia, nel 1266, Giovanni Duns Scoto entra nella famiglia francescana nel 1278 e comincia a frequentare la scuola dei francescani di Haddington, sotto la tutela del vicario provinciale, lo zio Niniano. Il 17 marzo 1291 è ordinato sacerdote a Northampton. La sua formazione ha luogo a Oxford, Cambridge e Parigi sotto la guida di Vitale du Four, Eudes Rigaud e Gonsalvo di Spagna. Nel 1301, maestro di teologia, egli insegna a Parigi; nel 1303 in seguito allo scontro tra Filippo il Bello e Bonifacio VIII, egli viene espulso perché favorevole alla linea papale. Ritorna a Parigi nel 1304, dove insegna fino al 1307 quando viene mandato a Colonia, dove l'anno dopo, quarantaduenne, muore. L'*Opera omnia* di Scoto è conosciuta in due edizioni: una in 12 volumi, editi a Lyon nel 1639 da Luca Wadding (=ed. W.), ristampati a Parigi tra il 1891 e il 1895 da M. Vivés in 26 volumi (=ed. V.); l'altra, ancora in corso, è a cura dell'opera della Commissione scotista, iniziata a Roma, Città del Vaticano nel 1950. Un'editio minor in 5 voll. è a cura di G. Lauriola, editrice AGA di Alberobello (Bari) 1990-2003.

tafisica e dunque dalla ragione. Duns Scoto prende le distanze da Bonaventura[168], per il quale, invece, è il mondo biblico a costituire l'orizzonte entro cui vengono a confronto tutti i saperi. Tuttavia, al pari del Dottor serafico, egli ritiene che il salto dal mondo pagano a quello cristiano – ed è la cosa che più conta – è di qualità, e cioè dalla ragione dell'identità alla ragione dell'alterità, dall'ontologia dell'*ens in quantum ens* all'ontologia dell'*ens in quantum bonum*, dall'universale al singolare, dal neutro al personale. Egli è convinto che le cose non sono perché era razionale che fossero, ma sono perché e in quanto volute[169]. Certo, non disponiamo che della ragione, non però da mettere a frutto immaginando che le cose siano perché era razionale che fossero, quasi che la sostanza del reale sia costituita dalla razionalità o che comunque sia questa il suo segreto. Ciò che è poteva non essere o essere diversamente, sicché, se è, il motivo è in Colui che l'ha voluto, libertà suprema, trascendenza assoluta. Il cuore del reale è segnato da un gesto di volontà, il cui atto creativo di segno processuale ha lasciato nelle creature una potenza generativa che le rende protagoniste della loro avventura, con un fondo noumenico pensabile, non conoscibile, su cui la ragione esploratrice si sporge stupefatta, non mortificata. La fonte è la libertà progettuale, rispetto a cui la ragione svolge un ruolo an-

---

[168] A. D. SERTILLANGES, *Il cristianesimo e le filosofie. Il fermento evangelico. L'elaborazione secolare. La sintesi tomista*, Morcelliana, Brescia 1956, vol. I, p. 328: Bonaventura «non considera quanto a sé la possibilità di una filosofia veramente autonoma (...) la filosofia non è che una scienza intermedia tra la fede, da cui bisogna sempre partire, e la contemplazione mistica. La ragione non ha dunque dominio che le sia proprio». Chi muove dalla ragione resta prigioniero della ragione, ritrovandosi alla fine «nella casa di Dedalo (labirinto) da cui non trova più il modo di uscire» (*Collationes in Hexaëmeron <=Hex.>* XVII, n. 25).

[169] *Ordinato. Prologus (=Ord.)*, pars 4, quaestio 1, n. 211: «In scientia illud perfectionis est, quod sit cognitio certa et evidens; quod autem sit de necessario obiecto haec est condicio obiecti, non cognitionis. (...) Si igitur aliqua cognitio est certa et evidens, et, quantum est de se, perpetua, ipsa videtur in se formaliter perfectior quam scientia quae requirit necessitatem obiecti».

cillare o di supporto, a differenza di quanto la tradizione greca ha sostenuto e la tendenziale razionalizzazione della teologia del tempo lasciava intravedere. Duns Scoto è consapevole di contrastare la piega teoretica corrente, convinto che la storia del mondo come la nostra siano da interpretare non alla luce della razionalità, ma alla luce della volontà creativa, e che l'orientamento razionalizzante si rivela, in ultima analisi, un espediente ieri per esaltare la presenza di Dio nel mondo – età medievale – oggi per ridimensionarla – età contemporanea. Il registro interpretativo, che Duns Scoto propone, è un altro, costituito dalla libertà creativa di Dio e dell'uomo, nel senso che l'*"ens verum"* – ciò che siamo invitati a esplorare – è la forma che assume l'*"ens volitum"* da Dio o dall'uomo.

Dunque, con la Rivelazione è cominciata una nuova epoca, uno scenario che trascende, per qualità ed estensione, quello pagano, segnato dalla percezione dell'essere come di ciò che è voluto. Il punto di partenza non è costituito dalla "natura" (*physis*), senza alcun fine perché senza principio, da nessuno voluta e a nessuno affidata, sede degli dei e dei mortali. Il punto di partenza è costituito dalla volontà che ha voluto ciò che ha voluto, tratto dal nulla ed esposto al nulla, da coltivare e custodire. Il primato spetta alla volontà creativa, con cui si apre il circuito storico del mondo e degli eventi, inediti e sensati, da ricondurre sia ai disegni di Dio che alle scelte dell'uomo. Al centro la volontà. Perché voluto, questo mondo non è solo ciò che appare. La sua grandezza è tutta da esplorare, intravedendo sullo sfondo altri mondi cui rinvia, a conferma dell'indole divina della sua origine e della sua destinazione.

1. La libertà tratto qualificante del pensare

A introduzione pare utile accennare alla critica che Duns Scoto muove al tentativo, ampiamente condiviso dai suoi contemporanei, di rafforzare il carattere scientifico del sapere teologico "subalternandolo" alla parola di Dio. È una spia significativa del rapporto tra l'attività della ragione e la Scrittura e quindi del ruolo, a suo parere arbitrario, assegnato alla parola di Dio, e cioè di immunizzare il sapere da dubbi o perplessità[170]. Quanti, infatti, sono favorevoli alla "subalternazione" ritengono che il loro sapere risulti dotato della stessa fermezza della fede, dal momento che i principi, su cui è fondato, sono mutuati dalla stessa parola rivelata. Come la musica trae i suoi principi dall'aritmetica e l'ottica dalla geometria, così si ritiene che la teologia tragga i suoi principi dalla Scrittura, da cui dunque ricava saldezza e verità.

1.1. *Rifiuto della subalternazione della teologia "nostra" alla Scrittura*

Modello del sapere perfetto – sostiene il Dottor sottile – è la "teologia in sé", il cui oggetto è "Dio in quanto Dio" (*Deus sub ratione deitatis*) e tutto ciò che è noto solo al suo intelletto («*quae soli intellectui divino sunt naturaliter nota*»)[171]. È la scienza che Dio ha di sé, «la scienza più degna d'onore», in quanto sapere assoluto dell'Assoluto[172]. È la scienza propriamente divina, abissalmente distinta dalla "*theologia nostra*", opera della ragione, illuminata e sorretta dalla fede nell'autorità del rivelante[173]. Ebbene, nel chiarimento delle relazioni tra ragione e fede non è lecito invocare

---

[170] «Non è stato conservato alcun commentario biblico né di Scoto né di Occam», scrive G. BERCEVILLE, *Tra logica e mistica. La teologia universitaria*, in *Storia della teologia*, a cura di J.-Y. LACOSTE, Queriniana, Brescia 2011, p. 208. Bonaventura lo conferma. Nel *Breviloquium* scrive: "etiam novi theologi frequenter ipsam Scripturam sacram exhorrent (aborriscono) tamquam incertam et inordinatam et tamquam quandam silvam opacam" (*Prol*.VI, n. 5).

[171] *Ord. Prol.* n. 152.

[172] *Ivi*, n. 157.

[173] *Ivi*, n. 168.

la forza veritativa della parola di Dio. «La distanza che separa la scienza di Dio rivelata nella Scrittura e le nostre speculazioni su di essa sempre controverse è incomparabilmente maggiore della distanza che separa il sapere dell'aritmetico da quello del musico, il sapere del geometra da quello dell'ottico»[174]. La scienza di Dio non subalterna a sé alcun sapere. La "teologia in sé" ha per soggetto Dio che precontiene tutte le proposizioni, sia necessarie che contingenti, mentre la teologia "nostra" «si limita a costruire un concetto universale astratto di Dio – il concetto di ente infinito – che non ha una maggiore intelligibilità di quella di cui la ragione è capace»[175]. Tale teologia "per noi" non è propriamente scienza[176] dal momento che sposta il baricentro dall'ambito speculativo a

---

[174] BERCEVILLE, *Tra logica e mistica* cit., p. 211.

[175] O. BOULNOIS, *Duns Scoto. Il rigore della carità*, Jaca Book, Milano 1991, p. 100.

[176] F.-X. PUTALLAZ, *Figure francescane alla fine del XIII secolo*, in AA. Vv., *Rinnovamento della "via antiqua". La creatività tra il XIII e il XIV secolo*, Jaka Book-Città Nuova, Roma-Milano 2009, p. 355: «Questo senso della libertà, di cui la tesi del primato della volontà non dà che un'idea molto astratta, è assicurato dall'esercizio fedele e amoroso della vita evangelica che, nell'Ordine dei Frati Minori, prende un colore più caratterizzato a motivo dell'esigenza di povertà». Ad affermarlo in maniera esplicita saranno R. Bacone e Pietro di Giovanni Olivi. G. d'Occam, da parte sua, si rifiuterà «di chiudere entro il "carcere aristotelico" l'esperienza cristiana: è nota l'ampiezza di implicazioni che assume in Occam il principio dell'onnipotenza divina (il "credo in unum Deum patrem omnipotentem") che, strettamente connesso alle più sottili analisi logico-linguistiche, disarticola tutto l'orizzonte della riflessione filosofica e teologica. Il Venerabilis inceptor frantuma il mondo delle essenze ponendo la realtà come tutta individuale e assoluta, oggetto di conoscenza intuitiva, riduce la categoria della relazione a un "nome di seconda imposizione", scompone le scienze – dalla teologia alla metafisica e alla fisica – in un aggregato di abiti, mette in crisi l'ingenua fiducia nell'adaequatio rei et intellectus, dissociando l'oggetto e l'intuizione e prospettando la possibilità della conoscenza intuitiva del non esistente» (T. GREGORY, *Forme di conoscenza e ideali di sapere nella cultura medievale*, nella raccolta *Mundana Sapientia*, Edizioni di Storia e Letteratura, Roma 1992, p. 55).

quello pratico[177], alle prese con il mondo della libertà divina, di cui la parola rivelata è l'espressione, e con il mondo umano, che a questa parola si affida. Tale discorso teologico è ben diverso rispetto a quello della "teologia in sé"; è il discorso di chi intravede attraverso una piccola fessura la gratuita manifestazione di Dio nel tempo e cerca di dirne la forza redentiva con i poveri strumenti di cui dispone.

1.2. *La libertà è radicale*

La libertà qualifica Dio e la sua manifestazione nel tempo. «Quando un principio creativo non produce necessariamente, chi possiede tale principio non agisce per necessità»[178], sia in terra che in cielo. La fenomenologia invita a muoversi su molti fronti, animati dalla stessa logica. Ciò che accade potrebbe non accadere o accadere diversamente, secondo l'attestato irrefutabile dell'esperienza quotidiana[179]. Occorre dare per scontato il darsi del contingente[180], che, cioè, qualcosa accada mentre potrebbe non accadere, così come occorre dare per scontato che l'atto con il quale Dio si manifesta è libero, e cioè non dipende da alcunché. Per quanto poi concerne l'uomo, non si nega che la sua volontà sia fatta per il bene e che cerchi la felicità nella bontà. Eppure prima della bontà c'è la libertà, anzi senza libertà non si dà bontà. Vedendo Dio *facies ad faciem* – e dunque davanti alla bontà assoluta – la nostra volontà

---

[177] *Ord. Prol.*, n. 229: «Dico igitur primo quod praxis ad quam cognitio practica extenditur est actus alterius potentiae, quam intellectus».

[178] *Ord.* I, d. 1, p. 2, q. 2, n. 136.

[179] *Ord.* I, d. 39, q. u., a. 3, n. 13: «Isti qui negant aliquod ens contingens exponendi sunt tormentis, quousque concedant quod possibile est eos non torqueri».

[180] *Ibidem*: «Videtur ista – aliquod ens est contingens – esse vera primo et non demonstrabilis propter quid».

non può odiarlo – contraddirrebbe la sua natura. Il che non implica però che l'atto d'amore, che pone, sia il riflesso di un atteggiamento puramente recettivo e non invece un atto soggettivamente voluto[181]. La volontà può non volere Dio stesso, non nel senso di emettere un atto di ripulsa (*nolle*), ma nel senso di non produrre un atto di accettazione (*velle*), e dunque astenendosi dal volerlo (*non velle*)[182].

Al primo posto – in Dio e nell'uomo – la libertà come padronanza dei propri atti, e solo al secondo *l'oggetto o il contenuto dell'azione*. La libertà è *dominium sui*, barriera oltre la quale non si va. Altri pensatori – Tommaso ad es. – pur ritenendo la volontà libera, considerano la sua tendenza al bene segnata da una sotterranea necessità, nel senso che può non volerlo solo se corrotta o ignorante. Ebbene, Scoto non si lascia catturare dalla logica del bene, persuaso che più in alto del bene sia la libertà, senza la quale non avremmo neppure il bene.

Ciò che la volontà di Dio e dell'uomo mette in atto, proprio perché espressione di libertà, deve dirsi "contingente", non inevitabile o necessario. È la positività del finito che si impone[183], nel senso che è la libertà a qualificarne l'origine. Un qualunque percor-

---

[181] *Ord.* IV, d. 49, p. I, q. 4, n. 197: «Falsum est autem quod voluntas circa obiectum amabile praesens non elicit aliquem actum, sed tantum habeat delectationem passivam». Cfr. l'ottimo saggio di B. DE ARMELLADA, *La gloria aeterna, misterio de libertad en el pensamiento del b. J. Duns Escoto (+1308)*, in "Collectanea Franciscana" 87 (2017) 463-481. Riassuntiva la battuta finale: «Podemos hablar de *la gloria, misterio de libertad*».

[182] *Quaestiones quodlibetales* (=*Quodl.*) q. 16, n. 5. Il male per il male è estraneo all'età medievale come all'età moderna – Kant lo intravvide parlando del male radicale ma se ne ritrasse inorridito. Il male per il male, al centro della prospettiva dostojeskiana, caratterizza "il pensare dopo Auschwitz".

[183] *Ord.* I, d. 39, q. u. a. 5, n. 35 (ed. W.): «Dico quod contingentia non est tantum privatio vel defectus entitatis, sicut est deformitas in actu secundo qui est peccatum; imo contingentia est modus positivus entitatis, sicut necessitas est alius modus».

so porta con sé la ricchezza o anche l'indole del suo cominciamento[184]. La libertà, non la razionalità, in principio.

Quando nell'ambito morale pone al centro la gratuita accettazione da parte di Dio dei nostri atti, Duns Scoto fa riferimento al primato della libertà sulla logica della nostra razionalità, nel senso che Dio trascende il principio della proporzione o della ragione sufficiente o della causa-effetto. Egli è oltre, non contro. Così, ad es., il dire che abbiamo dei meriti davanti a Dio è fare un discorso teoreticamente ben fragile, dal momento che è la sua accettazione che rende meritorio il nostro agire, non il merito che rende obbligatoria l'accettazione. Il perfezionamento di sé, in rapporto al quale parliamo di merito, è kantianamente fine a se stesso, e cioé va perseguito perché doveroso, non perché meritorio. La felicità eterna, piuttosto, è sospesa all'insondabile libertà di Dio, non nel senso che siamo incerti circa la sua benevolenza (Lutero), ma nel senso che è del tutto gratuita, dunque motivo di ringraziamento, non di angoscia.

1.3. *Libertà della volontà e necessità della ragione*

Le modalità espressive della ragione rientrano nella logica della "natura", mentre le scelte della volontà rientrano nell'area della "li-

---

[184] *Ord.* I, d. 2, p. 1, q. 2, n. 86: «Nunc dico quod Philosophus non potest negare consequens salvando antecedens per motum, quia si iste totus motus necessario est a causa sua, quaelibet pars eius necessario causatur quando causatur, et inevitabiliter, ita quod oppositum non posset aliter causari... Vel igitur nihil fit contingenter, idest evitabiliter causatur, vel Primum sic causat immediate quod posset etiam non causare». Con l'occhio alla filosofia contemporanea, con G. Vattimo si può annotare che «è fondamentale che la mia libertà nasca da un atto di libertà. Non posso concepirmi come il risultato di una concatenazione necessaria. E la filosofia di M. Heidegger è questo: l'Essere che si dà. Si dona. Accade. Si dà rendendoti possibile. Ti rendo possibile con un atto d'amore» (*Non essere Dio*, Salani, Milano 2015, p. 18).

bertà". La ragione segue la logica della necessità, la volontà quella della contingenza[185]. Per Scoto, è la volontà, più che la ragione, a esprimere la nostra grandezza[186]: tra le potenze umane la suprema è la volontà, perché cifra di trascendenza[187]. La volontà allude all'eccellenza della vita, nel senso che esprime il momento più alto dell'essere, in quanto e perché attiva da e per se stessa[188]. La volontà non va collocata nell'ambito dell'indifferenza, ma nell'ambito della trascendenza. Non è la ragione che dà la libertà alla volontà,

---

[185] G. AGAMBEN, *Karman. Breve trattato sull'azione, la colpa e il gesto*, Boringhieri, Torino 2017, p. 87: «Il primato della volontà sulla potenza (di agire) si attua nella teologia cristiana attraverso una triplice strategia. Si tratta, innanzi tutto, di separare la potenza da ciò che può, di isolarla dall'atto; si tratta, in secondo luogo, di denaturalizzare la potenza, di sottrarla alla necessità della propria natura e di legarla alla contingenza e al libero arbitrio; si tratta, infine, di limitarne il carattere incondizionato e totipotente per renderla governabile attraverso un atto di volontà».

[186] *Ord.* II, d. 37, q. 2, n. 4 (ed. W.): «Si aliqua est totalis causa respectu sui effectus, hoc maxime concedendum est de voluntate, quia ipsa est suprema inter omnes causas activas». Riecheggiando la definizione di Bonaventura, Scoto scrive che «omnis voluntas est domina sui actus» (*Ord.* III, d. 17, q. u., n. 16). La trascendenza sugli atti e dunque la libertà è il tratto qualificante della volontà che qui viene richiamata: «voluntas est immediata causa sui actus et tota» (*Ivi*, n. 17).

[187] Per il mondo antico il problema del libero arbitrio si risolve nel "potere degli opposti"; mentre «per i teologi cristiani si tratta piuttosto di identificare nella volontà il principio di imputabilità delle azioni umane e, a questo fine essi devono innanzi tutto tradurre il problema della potenza in quello della volontà (de libera voluntate quaestio est: Agostino, *De lib. arb.*, 2, 19,51)» (G. AGAMBEN, *Karman. Breve trattato sull'azione, la colpa e il gesto* cit., p. 81).

[188] H. ARENDT, *La vita della mente*, Il Mulino, Bologna 1987, p. 464: «Seguendo Paolo e la filosofia agostiniana della Volontà, gli scolastici concordavano che per guarire la miseria della Volontà fosse necessaria la grazia divina. Duns Scoto, fra loro forse il più religioso, non era d'accordo. Non è necessario nessun intervento divino per redimere l'io che vuole». Sottolineando poi che la *potentia* appartiene alla volontà, la quale, quando ha scelto, passa da sé all'azione, l'Arendt nota che «l'ultima parola di Duns Scoto sulla Volontà come facoltà spirituale riguarda quello stesso fenomeno che doveva trovare maggiore delucidazione molti secoli dopo, con l'equivalenza stabilita da Nietzsche e da Heidegger di Volontà e Potenza» (p. 465).

poiché questa l'ha da sé, sin da principio, confermandosi potenza dell'inedito, capacità di cominciar da capo.

La ragione dice come stanno le cose – ne indica la struttura – la volontà come si auspica che stiano – confermandosi fonte di nuovi "innesti". *Dunque, ubi voluntas ibi libertas*, mentre *ubi ratio ibi dominium*.

L'uomo è uomo non primariamente a causa della ragione ma della volontà, non in base a quanto sa, ma in base a quanto vuole, sempre oltre ciò che ha detto e ha fatto. Si pensi, a conferma della trascendenza della volontà, che grazie alla volontà non si è vincolati, come lo è la ragione, alla logica dei contrari, dal momento che è possibile volerli entrambi simultaneamente[189].

Nel volere *a* la volontà non solo conserva il potere di volere *non-a*, ma scegliendo l'una talvolta si rammarica di non poter disporre anche dell'altra, che dunque non rinnega, almeno non necessariamente.

Lo spazio della volontà non è perimetrabile. Si tratta di guardare il mondo con occhi non stregati dalla razionalità dominatoria ma sorretti dalla volontà libertaria, veicoli di ammirazione e di sorpresa, oltre che strumenti d'esplorazione.

---

[189] *Ord.* IV, d. 46, q. 1, n. 8: «Ad nullum velle et nolle aliquid, et sic producere et non producere aliquid obiectum secundarium ita determinate inclinatur voluntas divina per aliquid in ipsa, quod sibi repugnet, iuste inclinari ad oppositum illius: quia sicut sine contraddictione potest oppositum velle, ita potest iuste velle, alioquin posset absolute velle, et non iuste, quod est inconveniens». *Lectura* I, d. 39, q. 1-5, n. 54: «Voluntas divina quae in quantum operativa praecedit se in productiva, potest in eodem instanti aeternitatis et pro eodem instanti aeternitatis velle et nolle aliquid, et sic producere et non producere aliquid». *Ibidem*: «Sicut est possibilitas in voluntate nostra respectu actus volendi – et logica et realis – in eodem instanti et pro eodem respectu eiusdem». *Ibidem*, poche pagine prima: «Haec autem possibilitas logica non est secundum quod voluntas habet actus successive, sed in eodem instanti: nam in eodem instanti in quo voluntas habet unum actum volendi, in eodem et pro eodem potest habere oppositum actum volendi» (n. 50).

1.4. *In principio la volontà*

Questo l'assunto fondamentale – la percezione delle cose in quanto e perché volute[190]. Colui che vuole sperimenta che potrebbe non volere ciò che vuole nell'atto stesso in cui vuole. La volontà è un motore che muove ma non è mosso, cominciamento assoluto. Infatti, la volontà vuole questo e non quello non a causa di una specifica motivazione, che prevale sulle altre, il che non significa senza alcuna motivazione[191]. La volontà sta in principio, anzi è un principio senza principio. La volontà non è riducibile ad alcunché, né deducibile da alcunché: fa irruzione come "cominciamento"[192]. La fondamentale forza di questo assunto sta nelle immediate conseguenze per quanto attiene l'interpretazione di ciò che è chiamato all'essere. Se frutto della volontà e questa è libera, non soggiogata da alcunché, allora le creature sono come le onde che si sollevano e insieme proteggono la profondità del mare. Ciò che le onde svelano è immensamente inferiore a ciò che nascondono, sicché occorre dire che sono ciò che sono e insieme sono qualcos'altro. Il che implica la necessità di assumere a guida interpretativa il principio d'alterità o di differenza, attento a ciò che appare e a ciò cui ciò che

---

[190] *Reportata Parisiensia* (=*Rep. Par.*) II, d. 25, n. 20: «Dico igitur ad quaestionem, quod nihil creatum aliud a voluntate est causa totalis actus volendi in voluntate»; *Ord.* II, d. 37, q. 2, n. 4: «Si aliqua est totalis causa creata respectu sui effectus, hoc maxime concedendum est de voluntate, quia ipsa est suprema inter omnes causa activa».

[191] *Ord.* IV, d. 49, p. I, q. 4, n. 240: «Ut tamen salvetur libertas in homine, oportet dicere, posita intellectione non haberi causam totalem volitionis, sed principaliorem respectu eius esse voluntatem – quia sola est libera».

[192] Sta qui forse una delle ragioni per cui la volontà è stata intesa come sorgente di atteggiamenti anarchici o dispotici. Da aggiungere poi che quanti ritengono la razionalità l'anima costitutiva del reale non possono non considerare l'atteggiamento volontaristico quantomeno come sospetto. Che questo atteggiamento sia deviante risulta dal fondamentale rilievo secondo cui il volontarista ritiene che il mondo è scelto tra infiniti mondi possibili e il mondo possibile indica un insieme coerente di enunciati relativi a stati di cose fra loro compossibili.

appare rinvia. Se volute, le creature, oltre a ciò che sono, spingono a cercare perché queste e non altre, perché ora e non allora, perché così e non altrimenti – interrogativi con i quali l'orizzonte di senso prende forma. Non si trascuri che, se davvero libera, la volontà non necessariamente piega a suo favore ciò che vuole – l'egoismo non è strutturale. Il che comporta il trascendimento di quel "naturalismo" che riporta tutto al principio di causa-effetto, pilastro di una volontà che non vuole che l'accrescimento del suo potere. In quest'ottica l'autoreferenzialità fa tutt'uno con la logica della volontà di potenza in lotta con i suoi limiti. Trascendendo tale circuito e dunque affermando la sua libertà, la volontà è in grado di volere l'altro in quanto altro, non dominando, ma amando, non prendendo ma donando[193].

La dimensione possessiva non è costitutiva della volontà – non solo Dio ma anche l'uomo può amare l'altro in quanto altro. È il volto segreto e qualificante della libertà creativa.

2. Oltre il platonismo e l'aristotelismo

Da questo punto di vista, il trascendimento del pensare greco è radicale. Quello di Duns Scoto è un altro territorio, qualificato da altre categorie. Se per il greco la natura (*physis*) è senza inizio e senza fine, non creata e dunque non bisognosa d'alcuno e d'alcunché perché «da sempre in salvo», per Duns Scoto la natura è creata «*ex nihilo*» da Colui che poteva non crearla ed è stata affidata alla cura dell'uomo. Se per l'uno l'essere è percepito come neutro, per l'altro è percepito come voluto; se per l'uno l'uomo pensa ma non è pensato, per l'altro l'uomo prima di pensare, è pensato, prima di

---

[193] Si leggerà con profitto il capitolo conclusivo – "Jean Duns Scot: l'obiect de l'acte intentionnel" – del vol. di D. PERLER, *Théories de l'intentionnalité au moyen âge*, Vrin, Paris 2003, pp. 107-138.

volere è voluto, sicché l'amore che ha per sé è in fondo l'amore che gli altri hanno per lui. Sono due prospettive, la cui distanza diventa incolmabile se pensiamo che l'una è qualificata dal *logos* come razionalità, l'altra dal *logos* come libertà; l'una tendenzialmente identitaria, l'altra generativa di differenze, l'una stabile e rassicurante, l'altra rapportata al nulla da cui è tratta e a cui è esposta, dunque fragile e ondeggiante; l'una padroneggiabile razionalmente, l'altra conclusivamente incatturabile.

2.1. *Oltre il contrasto tra platonismo e aristotelismo*

Simultaneo all'assestamento dell'aristotelismo[194] e al rilancio del platonismo ha luogo, tra la seconda parte del sec. XIII e l'inizio del XIV, un confronto-scontro tra l'indirizzo filosofico e quello teologico, con ripercussioni sia dottrinali che istituzionali (Facoltà delle arti contro Facoltà di teologia). È un ventennio singolare per una sequenza di censure: l'una di 15 proposizioni nel 1271, l'altra di 219 proposizioni di matrice aristotelico-averroista nel 1277, entrambe a opera del vescovo di Parigi, Stefano Tempier, nel segno del platonismo agostiniano[195]. A queste si aggiungano la censura di Oxford nel 1277 come quella di Londra nel 1286 – protagonisti i francescani Giovanni Peckham e Guglielmo de la Mare e i rispettivi discepoli – circa l'assuntibilità di materia e forma di matrice aristotelica a strumenti interpretativi del racconto biblico della creazione

---

[194] O. WEIJERS-L. HOLTZ (èd.), *L'enseignement des disciplines à la Faculté des arts (Paris et Oxford, XIII-XIV siécles)*. Actes du colloque intern., Brepols, La Haye-Paris 1997. Cfr. B. ROEST, *A History of Franciscan Education (c. 1210-1517)*, Brill, Leidn 2000.

[195] R. HISSETTE, *Enquête sur les 219 articles condamnés à Paris le 7 mars 1277*, Publications Universitaires, Louvain-Paris 1977; L. BIANCHI, *Il vescovo e i filosofi. La condanna parigina del 1277 e l'evoluzione dell'aristotelismo scolastico*, Bergamo, Lubrina 1990.

(*Genesi*)[196]. Formatosi in questa temperie infuocata, Duns Scoto va alla ricerca di un più ampio orizzonte filosofico-teologico, in grado di assorbire le istanze di entrambi gli orientamenti[197]. Quale l'operazione messa in atto, tale da favorire la competizione nella comunione? Quale lo schema teorico che spinge a porre fine allo stile deprecabile delle censure e delle condanne e ad aprire lo spazio per più ampie prospettive? Non è forse vero che l'essere include, non esclude alcunché, e che i contrasti denunciano per lo più angustia d'orizzonte e rigidità di pensiero? A quali condizioni è possibile dar corpo a uno stile strutturalmente flessibile, non compromissorio, ma generatore di nuovi scenari e dunque che spinga a un supplemento di riflessione, per cogliere collegamenti sotterranei che forse sfuggono a una prima riflessione? Il contrasto tra platonismo e aristotelismo è rilevante, ma non radicale, perché accomunati nel primato della ragione. Certo, gli obiettivi e le articolazioni sono diversi, ma non lo spirito di fondo e il contesto. Nonostante la piega più empiristica l'aristotelismo, più trascendentistica il platonismo, questi due orientamenti convergono nella difesa di una razionalità di segno ciclico, che avvolge e rende conto della breve odissea di tutti i fenomeni. Ebbene, Scoto problematizza tale linea, ripensando il reale nel suo insieme, non più nel quadro della razionalità, oggettiva e onnicomprensiva, propria della *physis*, ma alla luce della libertà del Dio del *Genesi*, che dota le creature di una specifica potenza germinativa[198]. Con la Rivelazione cristiana non si è più

---

[196] C. KOENIG-PRALONG, *Avénement de l'aristotélisme en terre chrétienne. L'essence et la matiére: entre Thomas d'Aquin et Guillaume d'Ockham*, Vrin, Paris 2005.

[197] Come notava *Ioannes de Gerson*, egli era preso «non singularitate contentiosa vincendi, sed humilitate concordandi» (*Lectiones duae "Poenitemini"*, lectio altera, consid. 5, *Opera IV*, Parisiis 1521, fol. 34rb).

[198] Il senso del primato della razionalità è quello a cui si riferisce Gianni Vattimo in polemica con Paolo Flores d'Arcais e che dà il titolo al secondo capitolo ("Niente Ragione con la maiuscola") del volume a tre mani: *Atei o credenti? Filosofia, politica, etica e scienza*, Fazi editori, Roma 2007, pp. 11-16. Il senso è

davanti a "verità", oggettive e concluse, cui adeguarsi, ma davanti a verità in divenire – il mondo e noi in esso – il cui nucleo ontologico si sottrae al rigore della logica, non perché illogico ma perché metalogico; o anche, non traduzione di un modello eterno, da noi compiutamente decifrabile, ma abisso di luce, da esplorare sempre di nuovo, perché segnato in profondità dalla gratuità e per questo motivo di ammirazione e di lode. È un altro scenario, affascinante e problematico.

2.2. *Alle origini del dibattito tra teologi e filosofi*

Duns Scoto apre il *Prologo* all'*Ordinatio*, sua opera principale, chiedendosi perché i filosofi ritengano che nella situazione attuale la luce della ragione sia sufficiente a far fronte ai principali interrogativi dell'esistenza e che dunque non sia necessaria «*aliquam doctrinam specialem supernaturaliter inspirari*» [199]. Egli ricostruisce l'orizzonte del pensare filosofico, mettendosi dal punto di vista di Aristotele, la cui posizione di fondo è resa senza ambiguità, e cioè lo Stagirita e quanti si pongono al suo seguito assumono a fonte di tutto la "natura" e a metro unico e sufficiente la "ragione", strumento di verità "oggettive e universali". Compendiando tale orientamento, Scoto evoca la tesi, riassuntiva di tutte le altre, secondo

---

così compendiato: "Se ci fosse una ragione capace di verità "oggettiva", la democrazia non esisterebbe. Dovremmo dare il potere agli "esperti", a un comitato di saggi e di premi Nobel... Tutto ciò non significa che si debba procedere alla cieca: si argomenta (su basi storiche), si negozia, ci si mette d'accordo. Ma per favore, niente ragione con la maiuscola". Certo, per non cadere nell'arbitrio, sia pure sotto le vesti dimesse di una paradossale dittatura democratica della maggioranza, occorre conservare la distinzione tra verità e credenza, senza tuttavia oggettivare tout-court la prima o fare della seconda il riflesso della prima.

[199] *Ord. Prol.* n. 1: «Quaeritur utrum homini pro statu isto sit necessarium aliquam doctrinam specialem supernaturaliter inspirari, ad quam videlicet non posset attingere lumine naturali intellectus».

cui "*natura non deficit in necessariis*", e cioè ogni cosa è dotata di ciò di cui ha bisogno per portare a compimento le sue virtualità. Si pensi, ad es., alla felicità. Questa la si consegue a condizione che si sia fedeli al proprio "*daimon*" o voce della natura. Il che risulta vero sia al livello subumano – il mondo vegetale e il mondo sensitivo, forniti di quanto garantisce loro adeguata crescita e maturazione – che al livello umano. L'assunto consiste nell'equilibrio tra atto e potenza, traduzione razionale dell'armonia cosmica – non c'è sproporzione tra ciò cui si aspira e le energie in grado di consentirne il conseguimento. Il primato dell'atto sulla potenza allude a tale equilibrio[200]. Non vi è nulla di superfluo (irrazionale) in natura, il che avrebbe luogo se, ad es., l'intelletto fosse dotato di una potenza passiva priva della corrispettiva potenza attiva, e viceversa[201]. La natura è organizzata in base al principio di ragion sufficiente, e i suoi tratti riconducibili al principio di pienezza[202] – non esiste potenza che, prima o poi, non si realizzi, perché altrimenti si dimostrerebbe una potenza impotente e il possibile risulterebbe impossibile – il che è contraddittorio.

È la logica del necessitarismo universale, secondo cui accade tutto ciò e solo ciò per il cui accadimento si danno le condizioni necessarie. Non sono concepibili lacune significative. Nulla dunque oltre o contro la natura. L'orizzonte è concluso, segnato da una reale autarchia. Siamo all'autosufficienza della *Physis* che vive dell'equilibrio tra ciò che è e ciò che può accadere, disciplinata da leggi invariabili e da una ciclicità rigorosa. È la logica del-

---

[200] ARISTOTELIS, *Metaphysica* 1049b5: «faneron oti proteron energeia dynameos estin» ("è evidente che ciò che è in atto – energeia – precede ciò che è in potenza").

[201] *Ord. Prol.* n. 7: «Omni potentiae naturali passivae correspondet aliquod activum naturale, alioquin videretur potentia passiva esse frustra in natura si per nihil in natura posset reduci ad actum».

[202] Cfr. A. O. LOVEJOY, *La grande catena dell'essere*, Milano, Feltrinelli 1981.

la chiusura sia pure di segno dinamico, riconducibile al principio secondo cui "*quidquid movetur ab alio movetur*". Primato dell'atto e sua simmetria con la potenza, tradotta attraverso il rapporto tra mosso e movente, tra causa ed effetto, sono gli elementi della grammatica di lettura filosofica, profondamente compatta e di carattere gerarchico, tale da escludere tutto ciò che potrebbe incrinarne l'armonia. Il sostanzialmente nuovo è escluso sul presupposto che tutto ciò che è o che può essere è da sempre in modo attuale o potenziale. È inconcepibile che qualcosa venga dal "nulla" (*ex nihilo*) – si dà il cambiamento dei modi d'essere, non la novità dell'essere. Per il filosofo greco il mondo è fornito di quanto è necessario alla sua sussistenza. A conferma si pensi al "motore supremo", dotato di "*energeia*" o potenza, grazie a cui si muove senza esser mosso e senza muovere, non fondamento d'alcunché, ma centro di convergenza universale. I fenomeni accadono nel rispetto delle leggi della loro rispettiva natura – ogni cosa a suo posto perché c'è un posto per ogni cosa. La teologia naturale, come discorso intorno al motore immobile, non spiega la genesi del mondo, ma rende conto del suo ordine, la cui ragione non è altrove ma immanente alla sua stessa articolazione.

2.3. *Impermeabilità del sistema*

Dall'insieme emerge una sorta di rete razionale, all'interno della quale tutto si tiene, refrattaria a ogni altro elemento che, venendo dall'esterno, sarebbe solo di disturbo e privo di ragion sufficiente. A superamento dell'iniziale smarrimento davanti alla complessità dei fenomeni non c'è che lo "*scire per causas*", motivo di tranquillità perché fonte di ammirazione e di potere. Anzi, gli argomenti addotti a favore dell'autonomia del pensare filosofico si trasformano in argomenti a favore della sua autosufficienza alla luce sia dell'assunto che la *physis* è da sempre in salvo, non indigent d'alcunché, e sia di quel potere che la ragione guadagna venendo a parte della struttura razionale del territorio. Non senza motivo si ritiene che l'opera propria dell'uomo consista nell'attività conoscitiva – tutti gli uomini per natura tendono al sapere (Aristotele), grazie a cui giunge a maturazione la loro natura razionale. Ritenuta divina, la ragione – potenza "incommista, d'origine celeste"[203] – porta alla felicità[204], e cioé alle vette della contemplazione. Il quadro si chiude con l'indicazione del momento più alto e riassuntivo sia per quanto concerne Dio – pensiero del pensiero – sia per quanto concerne l'uomo – vita contemplativa. Se conoscente e conosciuto si identificano, l'uomo, che è un animale dotato di *logos* (Aristotele), rifluisce in quella *"noesis thes noeseos"* o pensiero del pensiero che è il *Logos* divino (Hegel). È la forma più alta di vita perché ha per oggetto la verità senza mediazioni; è gioia perfetta, vertice della metafisica e conferma del primato della razionalità, che qui celebra il suo trionfo[205]. Le scienze, articolate in fisica, matematica e metafisica, coprono l'intero territorio, comprese le cause prime – realtà divine e sostanze spirituali. La fisica considera le forme delle cose, sottoposte al movimento; la matematica enuncia le forme separate dai corpi; la teologia esalta le forme in quanto realizzate

---

[203] *De anima* III, cap. V, 430a 29.

[204] Che l'intelletto venga da fuori – tourathen – Aristotele lo rileva in più parti. Oltre che nel citato *De anima*, dove il libro terzo è in gran parte dedicato all'intelletto, anche nel *De generatione animalium* II, 3 – 736 b 27. È la traccia più visibile del versante platonico nel citato *De anima*.

[205] A sostegno ulteriore di questa logica dell'autonomia come autosufficienza si richiami l'aspirazione della Facoltà delle Arti a sottrarsi alla tutela giuridica della Facoltà di teologia, nel contesto della pretesa superiorità, pretestuosamente giustificata. Questo capitolo istituzionale, relativo alle relazioni conflittuali tra le due facoltà, non è marginale ai fini della comprensione dell'animus polemico e censorio, che scuote Duns Scoto e lo amareggia. Le tensioni tra il Papa e Filippo il Bello, oltre al versante propriamente istituzionale, rinviano a questo spirito conflittuale. Si ricordi che Duns Scoto è costretto a lasciare Parigi perché si schiera a favore del papa Bonifacio VIII a proposito della soppressione dei Templari, voluta dall'Imperatore.

nella sostanza divina[206]. La rete razionale regge la catena di cause ed effetti, attraversata da una necessità di matrice divina. Il principio di continuità degli esseri in una serie ascendente di forme, se non è dichiarato, è però presupposto[207], giustificato dalla constatazione che questo è l'unico mondo, disciplinato dalla stessa logica[208]. È il principio di continuità, con tutte le sfumature che i passaggi da un ramo all'altro implicano, alla cui luce si comprende quanto questa rete razionale sia robusta e onninclusiva.

2.4. *Estraneità dello "status iste" alla prospettiva pagana*

Immersi nella "natura", i filosofi ritengono definitivo, o meglio esclusivo, ciò che invece nella visione biblica rientra nello *"status iste"* o provvisorio modo d'essere – si radica qui la diversa percezione della temporalità degli eventi. Il ripiegamento sulle cose al punto da assegnare all'intelletto come oggetto adeguato la *"quidditas rei materialis"* non viene percepito come un modo d'essere

---

[206] ARISTOTELIS, *Metaphysica* VI, 1, 1026: «Infatti, la fisica riguarda realtà separate (korista) ma non immobili (ouk akinetha); alcune delle scienze matematiche che riguardano realtà che sono immobili (akinetha) ma non separate (ouk korista), bensì immanenti alla materia; invece la filosofia prima riguarda realtà che sono separate (korista) ed immobili (akinetha)». Una tripartizione che Boezio riporta nel *De Trinitate* e trasmette al medioevo. Cfr. G. D'ONOFRIO, *La scala ricamata. La Philosophiae divisio di Severino Boezio, tra essere e conoscere*, in AA. Vv., *La divisione della filosofia e le sue ragioni*, Avagliano, Salerno 2001, pp. 56ss.

[207] *De animalibus historia*, VII, I, 588b: «La natura passa così gradualmente dall'inanimato all'animato. La loro continuità rende indistinguibile il confine tra di essi; e c'è un genere intermedio che appartiene ai due ordini». *Metaphysica* XII, 1075: «Tutto nell'universo è ordinato in un certo modo, ma questo non è lo stesso per tutti gli esseri, per i pesci e per gli uccelli e per le piante, ed essi non stanno nell'universo così come se l'uno non avesse nessun rapporto con l'altro».

[208] *Ord. Prol.* n. 18: «...philosophi, ponentes omnia quae sunt a Deo immediate esse ab eo necessario».

di carattere storico, ma l'unico modo d'essere e per giunta definitivo[209]. Anche se non riesce a stabilire le ultime motivazioni, Scoto ribadisce la precarietà di tale situazione, dal momento che l'intelletto è fatto per la contemplazione personale dell'eterno[210] – prospettiva estranea alla filosofia greca, priva di una teologia della storia. Preoccupata solo di "come" abbiano luogo i fenomeni, non del "perché" accadano, tale prospettiva si regge su una razionalità di segno ciclico, con un inizio e un fine, che è la sua fine. Chi pone a fondamento siffatta razionalità raccorda tutte le parti del discorso e lascia intravvedere quella "chiusura teorica" considerata l'approdo del pensare filosofico[211]. Ebbene, Duns Scoto invita a pensare diversamente, e cioé a porre alla radice dell'essere, in luogo della razionalità, che aggrega o pareggia, la libertà che moltiplica ed esalta le forme dell'essere, sempre oltre ciò che se ne può pensare, concepito «nella forma di essere più che se stesso»[212].

3. Oltre la ragione o al di là della ragione?

È possibile andare oltre la ragione, non però attraverso la ragione. La sua logica è tendenzialmente totalitaria, nel senso che ciò

---

[209] *Ord.* I, d. 3, q. 1-2, n. 39: «Respondeo. Obiectum primum potentiae assignatur illud quod adaequatum est potentiae ex ratione potentiae, non autem quod adaequatur potentiae in aliquo statu (...) tamen ei pro statu isto adaequatur in ratione motivi quidditas rei sensibilis».

[210] *Ord.* I, d. 3, p. 1, q. 3, n. 186: «Sed quae est ratio huius status? Respondeo, "status" non videtur esse nisi "stabilis permanentia", firmata legibus sapientiae...».

[211] Ben rende questo senso di autonomia come autosufficienza la prima "ratio" che i filosofi producono a propria difesa: «Primo illud III de anima ubi dicit quod "intellectus agens est quo est omnia facere, et possibilis est quo est omnia fieri". (...) Ergo virtute naturali istorum potest sequi actus intelligendi respectu cuiuscumque intelligibilis» *ibidem*.

[212] E. GUGLIELMINETTI, *Troppo. Saggio filosofico, teologico, politico*, Mursia, Milano 2015, p. 51.

che prende in esame o rientra nella sua logica o altrimenti viene abbandonato come casuale o insensato. Chi muove dal primato della razionalità resta nella logica tendenzialmente identitaria. Assunta come originaria, la razionalità tende a coprire il territorio, sicché, comunque esercitata, risulta confermata non smentita, potenziata non indebolita. Perché andare oltre il dato e le sue implicazioni? Qualunque evento è quello che è, da descrivere senza alterazioni e aggiunte perimetrandone lo spazio con il mettere a frutto la logica del principio di identità e di non-contraddizione.

3.1. *La ragione non è in grado di trascendere la ragione*

Nel mondo greco *Logos* e *Physis* sono compaginate al punto che l'uno sostiene l'altra, nel senso che la *physis* è la materializzazione del *logos* e il *logos* è la razionalizzazione della *physis*[213]. Duns Scoto lo sottolinea da molte angolazioni e con molti argomenti, tratti per lo più dalle opere di Aristotele[214]. Ogni altra prospettiva, non elaborata alla luce del *logos* e non relativa alla *physis*, appartiene al mondo del mito e il suo sapere all'opinione (*doxa*), non alla verità indiscutibile (*epistéme*). Infatti, ciò che risulta sproporzionato alla ragione deve soggiacere a forme di adattamento, le quali, se risultano a loro volta sproporzionate, esigono forme ulteriori di proporzionamento, e così all'infinito, fino a che rientrino nella sua logica. La ragione non può trascendere se stessa, sempre oltre la sua ombra[215]. E poi, non è forse la ragione che denuncia l'inco-

---

[213] *Ord. Prol.* n. 5: «Et tenent philosophi perfectionem naturae (...) quod omnem cognitionem sibi necessariam posset acquirere ex actione causarum naturalium».

[214] *Ord. Prol.* n. 5: «Ad hoc adducitur simul auctoritas et ratio Philosophi ex diversis locis».

[215] *Ivi*, n. 3: «Si supernaturale, ergo potentia est improportionata illi, et ita per aliud debet proportionari, et sic in infinitum. Ergo, cum non sit procedere

erenza all'interno di una prospettiva e insieme procede oltre, restando fedele a se stessa? L'annotazione, apparentemente innocua ma ricca di implicazioni, è che non si dà alcunché che la ragione possa pensare superiore alle sue forze – e come, se è la ragione l'artefice? Posto nel fondo del reale come sua fonte, il *logos* fa tutt'uno con quella rete severa e inviolabile, che la ragione ritesse e a cui si sottomette confermando la sua superiorità. È la celebrazione della razionalità. Se il reale è razionale, cosa può sfuggire al *logos*, almeno in prospettiva? Si impone il principio di identità, secondo cui una cosa è se stessa – e a cos'altro conducono le argomentazioni della ragione[216]? I principi universali, intesi come le invarianti del reale – è questo il punto di tendenziale immanentizzazione del discorso sia platonico che aristotelico – garantiscono la possibilità di pervenire alla conoscenza di tutto ciò che ad essi è comunque riconducibile[217]. È stato rilevato a buon diritto che «la ragione dei filosofi non conosce altra ragione. Non desidera il proprio superamento»[218]. Il motivo di tale autosufficienza è che la ragione non può trascendere la ragione, sia perché, se tutto è razionale, non avrebbe senso, e sia perché la ragione non può trascendere se stessa – qualunque obiezione l'alimenta, non la mette in crisi, confermando la sua implicita onnipotenza. Il vigore dominatorio e identitario, che costituisce il volto della ragione, è la fonte dell'immanentismo tipico del

---

in infinitum, *II Metaphysicae*, oportet stare in primo, dicendo quod potentia intellectiva sit proportionata omni cognoscibili et secundum omnem modum cognoscibilis. Ergo».

[216] S. GIVONE, *Trattato teologico-poetico*, Il Melangolo, Genova 2017, p. 14: «La filosofia dell'identità si basa non solo sull'identità dell'essere e del pensiero, ma prima ancora sull'identità dell'essere con se stesso. L'essere è. Il non essere non è – non è al punto che neppure si può dire che non è».

[217] *Ord. Prol.* n. 10: «Sed naturaliter intelligimus prima principia, in quibus virtualiter includuntur omnes conclusiones; ergo naturaliter possumus scire omnes conclusiones scibiles».

[218] O. BOULNOIS, *Duns Scoto. Il rigore della carità*, Jaca Book, Milano 1999, p. 65.

razionalismo moderno. Solo grazie all'interpretazione della creazione come gesto espressivo della ricchezza valoriale del soggetto creante, e cioè ponendo a fondamento del reale la libertà creativa, è possibile aprire una qualche breccia e intravedere un ben più ricco scenario.

3.2. *Il profilo scotista del filosofo pagano*

La sua costruzione non è artificiosa, né una sorta di comodo bersaglio, ma il frutto di uno sforzo notevole, volto a dare coerenza a un percorso filosofico segnato dal primato della razionalità. Non si tratta forse del rigore che i filosofi rivendicano contro le incursioni teologiche in territori alieni, ritenute illogiche e arbitrarie? È indubbio, i filosofi non misconoscono l'imperfezione umana e la parzialità del loro discorrere. Il che è scontato per tutti e in ogni campo. Il problema è se con tale riconoscimento alludano a uno spazio vuoto da riempire con ulteriori ricerche o invece a uno spazio vuoto da riempire con qualcosa che non scaturisce dalla ragione né a questa è riconducibile. Essi si limitano a descrivere la nostra effettiva situazione, con tutti gli ondeggiamenti dovuti al caso o segnati dalla necessità. Certo, nella valutazione delle loro posizioni Scoto non ne tiene conto. Ebbene, è proprio l'aver trascurato «la dimensione tragica dell'aristotelismo, il sentimento di una relativa insufficienza, di una separazione e di una distanza incommensurabile tra Dio e gli uomini»[219], è proprio questo il segno della sua profondità, nel senso che, alla luce di quella logica e nel quadro di quelle premesse, Scoto ha mostrato l'irrilevanza teoretica di tale coscienza della finitezza, perché momento della dialettica del pensare razionale, non premessa di un discorso d'altra fattura o elabo-

---

[219] BOULNOIS, *op. cit.*, p. 36.

rato sotto altra luce. Dunque, egli descrive il profilo del filosofo, non lo crea; radicalizza la dottrina dei maestri delle arti, ma senza falsarne i principi, nel quadro della tesi centrale e riassuntiva, e cioè il sapiente – colui che porta a maturazione le potenzialità del suo logos – "è massimamente felice" tra gli uomini[220].

Di tale prospettiva Duns Scoto coglie la coerenza e insieme ne dice il limite qualitativo, non identificabile con qualche debolezza logica, da rettificare, ma con il rifiuto di tutto ciò che, restando fuori dell'orizzonte della ragione, viene non solo ignorato, come è ovvio, ma anche contestato o respinto come insensato. Che sia ignorato è comprensibile – essendo fuori dell'orizzonte della *physis* – ma che venga respinto, questo rinvia all'arroganza della ragione e alla tentazione del "pensiero unico". Cosa legittima il dire che ogni spazio è occupato, o lo sarà, se non il presupposto che il reale è razionale e che la ragione è destinata a coprirlo per intero, sicché, se qualcosa non rientra nella rete logica cui la ragione si consegna, cade fuori dell'ambito del reale? Ma perché non c'è posto per ciò che non rientra nel principio di ragion sufficiente e dunque nella logica della causa e dell'effetto, se non perché si è persuasi che l'essere è pensiero e pensiero è essere, nella mutua coestensione? La scelta di campo di Duns Scoto, grave e impegnativa, è che, per far fronte a tale situazione identitaria, occorre mutare prospettiva, proponendo un diverso approccio al reale. Infatti, chi muove dal primato della ragione guarda con diffidenza a qualunque operazione propriamente teologica di segno libertario, con l'impegno implicito a razionalizzarne il contenuto, se possibile, o a respingerlo, se contro o oltre il circuito della logica[221]. Ora, come aprire altri scenari? Qui non si tratta di attivare la dialettica della finitezza, quasi che la ragione possa giudicare se stessa, desiderare altro da

---

[220] *Etica Nicomachea* X, 9 (1179 a 31).
[221] *Ord. Prol.* n. 12: «Igitur, impossibile est hic contra Aristotelem uti ratione naturali...».

sé e trovarsi insufficiente: a cosa, in base all'indicazione di chi, e con quale affidabilità? E allora, perché il filosofo non è disposto a prendere in seria considerazione ciò che risulta trascendente il perimetro della razionalità? Non dovrebbe dirsi disposto a registrarne l'esistenza, qualora ci siano indizi a suo favore, come anche ad accoglierne il contenuto qualora non risulti mortificante l'esistenza, ma solo altro dalla logica della ragione e di altra qualità? La risposta è che, muovendo dal primato della razionalità, si esclude quanto non rientra nel rapporto di simmetria tra potenza passiva e potenza attiva, propria dell'armonia greca. È da questo punto di vista che la ragione risulta tracotante, nel senso che esclude tutto ciò che è "altro" da sé come insignificante, cioè non in linea con tale "razionalità". La problematizzazione di questo orientamento esige una diversa percezione dell'essere, in linea con quell'orizzonte di senso che ha inteso dischiudere colui che ha voluto ciò che poteva non volere.

3.3. *La ragione in libertà ovvero la* Regula Anselmi, *stile del pensare francescano*

Per uscire dal sistema, omogeneo e inviolabile, di questa filosofia come da ogni altra che espunge tutto ciò che ha un'origine non propriamente razionale, Scoto ritiene che occorra porre la libertà all'origine di tutte le cose. Il mondo è ciò che Dio ha voluto, dono della sua benevolenza o anche versione temporale del suo amore, non suo prolungamento, ma sua creatura[222]. In tale contesto e a

---

[222] E. Lévinas, *Totalità e infinito*, Jaca Book, Milano 1990, p. 62: «La grande forza dell'idea di creazione, quale la formulò il monoteismo, consiste nel fatto che questa creazione è ex nihilo, non perché questa costituisca un'opera più miracolosa dell'informazione demiurgica della materia (Platone), ma perché, con essa, l'essere separato e creato non è semplicemente venuto dal padre, ma gli è assolutamente "altro"».

proposito di qualunque evento, la ragione è chiamata a concedere il massimo, purché non vi siano ragioni evidenti di carattere limitativo e di segno contrario. È la *"regula Anselmi"*, ispirata alla descrizione di Dio come «colui del quale non si può pensare nulla di più grande», diventata stile del pensare francescano, nel senso che la ragione, sullo sfondo di tale sorgente dell'essere, è legittimata a denunciare un limite solo se costretta dalla realtà. E così, a proposito dell'intelletto, non è la *quidditas rei materialis* il suo oggetto adeguato, bensì l'ente in quanto ente nella sua totalità; a proposito di Cristo Dio-uomo è dall'inizio il predestinato alla massima glorificazione; a proposito di Maria, madre di Dio, è la piena di grazia[223]. È uno stile, secondo cui un qualunque ente va spinto al massimo delle possibilità, nel contesto di una ragione senza briglie, in libertà, investita dalla logica del positivo, sensibile al primato della bontà di segno espansivo. In quest'ottica si apprezza la metafisica dell'ente in quanto ente, la cui leggerezza ontologica – univocità – è tale da non escludere alcunché, sia di segno positivo, perché rientra nell'arco di ciò che è, e sia di segno negativo, nel senso che

---

[223] ANSELMI, *Monologion*, cap. 4: «Si quis intendat rerum naturas, velit nolit sentit non eas omnes contineri una dignitatis paritate, sed quasdam earum distingui graduum imparitate. (...) Cum igitur naturarum aliae aliis negari non possint meliores, nihilominus persuadet ratio aliquam in eis sic supereminere, ut non habeat se superiorem». È la logica della pluralità dei gradi, ognuno portato al massimo. La descrizione di Dio nel *Proslogion* come «id quo nihil maius cogitari nequit» è l'esemplificazione più nota. Bonaventura l'assume aguida (*In decem praeceptis* III, n. 27). OLIVI, *Quaestiones de incarnatione et redemptione. Quaestiones de virtutibus*, q. 1 (ed. A. EMMEN, E. STADTER, Grottaferrata 1981) p. 12: «Illud enim est ponendum in natura quod melius est, si sit possibile, ex secundo de *Generatione et corruptione* 336b 27-28. Natura enim semper desiderat quod melius est». Scoto nell'*Ordinatio* (I, d. 3, n. 368) scrive: «Nulla imperfectio ponenda est in aliqua natura nisi necessitas appareat in natura tali». E nei *Reporata parisiensia* (IV, d. 50, q. 1, n. 5): «In nulla natura ponendum est quod derogat eius dignitati, nisi sit evidens ex aliquo convenienti tali naturae». Il principio è che occorre concedere il massimo, a meno che la realtà non costringa altrimenti. È questo il senso, nell'ambito giuridico, della "presunzione di innocenza".

non è ma può essere, dunque non solo, come attesta Avicenna, *"ens et res"* – e cioè tutto ciò che in qualunque modo può dirsi positivo – ma anche tutto ciò che, pur non essendo, può accadere, anche se, al momento, imprevedibile.

3.4. *Dall'autonomia della ragione al primato della volontà*

Se l'ente in quanto ente è lo scenario indefinito della ragione, suo oggetto adeguato, significa ciò che la ragione può attraversarlo per intero e controllarlo? Alla fonte di tutto è da porre la volontà creativa[224]. Siamo all'opzione fondamentale, nel senso che il reale non è prolungamento della razionalità divina – principio platonico di continuità – ma espressione di radicale libertà. Il che non significa che sia irrazionale, bensì che, se è, non è perché era razionale che fosse. Alla fonte è da porre la volontà, non sopraffatta da interesse alcuno, ma libera e gratuita[225]. S'impone la novità del mondo e l'indole del dono[226]. La forza di questa impostazione sta nel fatto che obbliga a denunciare lo stile di quanti esaltano la "cosa" lasciando in ombra – o negando – che sia stata voluta,

---

[224] Non è sufficiente parlare di "liberalità", quasi si trattasse del principio neoplatonico e avicenniano. È necessario parlare di volontarietà. Cfr. *Ord.* I, d. 2, n. 234.

[225] *Ord.* II, d. 1, q. 2, n. 66: «Deus potest immediate aliquid causare et efficere; igitur potest creare, et aliquid de nihilo facere (...) Consequentia probo sic, quia si potest efficere aliquid, igitur illud non habet esse ex se necessarium formaliter, et habet esse a causa; igitur habet esse post non-esse...».

[226] Viene ribadito che si tratta di un nuovo inizio e dunque del tutto gratuito, cui è possibile opporre un diverso inizio, all'insegna della deprecazione e del rifiuto. «La nascita non è il segno del decadimento, ma il decadimento stesso. (...) Dappertutto genitori colpevoli, sommersi dal rimorso, davanti ai loro rampolli scontenti di tutto, dunque scontenti di essere. Non si può perdonare ai genitori e, in questo senso, si dovrebbe accusare di crimine, piuttosto che di peccato, il primo di loro in ordine di tempo" (E. M. CIORAN, *Fascinazione della cenere*, Il Notes Magico, Padova 2002, p. 59).

come accade alle radici dell'albero, ignorate perché non visibili. E così, ad es. la preziosità dell'anello al dito sequestra l'attenzione, lasciando nell'ombra il donatore e la sua avventura. Duns Scoto si impegna ad attenuare la forza con cui la dimensione razionale tende a sopraffare la dimensione libertaria o a renderne ardua la percezione. Perché non si atteggi a padrona del territorio, la ragione occorre pensarla funzionale alla volontà, traduttrice della sua progettualità[227]. È un nuovo punto di vista, una scelta filosofica qualitativamente altra rispetto a quella pagana – le cose non sono perché era razionale che fossero, né rientrano in un'evoluzione bio-cosmica del tutto impersonale, ma sono espressione di una volontà, benevola e creativa che, chiamandole all'essere, ha lasciato in esse tracce dei suoi disegni.

La categoria della libertà come matrice del reale è rivoluzionaria, perché induce a pensare che le cose non sono prioritariamente ciò che le scienze – la ragione – dicono, bensì ciò che il loro autore ha inteso esprimere creandole. Nel sorprendere Dio che guarda fuori di sé, oltre sé, Duns Scoto s'avvede che le categorie del mondo pagano sono insufficienti a dirne l'originalità. Finanche il nobile principio neo-platonico dell'amore-emanazione risulta inadeguato, perché obbliga a pensare che Dio sia costretto a effondere fuori di sé ciò che non riesce a trattenere in sé, lungo un tracciato che viene attenuandosi, fino al regno della materia, più vicino al non-essere che all'essere. Questa logica non si confà a Dio[228], amo-

---

[227] *Ord.* II, d. 1, q. 2, n. 63: «Agens perfectius minus praesupponit in agendo quam agens imperfectius; sicut natura minus praesupponit in agendo quam ars, quia natura praesupponit ens in potentia, et ars ens in actu; sed Deus est agens perfectius quam natura vel ars; igitur minus praesupponit quam natura vel ars in sua actione; et ita minus quam ens in potentia, quod est praesuppositum a natura, et ita nihil, et per consequens potest creare».

[228] Nella dist. 16 (De moriendi necessitate in Christo) del III libro dell'*Ordinatio*, a proposito dell'infusione dell'anima, Scoto, richiamando il tema qualificante della libertà del creatore, mette in luce la distanza della sua prospettiva da ogni altra, fondata sulla necessità. Il tema del conferimento della giustitiza

re per essenza, immaginazione creativa senza limiti e senza obblighi. La libertà è la perfezione suprema e semplice, che non soggiace ad altre spiegazioni, perché non sottomessa ad alcunché: «*Deus vult quia vult, non est aliqua causa quaerenda*»[229]. La libertà è originaria e suprema – «*quia voluit hoc esse ideo bonum fuit illud esse*»[230]. È il volto del Dio cristiano che nessuna motivazione può

---

originale, che spetta a Dio, aveva luogo, prima del peccato, con massima regolarità, assieme all'infusione dell'anima nel corpo. La giustizia originale è dono sovrannaturale e tale rimane nonostante Dio la concedesse, prima del peccato, a tutti i discendenti di Adamo per generazione naturale, senza altra condizione. Si sarebbe tentati di trascurare il carattere gratuito del dono solo perché infuso "quasi naturaliter". Scoto invita a non perdere di vista il tema della libertà o della gratuità perché discriminante il pensiero cristiano da quello pagano. A tale scopo, perché resti impresso, parla della creazione e dell'infusione dell'anima che, pur avendo la regolarità, paragonabile a una legge naturale, non cessa per questo di essere un gesto libero e pertanto gratuito: «Respondeo quod nulla dispositio, (...) est dispositio necessitans ad animae infusionem (...), quia si sic, tunc dispositio illa inducta in materia ab agente naturali necessitaret ipsum Deum ad causandum et creandum animam et animandum corpus, quod falsum est, licet philosophus haberet hoc dicere, quia posuit Deum naturaliter agere et ex necessitate naturae omne illud quod agit» (*Ord.* III, d. 16, q. 1-2, n. 54). Quanto poi sia essenziale cogliere la libertà nella necessità è facile intenderlo scorrendo le pagine circa la morte, e prima la passione del Signore, alla luce del principio che «voluntas potest habere actum meritorium circa aliquod obiectum quod non est in potestate sua, immo est necessarium "impossibile aliter se habere", sicut potest amare Deum amore amicitiae volendo sibi bonum, scil. volendo eum esse iustum et sapientem et caetera huiusmodi, et tamen – velit nolit voluntas – Deus est sapiens, iustus etc.» (*Ivi*, n. 55). E in merito alla passione, nonostante gli sia stata inflitta, Cristo l'ha accolta e per questo è meritoria: «alio modo, volita et acceptata a voluntate, fuit meritoria et non violenta» (n. 559). È sul piano della libertà che si gioca per intero il senso dell'essere.

[229] *Ord.* II, d. 1, q. 2, n. 9: «Voluntas Dei qua vult hoc et producit pro nunc est immediata et prima causa, cuius non est aliqua causa quaerenda... ita non est ratio quare hoc voluit nunc et non tunc esse, sed tantum quia voluit hoc esse». Cfr. *Rep. Par.* I, d. 10, q. 3, n. 4: «Propterea sicut non est alia causa quare voluntas vult, nisi quia voluntas est voluntas: ita non est alia causa quare voluntas vult, nisi quia voluntas est voluntas: ita non est alia causa, quare voluntas vult sic necessario vel contingenter nisi quia voluntas est voluntras».

[230] *Ord.* II, d. 1, q. 2, n. 91.

offuscare. L'amore, attraverso cui si esprime e di cui è una versione, è supremo, insuperato, infinito. Scoto dirà che «*Deus est formaliter caritas et dilectio*»[231], per cui, alludendo al mistero trinitario, scrive: «*Primo Deus diligit se*»; o anche «*primo enim Deus intellexit se sub ratione summi boni*»[232]. Aprendo poi il discorso a ciò che è oltre sé, egli, per ribadire la distanza dal Dio pagano, indifferente rispetto a ciò che è altro da sé, aggiunge che Dio «*secundo diligit se in aliis*»[233]. Qui la libertà è oltre ogni immaginazione, nel senso che ci fa intravedere Dio che va dietro alle creature, ingrate e ribelli, ampliando lo spazio dell'essere, in estensione e in profondità, con relazioni d'altra fattura, oltre ogni logica e ogni legge.

4. La ragione stupìta, non mortificata, dal panorama della parola di Dio

L'unione ipostatica è la forma più alta del rapporto tra finito e infinito[234]. Ma è possibile siffatta unione? Non vacilla, forse, la

---

[231] *Ord.* I, d. 17, n. 173.

[232] *Ord.* III, d. 19, q. u., n. 6. Che il riferimento sia al mistero trinitario risulta dal brano parallelo delle *Reportationes Parisienses*: "igitur primo vult se et omnia intrinseca sibi" (III, d. 7, q. 4, n. 4).

[233] P. N. EVDOKIMOV, *Teologia della bellezza. L'arte dell'icona*, San Paolo, Cinisello Balsamo (MI) 2002, p. 139: «È in Cristo che il tempo trova il suo asse. Prima del Cristo la storia si dirige verso di lui, ne è messianicamente orientata e tesa, è il tempo della gestazione, delle prefigurazioni e dell'attesa. Dopo l'Incarnazione tutto s'interiorizza, tutto è diretto dalle categorie del vuoto e del riempito, dell'assente e del presente, dell'incompiuto e del compiuto, e allora il solo vero contenuto del tempo è la presenza del Cristo nel corso della sua estensione».

[234] *Rep. Par.* III, d. 7, q. 4; ed. C. BALIC, *Duns Scoti Doctoris Mariani theologiae marianae elementa*, Sibenici 1933, pp. 14-5: «Dico ergo sic: primo deus diligit se; secundo diligit se in aliis, et iste amor est castus; tertio vult se diligi ab illo qui potest eum summe diligere, loquendo de amore alicuius extrinseci; et quarto praevidit unionem illius naturae quae debet eum summe diligere etsi nullus cecidisset».

logica davanti a due nature – divina e umana, eterna e temporale – legate nell'unità della persona divina del Verbo? La prima e la seconda parte della distinctio prima del III libro dell'*Ordinatio*, dedicata a *"De possibilitate incarnationis"* e al *"De facto incarnationis"*, sono attraversate da questo sbigottimento teoretico, che cresce nonostante il ricorso a tutte le risorse teoretiche, costituite dalle *relationes – modalis, formalis, in re, in ratione, secundum quid...* Se nelle prime due *distinctiones* l'interrogativo riguarda l'infinito e la sua compossibilità rispetto al finito, fino al vertice intrascendibile dell'unione ipostatica, nelle successive due *distinctiones – tertia et quarta –* l'interrogativo riguarda il finito – la creatura, Maria – fino a qual punto possa ascendere alle vette del divino. Duns Scoto aiuta la ragione a star dietro a tale discorso, perché non diserti l'orizzonte, ma si lasci avvolgere dalla libertà divina, quale traspare dall'atto creativo nel quadro del suo cristocentrismo.

4.1. *Il mondo epifania della libertà, non della potenza*

La ragione è una luce debole che cerca di illuminare cosa sia accaduto, senza alcuna pretesa di venirne a capo. È l'inno alla purezza dell'amore liberale e creativo di Dio, con cui si apre la storia[235].

---

[235] Dopo l'ampia parentesi, dedicata al mistero mariano e al chiarimento dell'assunzione da parte della natura divina della natura umana (distinctio quinta), e dopo l'esplorazione metafisica dell'essere del Verbo incarnato – «utrum in Cristo sit aliquod esse aliud ab esse increato» – si ha la centrale quaestio III della dist. septima del III libro dell'*Ordinatio,* autentico poema teologico al disegno di Dio. Ciò che vien prima lo si intende se letto in funzione di ciò che, pur venendo dopo, è stato voluto prima di ogni altra cosa. Anche se ultimo nell'esecuzione, Cristo è primo nell'intenzione. Le riflessioni razionali sono tentativi di entrare nell'abisso del mistero, imbattendosi nel grave problema del dolore, della tristezza e della morte. La dist. 7 e la q. 3 mi pare siano centrali, per penetrare nel cuore del progetto di Dio. L'espressione che mi pare la più compendiosa è al n. 64 della quaestio 3: «Nec est verisimile tam summum Bonum in entibus

Dio non ha alcun debito, perché non deve alcunché ad alcuno. L'essere è l'epifania del suo amore creativo[236]. Quanto è fuori del circolo trinitario è contingente, il che significa che viene all'essere in quanto voluto e venendo all'essere diventa vero, e cioè assume una forma specifica che consente di risalire all'onda originaria – la verità è la veste che l'amore assume nel tempo, da individuare e ammirare. Alla luce di questo primo spaccato teologico, si comprende come, portando a conclusione il dibattito antropologico tra quanti propendono per l'autosufficienza e quanti per l'indigenza, Duns Scoto si dichiari a favore dello sbilanciamento: «*Concedo Deum esse finem naturalem hominis, sed non naturaliter adipiscendum sed supernaturaliter*»[237]. L'uomo è creato sulla lunghezza d'onda del Verbo incarnato, avvolto da una luce da cui la ragione, nel prenderne atto, si lascia avvolgere lungo il sentiero tracciato dall'opera redentiva. È la libertà creativa la fonte del "disincantamento" del mondo pagano[238]. Occorre uscire dall'identificazione greca

---

esse tantum occasionatum propter minus bonum solum». È l'esaltazione del *summum bonum in entibus*, tra le creature e nelle creature, sorgente di calore e luce, intorno a cui danzano le creature come moscerini in un raggio di sole. È da quell'altezza che occorre guardare alle creature, perché volute in Lui e per Lui; è da tale indiscussa libertà creativa che occorre ripensare tutto il resto.

[236] *Ord.* I, d. 10, q. u., n. 9: «In Deo... est formaliter voluntas ex natura rei et hoc sub ratione principii productivi liberi respectu amoris, et patet quod est ibi sine imperfectione; ergo erit in Deo principia producendi amorem (...) et ita ista voluntas est principium producendi amorem tantum quanto ipsa est amare obiectum infinitum – nihil autem est infinitum nisi sit ipsa essentia divina, igitur ille amor est essentia divina».

[237] *Ord. Prol.* n. 32.

[238] M. SCHELER, *Sociologia del sapere*, Roma, Abete 1966, pp. 78-79: «Chi considera le stelle come divinità visibili non è ancora maturo per un'astronomia scientifica (...) Il monoteismo creazionistico giudaico-cristiano e la sua vittoria sulla religione e sulla metafisica del mondo antico fu senza dubbio la prima fondamentale possibilità per porre in libertà la ricerca sistematica della natura. Fu un mettere in libertà la natura per la scienza in un ordine di grandezza che forse oltrepassa tutto ciò che fino ad oggi è accaduto in Occidente». Il che però non significa che le cose siano soltanto cose e che la ragione oggettivante ne esaurisca

tra "Natura" e "Essere" come dalla logica secondo cui il rapporto tra causa ed effetto è analogo alla relazione tra le premesse di una costruzione sillogistica e la conclusione. Il tema della catena causale riguarda sistemi specifici, non il mondo come un insieme di sistemi. L'affermazione della libertà chiude un'epoca e ne apre un'altra[239]. Il mondo logico è il mondo della necessità, il mondo ontologico, invece, è il mondo della contingenza. La logizzazione dell'ontologia o l'ontologizzazione della logica sono duramente denunciate da Duns Scoto, persuaso che il livello ontologico appartenga alla logica del fatto e dunque al regno del contingente, non al dover essere e dunque alla necessità[240]. Le verità di ragione o verità logiche riguardano piuttosto il tessuto generale dell'essere o anche la dimensione formale, non però il versante fattuale. Tutto ciò che è fuori del mistero trinitario è contingente, e dunque dono libero e liberale.

Dio poteva non volere o volere altro e in altro modo. Il mondo non è l'epifania della potenza o dell'onniscienza di Dio, bensì della sua bene-volenza – siamo alle radici dell'ottimismo francescano. Su tale sfondo le verità di ragione o necessarie si danno solo all'interno delle verità di fatto, o anche, all'interno di un sistema, il quale però è, nel suo insieme, contingente. Ciò che ha luogo al

---

la ricchezza. La de-vinizzazione non equivale alla paganizzazione del mondo, come si è tentato di argomentare nel cap. secondo a proposito della libertà creativa dell'artista.

[239] *Lectura* I, d. 8, n. 264: «Veritas conclusionis non est omnino et formaliter alia a veritate principii, sed est veritas particularior; nam principium adfirmat veritatem de aliquo particulari, unde non est nisi veritas quaedam particularior. Sed sic non potest esse de causatis a Deo: sunt enim formaliter alia entia, et non est creatura particularis entitas Dei, ideo non est simile».

[240] Chiedendosi se la proposizione "Deus est homo" sia una verità necessaria o di ragione, Scoto risponde: «Non per se primo modo, quia praedicatum non cadit in definitione subiecti; nec secundo modo, quia non e converso (quia subiectum non cadit in definitione praedicati); neque generaliter aliquo modo per se, quia in nullo videtur necessaria habitudo» (*Ord.* III, d. 7, q. 1, n. 20).

suo interno ha una trama logica da rispettare nel contesto della sua contingenza complessiva. Il che prende corpo – o dovrebbe – su uno sfondo di gratitudine verso colui che quel mondo ha voluto e, perché contingente, lo conserva impedendo che ricada nel nulla, da cui l'ha tratto[241].

4.2. *Significato del momento "passivo" ovvero della "dipendenza"*

È la dimensione della dipendenza a segnare lo spartiacque tra diversi stili di pensiero. Il tratto essenziale è costituito dal fatto che si è fuori della logica circolare, prolungamento del *logos* eterno – è l'opzione pagana – senza inizio e senza fine. Ciò che si impone è il "dato" rapportato al dante, accolto per ciò che è – non dedotto da alcunché – ed esplorato con l'ammirazione che si deve a ciò che sorprende perché indeducibile. Siamo al rapporto dialogale tra infinito e finito attraverso la logica della potenza obbedienziale, che «*proprie significat subiectionem respectu agentis potentis de obediente facere quod vult*»[242].

Il riferimento è sia alla potenza obbedienziale attiva, come nel caso del "*vis activa*" materna della Vergine, che lo Spirito porta a compimento; come alla potenza obbedienziale passiva – capacità

---

[241] Come la creazione del mondo, anche l'incarnazione poteva non aver luogo, entrambe espressioni della volontà liberale di Dio. Solo su tale sfondo e con tale premessa è possibile chiamare in causa la ragione perché renda conto di ciò che è accaduto, ne esprima l'indole, con il carico di razionalità o di ragionevolezza che spetta a ciò che è accaduto – la bontà non è contro la verità, dal momento che questa ne è la traduzione. La realtà risulta razionale, perché «universaliter, ordinate volens prius videtur velle hoc quod est fini propinquius, et ita, sicut prius vult gloriam alicui quam gratiam, ita etiam inter praedestinatos – quibus vult gratiam – ordinate prius videtur velle gloriam illi quem vult esse proximum fini, et ita huic animae (Christi)» (*Ord.* III, d. 7, q. 3, n. 61).

[242] *Metaph.* IX, q. 12, n. 3.

recettiva della Vergine, ricolma di grazia in ogni ordine e grado[243]. Quale tema più di questo esalta la "dipendenza"? Si rilevi – e non è marginale – che la potenza obbedienziale non è detta "sovrannaturale", anzi, nel rapportare la potenza soggettiva a quanto l'obbediente può ricevere, Scoto precisa che «*in hac comparatione nulla est supernaturalitas*»[244]. Siamo oltre ogni forma di violenza. Infatti, la capacità recettiva nasce dalla struttura essenziale o anche dalla soggezione illimitata del finito all'Infinito – il finito nel cavo della mano dell'Infinito. Di riflesso, il dare esalta Dio, il ricevere non umilia l'uomo. Il tema della disponibilità ad accogliere dà luogo a una nuova fenomenologia, caratterizzata dall'abbandono del pregiudizio secondo cui la perfezione consiste nella simmetria tra atto e potenza, che è la persuasione di fondo del mondo greco-pagano, secondo cui «*omni potentiae naturali passivae correspondet aliquod activum naturale*»[245], perché altrimenti dovremmo ipotizzare un'irrazionalità in natura (*potentia passiva esset frustra*), mettendo in crisi l'impianto generale. Si è oltre il pregiudizio secondo cui il disporsi verso qualcosa che vada oltre il circuito della causalità naturale sia umiliante[246]. «*Potentia passiva non est frustra in natura*», il che si comprende a condizione che lo sguardo si apra a un agente «*in natura – id est in tota coordinatione essendi vel entium – puta per agens primum vel supernaturale complete reduci ad*

---

[243] *Rep. Par.* IV, d. 16, q. 2, n. 4: «In Beata etiam Virgine descendit plenitudo gratiae, quia fuit gratia plena, et tamen nullam habuit culpam praecedentem, quae tunc expellebatur, vel aliquando post, quia numquam peccavit culpa mortali».

[244] *Ord. Prol.*, n. 57. Il che significa che è detto sovrannaturale l'agente che di per sé non è «naturaliter impressivum illius formae in illud passum». La cosa appare nella sua evidenza in merito alle verità rivelate, rispetto alle quali «nulla est cognitio supernaturalis» (n. 60).

[245] *Ord. Prol.*, n. 7.

[246] *Ord. Prol.*, n. 73: «Natura propter sui excellentiam ordinatur naturaliter ad recipiendam perfectionem ita eminentem, quae non possit subesse causalitati agentis naturalis secundo modo».

actum»[247]. L'orizzonte lascia intravvedere squarci di grandezza del tutto estranei alla logica della ragione. La natura è nobilitata, non umiliata, ben oltre il recinto del potenziale attivo. Il nostro è un essere squilibrato[248], nel senso che possiamo ricevere più di quanto possiamo conquistare[249], con il compito di prendere coscienza di questa dismisura o anche del trascendimento del circuito della sola natura, fonte di gratitudine, non di mortificazione.

Il tema della sproporzione della dimensione recettiva rispetto a quella attiva svela a pieno il senso della gratuità, secondo cui noi siamo originariamente "voluti". La passività – l'aver ricevuto – è il sigillo della nostra grandezza, da tradurre dicendo che siamo perché amati – è l'amore che fa essere – e non amati perché siamo. Lo spazio della *"potentia passiva"* è funzionale alla riconoscenza, qualificante il vivere e il pensare, sicché incombe l'obbligo di prendere coscienza di ciò che siamo, percependo come dono ciò che si è e si ha, con la conseguente mutata percezione del reale, non frutto di necessità oggettiva o di logica rivendicativa, bensì dono di volontà oblativa. Tale grammatica di lettura comporta un cambiamento di fondo, che sommuove per intero la costruzione greca facendola vibrare. Grazie alla libertà, come nuovo punto di vista, l'avventura conoscitiva umana si ritrova entro uno scenario più radicale, nel senso che lascia intravvedere la via del superamento dei limiti. La libertà come principio-guida dilata gli spazi dell'essere, a cominciare dal fine ultimo, in merito al quale la conoscenza puramente razionale è oscillante. La Rivelazione definisce siffatto fine e ne tratteggia i caratteri, in maniera da renderlo appetibile, come

---

[247] *Ivi*, n. 74.

[248] *Ivi*, n. 92: «Non est igitur inconveniens potentiam esse naturaliter ordinatam ad obiectum ad quod non potest naturaliter ex causis naturalibus attingere, sicut quaelibet ex se sola ordinatur et tamen non potest sola attingere».

[249] *Ivi*, n. 75: «Igitur in hoc magis dignificatur natura, quam si suprema sibi possibilis poneretur illa naturalis; nec est mirum quod ad maiorem perfectionem sit capacitas passiva in aliqua natura quam eius causalitas activa se extendat».

la nobiltà, la perpetuità, l'integrità, e insieme ne indica i mezzi per raggiungerlo[250]. Non sono pennellate marginali, ma squarci che aprono nuovi scenari, con Dio munifico e liberale al centro[251]. Tutto è dono, dal venire al mondo al compimento beatifico. Il momento passivo precede e qualifica il momento attivo, segno della nostra dignità, non della nostra umiliazione.

4.3. *Oltre l'angustia della prospettiva dei filosofi*

Ai filosofi, che insistono sulla dimensione "naturale" come prioritaria e autosufficiente, persuasi del carattere estrinseco del discorso teologico, Scoto fa rilevare che la loro concezione generale dell'essere è angusta, non falsa. La loro conoscenza è astratta, procede per tratti generali, ben lontana dalla potenza recettiva che consente al soggetto di «*habere Deum pro obiecto perfectissimo*»[252] e dunque di avere in dono una felicità che va oltre il perimetro della semplice natura, considerata in se stessa. La causalità attiva è ben inferiore a quella recettiva[253]. È uno scenario suggestivo, legato all'atto creativo: «*Non est illa potentialitas naturaliter cognoscibilis pro statu isto de homine*»[254]. Andando alla fonte, Scoto pone in discussione che l'intelletto sappia quale sia l'oggetto che ne adegui l'orizzonte. Affermazione grave. Essendo immerso nel sensibile, come può l'intelletto pensare che l'intelligibile rientri nel suo orizzonte qualificandolo? Che Avicenna l'abbia sostenuto vuol dire solo che si è lasciato guidare dalla sua religione[255].

---

[250] *Ivi*, nn. 16-17.
[251] *Ivi*, n. 18: «... contingenter datur a Deo, actus aliquos in ordine ad ipsum tamquam meritorios acceptante».
[252] *Ivi*, n. 28.
[253] *Ivi*, n. 75.
[254] *Ivi*, n. 32.
[255] *Ivi*, n. 92.

L'oggetto dell'intelletto non è limitato a ciò che *"pro statu isto"* conosciamo. Esso va ben oltre, verso quel mondo cui è ordinato ma che la ragione, senza la luce della rivelazione, fatica a scorgere. L'*"intellectus in se"* non va identificato con l'*"intellectus pro statu isto"*, che invece è solo frutto di contingenze storiche, non espressivo del suo originario potere[256]. Il filosofo, senza altro sostegno, si ritrova a pensare in un orizzonte angusto, incline a interpretare il dato di fatto come evento necessario e dunque "naturale", ignorandone le infinite potenzialità, perché estraneo allo scenario dischiuso dalla parola di Dio. Il teologo riconosce i diritti del filosofo e insieme li trascende grazie a un ben più ampio orizzonte sia rispetto a Dio, non più causa necessaria, bensì agente volontario e libero; sia rispetto al mondo, non più eterno e neutro, ma temporale e dono prezioso perché scelto tra gli infiniti possibili; sia rispetto all'uomo, non prioritariamente animale ragionevole, ma animale libero, responsabile della storia; e sia rispetto alla beatitudine, non puramente contemplativa, bensì partecipativa alla glo-

---

[256] *Quodlibet* XIV, a. 2, n. 43: «Dico igitur quod obiectum naturale, hoc est, naturaliter attingibile adaequatum intellectui nostro, etsi pro statu isto sit quidditas rei matertialis – vel forte adhuc specialius, quidditas rei sensibilis, intelligendo non de sensibili proprie solum, sed etiam de incluso essentialiter vel virtualiter in sensibili; tamen obiectum adaequatum intellectui nostro ex natura potentiae non est aliquid specialius obiecto intellectus angelici, quia quidquid potest intelligi ab uno et ab alio». Interessante l'esplorazione di questo dato, e cioè, pur fatto per l'intelligibile, l'intelletto si ritrova imprigionato entro l'arco del sensibile, o forse "propter naturalem concordantiam" delle potenze dell'anima (intelletto e sensi), quindi per la natura stessa della conoscenza astrattiva "de facto pro statu isto"; o forse in ragione del peccato antico – «sive ex mera voluntate Dei, sive ex iustitia puniente (quam causam innuit Augustinus...), sive, inquam, haec sit tota causa, sive aliqua alia...» (*Ord.* I, d. 3, p. 1, q. 3, n. 187). A questo tema dell'oggetto adeguato dell'intelletto è da riportare l'univocità dell'essere come rileva P. VIGNAUX, *Metaphysique de l'Exode et univocité de l'être chez Jean Duns Scot*, in A. DE LIBERA-E. ZUM BRUNN (eds), *Celui qui est. Interprétations juives et chrétiennes d'Exode 3,14*, Paris 1986, pp. 103-26.

ria divina[257]. In breve, se nel cosmo razionale di matrice pagana, in misura che si ascende nell'ordine gerarchico la libertà va eclissandosi, perché si riduce l'ondeggiamento tra alternative di diverso tenore[258], nel cosmo scotista la libertà creativa va crescendo e con essa lo scenario delle possibilità. La teologia potenzia, non indebolisce, quanto la filosofia propone, grazie a quell'onda di libertà che dilata lo spazio del mondo e istituisce relazioni più intense e produttive, entro quella gratuità che qualifica il regno della libertà. Il mondo ereditato appare ben povero come le categorie attraverso cui è stato interpretato. Occorre aprire un altro discorso che, proteggendo e consolidando la logica della libertà creativa, ci offra le coordinate della visione del mondo, così come è possibile individuarle tra gli scenari dischiusi dalla parola di Dio[259].

5. Dall'ente analogico all'ente univoco ovvero della rifondazione della filosofia

Ora, ecco la domanda fondamentale: il cambio di registro – dal primato della ragione e della necessità al primato della volontà e della libertà – in quale metafisica prende corpo, nella metafisica

---

[257] È la risposta all'interrogativo: «Utrum beatitudo per se consistit in actu intellectus vel voluntatis» (*Ord.* IV, d. 49, p. I, q. 4, n. 174) oggetto del saggio di B. DE ARMELLADA, *La gloria aeterna, misterio de libertad en el pensamiento del B. J. Duns Escoto*, in "Collectanea Franciscana" 87 (2017) 463-481.

[258] ARENDT, *La vita della mente* cit., p. 595: «Gia Platone (...) poteva immaginare che ciò che assumiamo come cause – la ricerca del piacere e la fuga dal dolore – non siano che i fili da cui siamo mossi"».

[259] In quanto l'atto creativo lo pensiamo non puntuale ma processuale, nel senso che lascia l'impulso creativo nel cuore dell'essere degli enti, ci pare alquanto forte l'annotazione secondo cui «Il passaggio dall'infinito al finito segna il rallentamento poi l'arresto, poi addirittura l'inversione di questo movimento di spaziamento, che si rovescia dunque in una chiusura» (GUGLIELMINETTI, *Troppo. Saggio filosofico* cit., p. 206).

dell'essere analogico o invece nella metafisica dell'essere univoco? Quale delle due è più consona al primato della volontà creativa[260]? La risposta di Duns Scoto è che più consona è la metafisica dell'essere univoco, persuaso che l'essere analogico sembra piuttosto una tra le molte radici del clima conflittuale del tempo. Da qui il suo impegno a trascenderlo operando il passaggio dall'essere analogico all'essere univoco.

5.1. *Dall'essere analogico all'essere univoco*

Quale l'orizzonte dell'essere entro cui prendono posto i singoli saperi, ognuno con un proprio oggetto, non subordinati l'uno all'altro? Oltre che sul piano esistenziale, la libertà va salvaguardata anche sul piano dei saperi, ognuno con la sua dignità, con uno statuto che ne garantisca il rigore e ne sostenga la fecondità, senza incrinarne la comunione. Duns Scoto pensa di poter conseguire tale obiettivo attraverso la metafisica dell'essere univoco, dell'essere cioè che prescinde dai suoi modi di essere, ritrovandosi cornice metafisica di tutti gli enti e dunque di tutti i saperi. Egli è persuaso che la metafisica dell'essere analogico comporti una rigidità di fondo che mal si concilia con la libertà creativa di Dio e con l'autonomia dei saperi. Il riferimento critico è al *"princeps analogatum"*, in rapporto al quale si procede alla definizione e gerarchizzazione degli esseri prima che dei saperi. E così, ad es., è in rapporto alla

---

[260] Qui si prescinde dall'ipotesi suggestiva, avanzata da Guglielminetti, secondo cui «ciò che costituisce il cuore di questa filosofia moderna non è la sostituzione della cosa con il concetto, dell'essere con l'essenza, ma l'incredibile pretesa metafisica che, in uno spazio, possa starci di più di ciò che è fisicamente possibile che vi si trovi. Il che però significa: ciò che Tommaso esprimeva con l'idea di analogia (...) Scoto l'esprime con l'idea del modo intrinseco, che è appunto una ribattuta dell'essere, che lo raddoppia» (*Troppo. Saggio filosofico* cit., p. 201).

salute dell'animale – *principes analogatum* – che si dirà "sana" sia l'urina che la medicina, con la puntualizzazione che l'una sta come l'effetto alla causa, l'altra come la causa all'effetto. Da qui la loro distinzione e la loro gerarchizzazione – una è causa, l'altra è effetto – da ascrivere all'*analogatum princeps*, costituito dalla salute dell'animale, che ne realizza il concetto in senso pieno e rispetto al quale ha luogo la predicazione analogica[261]. Comportando la *consideratio duorum ad tertium vel multorum ad unum*, la metafisica dell'essere analogico armonizza i saperi, o meglio, si ritrova a essere "*rectrix*" di tutte le possibili forme di sapere[262]. È la metafisica dell'"*ens et ea quae sequuntur ens*". Quale la forza che tiene insieme gli enti e pone in ordine i corrispettivi saperi? È una forza immateriale e invariabile, propria dell'ente "*separatum secundum rationem et secundum esse*", colto non in dipendenza dalla materia, né sottomesso al divenire, e tuttavia tale da dirsi di tutti gli enti – è l'*ens quod de omnibus praedicatur per partecipationem*[263]. Questi partecipano all'essere grazie a un atto causale (*per causalitatem*) da parte di chi possiede l'essere in modo plenario[264]. È l'essere sussistente, da porre al primo posto, e poi in subordine ogni altro in base al grado di essere, a sua volta definito in rapporto alla capacità recettiva delle rispettive essenze[265]. Così, Dio è l'analogato "principe", il supremo

---

[261] THOMAS DE AQUINO, *Summa theologiae* I, q. 13, art. 5.

[262] THOMAS DE AQUINO, *Summa contra gentiles* I, cap. 1, n. 2: «Sicut docet Philosophus in Politicis suis, quando aliqua plura ordinantur ad unum, oportet unum eorum esse regulans, sive regens, et alia regulata, sive recta. (...) Omnes autem scientiae et artes ordinantur in unum. (...) Unde necesse est quod una earum sit aliarum omnium rectrix...».

[263] IDEM, *De veritate* q. 10, a. 11.

[264] IDEM, *Summa theologiae* I, q. 75, a. 5, ad 4; «Esse partecipatum finitur ad capacitatem partecipantis». *Summa Contra gentiles* I, cap. 43: «Ipsum esse absolute consideratum infinitum est...»; *De potentia* q. 1, a. 2: «Esse in universali acceptum ad infinita se potest extendere».

[265] *Summa theologiae* I, q. 45, a. 5: «Inter omnes (...) effectus, universalissimum est ipsum esse. Unde oportet quod sit proprius effectus primae et universalissimae causae, quae est Deus».

largitore[266], in rapporto al quale si dispongono tutti gli enti lungo una scala discendente in base al grado di partecipazione al suo essere plenario. È possibile trascendere questa logica?

5.2. *La metafisica è la scienza dei "primissima"*

La risposta di Duns Scoto è positiva, favorevole allo scioglimento dell'essere dai modi di essere e alla configurazione di una metafisica come scienza dell'ente in quanto ente, comune a tutto ciò che è – finito e infinito. Egli prende le distanze dall'impostazione aristotelico-tomista, perché ritiene che questa non salvaguardi a pieno per un verso la libertà creativa di Dio e per l'altro l'autonomia dei saperi[267].

Da qui il passaggio dall'ente analogico – l'ente come *"actus essendi"* da parte di colui che è l'*"esse per se subsistens"* – all'ente univoco, inteso in senso reduplicativo e cioè l'essere in quanto essere, passibile di tutte le possibili attribuzioni. Lo scenario concreto è rappresentato dal finito e dall'infinito, modi intrinseci, grazie ai quali l'ente univoco diventa analogico – è l'oggetto dell'ontologia – ma dai quali di per sé prescinde.

L'*entitas entis* o la *ratio entis* non può dirsi né finita né infinita. È il tema delle prime *Quaestiones subtilissimae super libros Metaphysicorum Aristotelis*, con il richiamo preambolare alle due

---

[266] *Summa theologiae* I\II, q. 109, a. 2, ad 2: «Una quaequae res creata sicut esse non habet nisi ab alio, et, in se considerata, est nihil, ita indiget conservari in bono suae naturae convenienti ab alio».

[267] Forse è da riportare a quest'assunto la tesi dell'ancillarità della filosofia alla teologia e il carattere funzionale di tutto ciò che ruota intorno alla ragione al fine "sovrannaturale". In quest'ottica J. J. Rousseau scriverà che il cristiano non può essere un buon cittadino. Se lo è, lo è di fatto, ma non di principio, «perché la patria del cristiano non è di questo mondo» (*Del contratto sociale o principi del diritto politico*, Libro IV, cap. VII, Sansoni, Firenze 1972, p. 342).

opposte tesi – quella di Avicenna e quella di Averroè, entrambe respinte – "*quod neutrum probo*"[268]. I "*primissima*" sono tutto ciò che è anteriore a qualsiasi altra conoscenza, appreso con il massimo grado di certezza, secondo il principio "*certiora quanto priora*". È il tema dei "*comunissima*" o di ciò che è comune, una sorta di apriori universale, anteriore a ogni sapere specifico, coimplicato in ciascun sapere. Sono i "*maxime scibilia*", soggetto della scienza prima, anteriore a qualsiasi altra. Ora, il soggetto della metafisica, che si occupa dei "*maxime scibilia*" o dei "*primissima*" o dei "*comunissima*", è l'essere in quanto essere[269], non un ente tra gli enti o una realtà particolare, neppure Dio[270]. Che non possa o meglio non debba essere Dio, risulta dal fatto che un siffatto sapere si sostanzierebbe della conoscenza diretta della sua essenza, da cui poi ricavare le verità, in essa contenute. Questo sapere non è alla nostra portata, essendo proprio della *theologia Dei*, che Duns Scoto scorpora dal quadro metafisico, che egli si appresta a delineare. Inoltre, se Dio fosse soggetto della metafisica, dovremmo immaginare che opera per necessità, contro l'assunto pacifico secondo cui «*Deus nihil causat necessario secundum veritatem*»[271]. Dunque, Dio non può

---

[268] *Quaesiones subtilissima. super Metaphysicam Aristotelis*, q. 1, n. 1: «Utrum subiectum Metaphysicae sit ens in quantum ens, sicut ens posuit Avicenna? vel Deus et intelligentiae, sicut posuit Commentator Averroè? Quod neutrum probo...».

[269] *Ivi, Prologus* n. 5: «... maxime scientia, illa scilicet quae est circa maxime scibilia. (...) communissima, ut est ens in quantum ens, et quaecumque sequuntur ens in quantum ens».

[270] *Ibidem*: «... alia specialiora non possunt cognosci nisi illa communia cognoscantur, et non potest istorum communium cognitio tradi in aliqua scientia particulari (...) igitur necesse est esse aliquam scientiam universalem quae per se considerat illa trascendentia, et hanc scientiam vocamus metaphysicam (...) quasi trascendens scientia quae est de trascendentibus».

[271] *Ivi*, q. 1, n. 11: «Metaphysica, quae est proprie sapientia secundum Philosophum hic in Proemio est scientia propter quid; de Deo autem non est scientia propter quid, ut de primo subiecto, et nulla scientia considerat Deum ut causam, cum nihil causet necessario secundum veritatem, quidquid sit de Aristotele».

essere soggetto della metafisica. Se non è Dio, il soggetto della metafisica non è neppure l'*ens creatum* o *ens analogicum*, inteso come effetto che rinvia a una causa, perché qualunque effetto, concepito nella sua nuda entità ontologica, non dice di per sé una causa o relazione, ma solo ciò che è – l'identità. Nell'uno e nell'altro caso – o che il soggetto sia Dio o un *ens creatum* – si darebbe vita a un sapere vincolante, da cui risulterebbe esclusa la libertà come anima dell'essere. Ora, per Scoto, Dio è un agente volontario e libero, non vincolabile ad alcun sistema, neppure come co-pratogonista, e ogni ente è contingente, nel senso che poteva non essere, per cui risulta legato alla causa che l'ha voluto. Pertanto, il soggetto della metafisica non è Dio o qualcosa che esiga Dio come sua causa – il contingente. Il soggetto della metafisica è ciò che è comune a tutti gli enti, oggetto di un sapere anteriore a ogni specifico sapere, e cioè l'ente in quanto ente, univoco, non analogico. Ora, siffatto sapere quale scenario esclude e in quale scenario si ritrova a pieno titolo?

5.3. *L'*ens in quantum ens *di Scoto è altro dall'*actus essendi *di Tommaso*

L'*ens in quantum ens*, inteso in senso reduplicativo, in rapporto cioè all'entità dell'ente, non è identificabile con l'ente che partecipa dell'*actus essendi*. Duns Scoto respinge come originaria questa linea, a favore dell'ente nella sua massima comunanza. Sullo sfondo dell'essere analogico non pare ci sia spazio per l'autonomia dei saperi, perché inevitabilmente disposti in posizione gerarchica. Infatti, per Tommaso l'*ens* dice in prima istanza non la "*quidditatem entis*" ma l'"*actum essendi*" – ecco il peso ontologico – in base al quale troverà il posto conveniente nella scala degli enti. Ora, per Duns Scoto, solo se "*non dicit actum essendi*", ma "*quidditatem entis*", l'*ens* lascia inalterata la fisionomia degli enti, non negando ma neppure affermando il loro rapporto a Dio. Il principio, che soggiace a questa prospettiva, è che una qualunque cosa va conosciuta in sé, per ciò che è, dunque *"ante respectum"* – la relazione a Dio o agli altri enti è successiva[272].

In quest'ottica, ritenendo possibile conoscere gli *entia inquantum entia*, Scoto si oppone a Tommaso, il quale afferma, per es., nel *Prologo* al suo *Commento alle Sentenze*, che l'*attributio ad Deum* appartiene all'essenza di ogni ente, alla sua *entitas*, conseguente al grado di essere, incomprensibile se non rapportato alla sua causa[273]. Se questa *attributio ad Deum* è essenziale, non è possibile un sapere dell'ente che prescinda dal suo riferimento teologico. Il carattere ancillare del sapere filosofico a quello teologico ha qui le sue premesse remote, e cioè nell'intelaiatura metafisica, che si rivela sostanzialmente teologica.

Dunque, circa l'*attributio ad Deum* degli enti il dissenso di Scoto è radicale, persuaso che la libertà di Dio e l'autonomia dei saperi vengano salvaguardate con l'univocità, compromesse invece con l'analogia.

---

[272]   *Ord.* II, d. 1, q. 5, n. 18: «Definitio indicat totam quidditatem rei, si est perfecta; sed definitio lapidis non includit essentialiter vel formaliter respectum ad aliud; quia tunc non esset definitio lapidis ut est in genere absoluto; et ita non esset definitio lapidis ut est in genere substantiae vel ut species substantiae; ergo in essentia lapidis non includitur formaliter aliquis respectus».

[273]   THOMAS DE AQUINO, *In Sent. Prol.* q. 1, art. 2, ad 2: «... creatura enim non habet esse nisi secundum quod a primo ente descendit, unde nec nominetur ens nisi inquantum primum ens imitatur». J.-F. COURTINE, *Il sistema della metafisica. Tradizione aristotelica e svolta di Suarez*, VeP, Milano 1999, p. 321: «Qui si delinea, per così dire il nucleo, il conflitto tra due ontologie irriducibili tra loro: una, quella di san Tommaso, secondo la quale l'ens si dice in prima istanza e anzitutto ab actu essendi – I Sent. VIII, d. 1, q. 1: *hoc nomen ens imponitur ab ipso actu essendi*, o anche: *ens non dicit quidditatem, sed solum actum essendi*; l'altra, sulla cui direttrice si colloca senza dubbio la metafisica di Suarez, secondo la quale *ens, hoc est cui non repugnat esse* (Duns Scoto, *Ord.* I, d. 2, pars 2, qq. 1-4, n. 262)».

5.4. *L'*ens in quantum ens *e la metafisica altra dalla teologia naturale*

Duns Scoto con l'univocità ribadisce che l'ente in quanto ente sia da considerare in se stesso, prescindendo da qualunque riferimento teologico[274]. È un'altra concezione e dunque un'altra ontologia. Egli si rende conto che per sostenere in modo coerente che «*Deus nullius effectus est talis causa (necessaria), sed tantum voluntaria et libere agens, ponenda est alia Metaphysica*». Occorre costruire un'altra metafisica, perché con le metafisiche in campo non è possibile salvaguardare l'immagine libera e liberale di Dio e la conseguente molteplicità e autonomia dei saperi. La metafisica è altra cosa dalla teologia. Scoto opta per l'ente in quanto ente, inteso come ciò *"cui non repugnat esse"*[275], nel senso dell'*"aptitudo ad existendum"*[276], in cui si risolve l'enticità dell'essere in generale. Se non implica l'atto di essere, non per questo l'ente in quanto ente cade dal livello ontologico in quello logico. Esso è cifra di quella positività che è lo sfondo entro cui gli enti assumono ognuno una fisionomia, a partire dalla prima grande divisione di finito-infinito. Anteriore alla disgiunzione di atto e potenza, l'ente in quanto ente assicura l'intelligibilità degli enti, in nome appunto dell'*univocatio* che ne garantisce la comunione prescindendo dalle distinzioni.

---

[274] *Quaestiones subt. super Metaph..*, q. 1, n. 42: «... absolutum est ante respectum; tum quia praemissa est cognoscibilis ante conclusionem et ante rationem conclusionis; (...) quae ergo esset illa scientia, quae consideraret entia inquantum entia sine tali attributione? Videtur enim quod sit ponenda alia Metaphysica».

[275] *Ord.* I, d. 2, p. 2, qq. 1-4, n. 262.

[276] *Ord.* IV, d. 11, q. 3, n. 46. A. B. Wolter qualifica l'oggetto della metafisica di Scoto come l'"esistibile" (the existible) (*The Trascendentals an their Function in the Metaphysics of Duns Scotus*, Saint Bonaventure, New York 1946, p. 69). *Quodlibetales* III, n. 8: «"Communissime", prout se extendit ad quodcumque quod non est "nihil" quod includit contradictionem, et solum illud, quia illud excludit omne esse extra intellectum et in intellectu».

Quale allora lo spessore dell'ente in quanto ente? L'essere possibile (*ens possibile*) dice di più dell'*ens ut sic* (*nominaliter sumptum*), anche se questo surplus riguarda una determinazione negativa, quella del non-ancora. Il possibile è, in prima battuta, indipendente rispetto a Dio, con una propria oggettività, non però nel senso che abbia un determinato grado di essere, distinto dall'essere di Dio – come invece sostiene Wyclif nel *De ideis*, condannato dal Concilio di Costanza, secondo cui «le creature possiedono dall'eternità un certo essere reale, distinto dall'essere di Dio». È il rischio della platonizzazione, sempre incombente, che alcuni rimproverano, a torto, a Scoto, se è vero che sostiene il carattere oggettivo del possibile e, solo "*in secundo instanti*", dipendente dall'intervento dell'atto intellettivo divino. Secondo i critici Scoto concepirebbe l'ente conosciuto come un ente consistente in sé, anche se *deminutum*, con una sua realtà distinta dall'essere di Dio. Ebbene, in merito occorre dire che la polemica con Enrico di Gand circa il carattere eterno dell'*esse essentiae*[277] conferma che Scoto, per un verso non riconosce alcuna specifica consistenza ontologica all'*ens in quantum ens*, per l'altro non abbandona il piano ontologico[278]. La "*ratio possibilium*" non è altro che la "*ratio entis*", intesa come "concepibilità" o non contraddittorietà. Qui il richiamo non è a un intelletto

---

[277] P. PORRO, *Possibilità ed esse essentiae in Enrico di Gand*, in W. VANHAMEL (éd.), *Henry of Ghent*, Proceedings of the Internat. Colloquium on the Occasion of the 700° Anniversary of his Death (1293), Leuven University Press, Leuven 1996, pp. 211-254.

[278] *Ord.* I, d. 36, q. u., n. 13: «(Contra opinionem Gandavi de aeternitate essentiarum). Primo, quia creatio est productio de nihilo; sed si lapis ab aeterno praehabuit verum esse reale, ergo quando producitur ab efficiente, non producitur de nihilo simpliciter». Sono obiezioni analoghe a quelle che Duns Scoto muove ad Avicenna. Se l'essenza o natura considerata in sé avesse un proprio "esse" non solo prima dell'effettuazione, ma prima di ogni conoscenza divina, risulterebbe compromessa la "creatio ex nihilo". Cfr. O. BOULNOIS, *Analogie et univocité selon Duns Scot: la double destruction*, in "Études philosophiques" 44 (1989) 347-69.

determinato, ma alla verità formale di una certa cosa, qualunque sia l'intelletto che l'assuma a oggetto. Anche qui, come a proposito del soggetto della metafisica, Dio non è l'elemento primario. Per comprenderlo si rivada alla posizione opposta, quella di Tommaso, per il quale Dio conosce perfettamente se stesso e dunque anche gli altri da sé (*alia a se*) in quanto si conosce in tutta l'estensione della sua causalità, e pertanto apprende necessariamente tutti gli effetti possibili, che preesistono in Lui come nella loro causa. L'essenza divina contiene la similitudine o la *species* di tutto ciò che è altro da sé[279], sicché la conoscenza delle cose ha luogo in se stesso, non nelle cose stesse[280] – nell'essenza divina – luogo della conoscenza propria e adeguata. L'essenza di ogni cosa, infatti, è partecipazione, secondo una modalità propria, dell'essenza divina. Ma può dirsi perfetta – si obietta a buon diritto – quella conoscenza che non conosce la cosa in se stessa, anche se questo modo d'essere è meno perfetto di quello che la cosa possiede *eminenter* in Dio? In Dio le creature non sono propriamente "creature", dal momento che rifluiscono nella stessa *creatrix essentia*[281]. Ora – ecco la convinzione dell'obiettore – conosce per davvero le creature solo colui che le conosce come altre da sé, in quanto creature, non dunque "*in seipso*" (nel creatore), "*sed in seipsis*" (nelle stesse creature), fuori della loro causa. È il rilievo critico di matrice scotista-occamiana all'impostazione tomista.

---

[279] Thomas de Aquino, *Summa theologiae* I, q. 14, a. 5: «... dicendum quod Deus seipsum videt in se ipso, quia seipsum videt per essentiam suam. Alia autem a se videt non in se ipsis, sed in seipso, in quantum essentia sua continet similitudinem aliorum ab ipso (...) Ea vero quae sunt alia a Deo intelliguntur a Deo inquantum essentia Dei continet species eorum».

[280] *Summa Theol.* I, q. 14, a. 5: «... dicendum quod Deus seipsum videt in se ipso... Alia autem a se videt non in ipsis, sed in se ipso...».

[281] L'essenza (potentia receptiva) della creatura «antequam esse habeat est nisi forte in intellectu creantis, ubi non est creatura, sed creatrix essentia» (Idem, *De potentia* q. 3, a. 5).

Dunque, in cosa consiste l'oggettività dell'ente in quanto ente? Scoto si limita a dire che il possibile ha un'oggettività che non va oltre l'impossibilità[282]. È quella certa realtà intrinseca, anteriore a ogni conoscenza, che diventa *esse intelligibile* nel momento in cui è pensata dall'intelletto divino[283]. Sotto un profilo generale, ciò che è possibile lo è anche se, per ipotesi, Dio non fosse, alludendo con ciò a quell'oggettività secondo cui le cose sono ciò che sono. La verità di una proposizione ha la sua plausibilità in un'entità propria, senza alcun rapporto a ciò che è altro da sé. Qui l'ente è assunto nella sua accezione nominale, non participiale, e cioè non come esercizio di essere, bensì come assenza di contraddizione. È questa non-impossibilità che costituisce ontologicamente il possibile[284]. Dio conosce il possibile – e si ha l'*esse intelligibile* – se e in quanto vuole renderlo attuale[285]. In breve, è dalla possibilità intrinseca della cosa che la proposizione deriva la sua verità. Siamo all'acce-

---

[282] Cfr. E. Dezza, *La dottrina della creazione in G. Duns Scoto*, Antonianum, Roma 2017: «Il creabile in quanto non-contraddittorio» (pp. 42-52). Si tenga presente che tale problema va risolto preservando «la libertà della volontà divina che, nonostante si applichi ad un oggetto offertole dall'intelletto divino, non deve essere per questo motivo necessitata a produrlo» (A. Nannini, *Pensiero creante: l'eterno fondamento delle idee. Tentativo di lettura globale ed aperture collaterali della dottrina di Duns Scoto*, in "Antonianum" 92 (2017) 272).

[283] Nannini, *art. cit.*, pp. 266-7: La consistenza di tale *esse intelligibile* è che «propria nella sua *deminuta* indeterminatezza offre alla volontà divina il sostrato sul quale esercitare la sua volizione (...). In questo modo la contingenza dell'agire divino è salvaguardata e allo stesso tempo pienamente espressa dall'eternità, perché si applica ad un prodotto del pensiero divino coeterno alla sua stessa essenza (l'esse intelligibile delle Idee)».

[284] E. Dezza, *La teoria modale di G. Duns Scoto*, Antonianum, Roma 2018, p. 78: «Le sue originarie *intelligibilitas* e *possibilitas* non derivano dal fatto di essere posto nell'essere dalla potenza di Dio, ma dalla sua semplice non-avversione ad essere, condizione necessaria perché esso sia anche possibile, e quindi oggetto della libera elezione divina»

[285] Il che è in qualche modo in linea con quanto scrive Cartesio a Mersenne (6 maggio1630) e cioè «ex hoc ipso quod (Deus) aliquid velit ideo cognoscit et ideo tantum talis res est».

zione nominale dell'ente – e cioè l'ente è preso come nome che ha un'essenza, la cui possibilità l'intelletto scopre, non crea. La priorità riconosciuta alle essenze in quanto possibili, rispetto sia alla loro realizzazione che all'intelletto, allude a un grado d'essere non risolvibile nell'*ens rationis*, nel senso che non si esaurisce nel suo essere pensato.

L'essere possibile è più dell'essere di ragione, con una determinazione tenue ma non fittizia, e meno dell'essere attuale. Anche se si tratta di un'entità minimale[286], l'ente possibile è però pensabile come è e per ciò che è anche senza Dio. E così, ad es., la pietra è possibile di per sé, e cioè per la non-ripugnanza delle sue componenti. La fonte primaria della possibilità del possibile non è l'intelletto, ma la cosa stessa[287].

5.5. *L'ente soggetto della metafisica e oggetto adeguato dell'intelletto*

Dunque, la metafisica è la scienza dell'ente in quanto ente, considerato nella sua neutralità, colto nella sua semplicità e assolutezza. Ebbene, è questo l'oggetto adeguato dell'intelletto, l'ente che allude all'immenso arco del conoscibile[288]. Il soggetto della metafi-

---

[286] *Ord.* I, d. 3, pars 1, q. 3 (III, 73): «... intellectus cognoscit aliquid sub ratione entis in communi, alioquin metaphysica nulla esset scientia (...) ens autem, ut ens est communius sensibili, per se intelligitur ab intellectu nostro, alias metaphysica non esset magis scientia trascendens quam physica...».

[287] *Ord.* I, d. 43, q. unica., n. 6: «Lapis est possibilis esse ex se formaliter; ergo et reducendo quasi ad primum principium extrinsecum, intellectus divinus erit illud a quo est prima ratio possibilitatis in lapide. Non ergo illa potentia activa a qua Deus dicitur omnipotens est prima ratio possibilitatis in lapide». Cfr. G. PINI; *Scotus on Obiective Being*, in "Documenti e Studi sulla Tradizione Filosofica Medievale" 26 (2015) 337-367.

[288] *Quaest. Quodl.* XIV, art. 2, n. 46: «Ens non tantum limitatum, sed illimitatum, est obiectum naturaliter motivum intellectus creati; et ita ens, ut est indifferens ad utrumque, erit obiectum adaequatum naturale». *Ord.* I, d. 3, pars I, q. 3, n. 137: «Dico quod primum obiectum intellectus nostri est ens, quia in

sica è l'oggetto adeguato dell'intelletto, e viceversa, indifferente sia al limitato che all'illimitato[289].

Questa tesi della priorità dell'*ens*, concepito *"secundum totam indifferentiam"*, costituisce la pietra angolare dell'interpretazione univoca dell'essere[290], sicché univocità dell'essere e oggetto dell'intelletto sono indissociabili, in nome di una circolarità oggettiva, con conseguenze rilevanti circa l'arco conoscitivo dell'intelletto – non inferiore a quello degli angeli – e circa l'effettiva possibilità di toccare il lembo del mantello di Dio.

Ampliamento dell'orizzonte conoscitivo e realismo teologico si richiamano.

È un cambio di marcia significativo: l'oggetto adeguato dell'intelletto non è la *"quidditas rei materialis"*, e cioè, la sostanza materiale colta nei suoi tratti essenziali. Non è più la sostanza, appresa nella sua quiddità, a costituire l'oggetto proprio dell'intelletto. La sostanza della cosa materiale si impone *"pro statu isto"*, ma senza esaurire l'arco conoscitivo dell'intelletto.

Ed è questa la ragione per cui il concetto di essere viene liberato da tutto ciò che possa in qualche modo contrarlo[291].

---

ipso occurrit duplex primitas, scilicet communitatis et virtualitatis, nam omne per se intelligibile aut includit essentialiter rationem entis, vel continetur virtualiter vel essentialiter in includente essentialiter rationem entis».

[289] *Quodl.* XIV, a. 2, n. 46: «Ens, non tantum limitatum sed illimitatum (est) obiectum naturaliter motivum intellectus creati; et ita ens, ut est indifferens ad utrumque erit obiectum adaequatum naturale». Cfr. G. P. SOLANI, *Duns Scotus on the First Obiect of the Human Intellect. From the Ens univocum to the Ens Possible*, in "Documenti e Studi sulla Tradizione Filosofica Medievale", 6 (2015) 371-398.

[290] Per dirne l'essenzialità: «Ens in quantum ens potest habere passionem aliquam, quae est extra essentiam eius in quantum ens; sicut esse unum vel multa, actus vel potentia est extra essentiam cuiuslibet in quantum est ens sive quid in se" (*Metaph.* I, d. 1, n. 23).

[291] *Ord.* I, d. 8, p. 1, q. 3, n. 138: «Respondeo, quando intelligitur aliqua realitas cum modo suo intrinseco, ille conceptus non est ita simpliciter simplex quin possit concipi illa realitas absque modo illo».

L'oggetto adeguato dell'intelletto è il concetto dell'*ens in quantum ens*, comune a Dio e alla creatura[292], concetto in qualche modo finito, e cioè non di per sé infinito, nel qual caso non sarebbe comune al finito e all'infinito, né di per sé positivamente finito, in modo da includere la finitezza, nel qual caso non sarebbe predicabile dell'infinito. Indifferente al finito e all'infinito, tale concetto è bene dirlo finito "negativamente", nel senso che non pone di per sé l'infinità[293].

6. L'essere univoco e la sua *"latitudo"*

Individuato il soggetto della metafisica – *ens in quantum ens* – e chiarita la sua indifferenza al finito e all'infinito, indipendente da una causa sia superiore che anteriore, si impone il compito di accennare alla logica che presiede al suo distendersi nella pluralità degli enti. Quale il segreto che consente di attraversarne la *"latitudo"*, senza smarrirsi nel dedalo degli enti? La risposta è nella logica delle *"passiones"*, che ne costituiscono l'intelaiatura teoretica, sia in *senso modale* – le forme di contrazione dell'ente o *passiones disjunctae* – e sia in *senso formale* – le passioni trascendentali, dette converti-

---

[292] *Ord.* I, d. 3, p. 1, q. 2, n. 26: «Secundo dico quod non tantum in conceptu analogo conceptui creaturae concipitur Deus, scilicet qui omnino sit alius ab illo qui de creatura dicitur, sed in conceptu aliquo univoco sibi et creaturae. Et ne fiat contentio de nomine univocationis, univocum conceptum dico, qui ita est unus quod eius unitas sufficit ad contraddictionem, adfirmando et negando ipsum de eodem; sufficit etiam pro medio syllogistico, ut extrema unita in medio sic uno sine fallacia aequivocationis concludantur inter se uniri».

[293] *Ord.* I, d. 8, p. 1, q. 3, n. 41: «Concedo quod conceptus ille communis Deo et creaturae est finitus, hoc est non de se infinitus, quia si esset infinitus, non esset de se communis finito et infinito; nec est de se positive finitus, ita quod de se includat finitatem, quia tunc non competeret infinito, sed est de se indifferens ad finitum et infinitum; et ideo est finitus negative, id est non ponens infinitatem».

bili – uno, vero, buono, che indicano tutto l'ente sotto specifiche angolazioni[294]. Il piano è trascendentale e il procedimento è deduttivo. La logica si impone con tutta la sua stringenza, senza però occultare quella dinamica che fa tutt'uno con l'affermazione degli enti grazie alle passioni sia disgiuntive che convertibili.

6.1. Passiones entis: disjunctivae et convertibiles

A livello trascendentale, il disegno di tracciare la trama delle possibilità dell'ente si realizza attraverso le *passiones simplices convertibiles* (uno, vero e buono) e le *passiones disiunctivae* o trascendentali disgiuntivi, quali finito-infinito, contingente-necessario, possibile-impossibile, secondo lo schema alternativo dell'"o-o"[295]. Le passioni convertibili esprimono tutto l'ente da un particolare punto di vista: o in se stesso – l'uno – o in rapporto all'intelletto – il vero – o in rapporto alla volontà – il bene. Le passioni disgiuntive invece esprimono un determinato modo d'essere – finito o infinito, possibile o necessario, condizionato o incondizionato. Queste due logiche, che presiedono rispettivamente alla distinzione modale (*passiones disjunctivae*) e alla distinzione formale (*passiones convertibiles*), consentono di intravedere la "*latitudo entis*" e di compiere il suo attraversamento. Il carattere delle *passiones disjunctivae* è trascendentale, da prendere a coppie – finito-infinito, necessario-

---

[294] Prescindiamo dal soffermarci intorno al particolare modo predicativo dell'ente univoco circa le "passiones entis": «Dico quod ens non est univocum dictum in quid de nominibus per se intelligibilibus, quia non de diferentiis ultimis, nec de passionibus propriis entis» (*Ord.* I, d. 3, p. 1, q. 3, n. 131). È sufficiente rilevare che qui l'ente viene inteso come essenzialmente "determinabile", capace di sopportare qualunque predicato – o in quid o in quale.

[295] *Ord.* I, d. 8, pars I, q. 3, n. 115: «... ens non tantum habet passiones simplices convertibiles – sicut unum, verum et bonum – sed habet aliquas passiones (...), sicut necesse-esse vel possibile, actus vel potentia et hujusmodi».

possibile, condizione-condizionato. Esse rappresentano una contrazione interiore dell'ente fino a coprire per intero il territorio[296]. Il che significa che tali passioni non sono una delimitazione all'interno di un genere. Esse rientrano nella logica della proprietà modale, che indica l'essenza stessa dell'ente, modificata nella direzione dell'infinito o del finito. Mentre le *passiones convertibiles* (uno vero e buono) rientrano nella logica della distinzione formale, nel senso che ognuna rappresenta l'ente totale sotto un particolare profilo, le *passiones disjunctivae* designano un grado dell'essenzialità dell'essenza, e cioè uno specifico modo d'essere che solo se integrato dal contrapposto modo d'essere copre l'area dell'essere. Tale essere, contratto dai modi intrinseci, presenta un'unità, scomponibile in un elemento puramente determinabile (l'essere in quanto essere) e in un elemento determinante (il modo specifico d'essere). Le *passiones disjunctivae*, in quanto "modi intrinseci", non aggiungono alcunché dall'esterno, ma dicono l'intensità della cosa stessa, secondo quel grado d'essere o di enticità, tipica di ciascuna passione. La scomposizione del quadro non impedisce di cogliere quell'intreccio dinamico che dà conto della rete che tiene insieme gli enti.

6.2. *Carattere primario delle* passiones disjunctivae

L'importanza dei trascendentali disgiuntivi è data sia dal fatto che sono irriducibili tra loro e insieme coprono per intero il territorio[297], che dal fatto che implicano, nello spazio della loro

---

[296] *Ord.* I, d. 8, p. 1, q. 3, n. 115: «Sicut autem passiones convertibiles sunt trascendentes, quia consequuntur ens in quantum non determinatur ad aliquod genus, ita passiones disjunctae sunt trascendentes, et utrumque membrum illius disjuncti est trascendens quia neutrum determinat suum determinabile ad certum genus».

[297] *De Primo Principio* I, concl. p. 9, 8-10: «Harum divisionum ostensio duo adhuc ostendi requirit: quod membra cuiuslibet inter se repugnent, et quod

disgiunzione, tutti gli altri trascendentali, compresi i convertibili – uno vero e buono[298]. È ovvio poi che, descrivendo l'area dell'essere indeterminato, tali *passiones* includano la stessa divisione categoriale, legata all'ambito del finito (sostanza e nove accidenti). Tra le *passiones disjunctivae*, la coppia infinito-finito rappresenta la *prima divisio entis*[299], secondo il procedimento ispirato alla logica delle *primae differentiae entis*. Questa prima, fondamentale opposizione, relativa ai termini "finito-infinito", squaderna l'ente su due fronti, che sono contrapposti – il finito e l'infinito – ma insieme imparentati grazie all'ente in quanto ente. Ciò che si dice del finito-infinito, si dica di causato-causa, condizionato-condizione, dipendente-indipendente, tenuti insieme da un vincolo che Scoto chiama *"ordo essentialis"*. È il filo d'Arianna dell'ontologia di Scoto, descritto come una corrente che resta inalterata qualunque sia il contenuto degli enti in rapporto tra loro o *relatio aequiparantiae*. I termini della relazione costituiscono una sorta di trama, non occlusiva ma aperitiva, nel senso che salvaguarda la trascendenza dell'infinito rispetto al finito ma non a detrimento della comunione[300].

Prima che orizzontale o ascensivo, il discorso è discensivo, garanzia di un ponte effettivo, non soltanto supposto o auspicato.

---

evacuant rationem divisi».

[298] *Ord.* I, d. 38, p. 2, d. 39, qq. 1-5 (ed. Vaticana, vol VI Appendice A "Quomodo contingentia sit in rebus") n. 13, p. 414: «Dico quod istud disjunctum "necessarium" vel "possibile" est passio entis, circumloquens passionem convertibilem...».

[299] *Ord.* I, d. 8, q. 3, n. 139: «Ens prius dividatur in infinitum et finitum quam in decem praedicamenta, quia alterum istorum, scilicet finitum, est commune ad decem genera».

[300] *De Primo Principio* (ed. Müller) I, p. 2, 14-20: «Accipio aut ordinem essentialem, non stricte – ut quidam loquuntur, dicentes posterius ordinari, sed prius vel primum esse supra ordinem – sed communiter, prout ordo est relatio aequiparantiae, dicta de priori respectu posterioris, et e converso, prout scilicet ordinatum sufficienter dividitur per prius et posterius». È possibile leggere qui il recupero dell'"attributio creaturae ad Deum" di Tommaso?

Scoto sottolinea la fecondità di questo percorso, ritenendolo rispettoso e rigoroso dell'indole ontologica dei termini in relazione. Che sia rispettoso risulta dal ruolo significativo del concetto di "*gradus*" pertinente a ogni ente: «*Dico quod quodcumque ens est in se quid et habet in se aliquem gradum determinatum in entibus*»[301]. Il grado è messo in evidenza al punto che quell'ente, che ne è privo, è prossimo al nulla, come si è detto dell'*ens univocum*. Che tale "*medium*" sia poi rigoroso dipende dall'assunto che l'inferiore non sta senza il superiore, il posteriore senza l'anteriore, il causato senza la causa – si è alle radici remote dell'ottimismo francescano. L'uno esige l'altro. Il conoscere si apre alla totalità – struttura logica – dal momento che l'un termine non è senza l'altro e ogni ente o è l'uno o è l'altro, e pure essendo o l'uno o l'altro, l'uno non è però senza l'altro. Il che non comporta il recupero dell'analogia, né però la messa in discussione dell'univocità, poiché per Scoto la relazione, propria dell'analogia, è sempre successiva all'effettiva configurazione dell'ente univoco.

6.3. La traiettoria dell'ordo essentialis *contro la circolarità causale*

Quale la direzione che tale rete logica assume? Anzitutto, alla luce del principio già di Aristotele, ripreso da Agostino e rilanciato da Duns Scoto – «nessuna cosa genera se stessa»[302] perché, per prodursi dovrebbe già essere ed essendo non si produrrebbe – egli respinge la circolarità. Infatti, «*nulla omnino res essentialem ordinem habet ad se*»[303], perché in tale ipotesi nessuna asserzione comparativa sarebbe legittima, cadendo nell'abuso logico della causa,

---

[301] *Ord.* I, d. 19, q. 1, n. 8.
[302] *De Primo Principio* II, Intr., p. 10, 6-7: «Nulla omnino res est quae seipsam gignat ut sit».
[303] *Ivi*, prima concl.

causa di se stessa. Duns Scoto si premura anzitutto di mostrare l'il-logicità dell'ordine essenziale di carattere circolare, poi la direzione unilineare del processo causale, secondo un ordine che non è pos-sibile sovvertire senza venir meno alla logica dell'ordine essenziale. Analizzando le quattro cause – materiale, formale, efficiente e fina-le – egli pone in cima la causa finale, perché questa mette in moto il processo causale – prima nell'intenzione, ultima nell'esecuzione – *est ergo finis prima causa essentialiter in causando*[304]. Scoto non si ferma alla descrizione dell'ordine causale. Egli vuol mettere in luce il movimento che le proprietà disgiuntive attivano, rilevando la necessità dell'apertura alla trascendenza, pena la caduta nella circolarità, più sopra esclusa. E così, causa-causato, anteriore-po-steriore, indipendente-dipendente, eccedente-ecceduto... sono in relazione tra loro in modo che l'uno esiga l'altro, muovendo dal basso verso l'alto, non però dall'alto verso il basso[305]. Il posteriore non si dà senza l'anteriore – è la dignità della dipendenza – ma l'anteriore può darsi senza il posteriore – è la salvaguardia della sua trascendenza. Partendo dal termine inferiore dell'alternativa, Scoto mostra che si è indotti a porre il termine corrispettivo supe-riore, dal momento che il primo è semanticamente significativo a condizione che si dia l'altro, sicché il finito non è se non perché si dà l'infinito[306]. Si comprende da qui la portata di siffatta relazione di segno libertario con le molte conseguenze esistenziali.

---

[304] *Ivi*, II, 4 concl., p. 14, 5-6.

[305] *Ivi*, I, p. 4, n. 6: «Licet prius necessario causet posterius et ideo sine ipso esse non possit, hoc tamen non est quia ad esse suum egeat posteriori, sed e converso; quia si ponatur posterius non esse, nihilominus prius erit sine inclu-sione contradictionis; non sic e converso; quia si ponatur posterius non esse, nihilominus prius erit sine inclusione contradictionis». Cfr. J.-M. COUNET, *L'univocité de l'étant et la problematicité de l'infini chez Duns Scot*, in J. FOLLON-J. MCEVOY (eds), *Actualité de la pensée médiévale*, Paris Louvain-la-Neuve 1994, pp. 287-328.

[306] *Ord.* I, d. 38, p. 2 et d. 39, q. 1-5 (ed. Vat. vol. 6, App. A:) n. 13, p. 414: «In passionibus autem disjunctis (...) tamen – communiter – supposito illo ex-

6.4. *Ascesa metafisica a Dio*

Alla luce di tale metafisica, Scoto mostra che "ente" e "infinito" sono due nozioni che non si oppongono. Ecco la constatazione davvero straordinaria, e cioè il finito non si sente sopraffatto dall'infinito, come riterranno gli atei di tutte le stagioni. «*Infinitum non repugnat enti*»[307]; o, «*de ratione entis non est finitas*»[308]; e infine, rovesciando la negazione in affermazione, «*ratio entis est ratio compossibilitatis eius ad infinitatem, sicut ad modum eius proximum intrinsecum*»[309]. È la metafisica dell'intimità. Non siamo solo al di là della pura compatibilità logica. Siamo a una vera e propria "affinità" tra l'essere e l'infinito, ovvero a una propria "*consonantia*": l'ente si apre al suo massimo compimento – *ens in summo* – punto d'approdo dell'intensificazione dell'ente. L'ente univoco, puramente determinabile, in prima istanza indifferente e neutrale, essenzialmente indeterminato, trova nella *passio infinitatis* l'attributo più pertinente alle sue esigenze fondamentli, sicché, a differenza della "*passio*" della finitezza, l'infinità gli viene attribuita in modo speciale, senza che questa perda il carattere transcategoriale e transgenerico. Infatti, l'infinito o il *necesse-est*, all'interno della metafisica dell'*ens in quantum ens,* esprime in modo radicale la compiutezza o la perfezione plenaria del soggetto[310]. Dall'essere

---

tremo quod est minus nobile de aliquo ente, potest concludi aliquod extremum quod est nobilius de aliquo ente; sicut sequitur "si aliquod ens est finitum, ergo aliquod ens est infinitum", et "si aliquod ens est contingens, ergo aliquod ens est infinitum"...».

[307] *Ord.* I, d. 2, p. 1, qq. 1-2, n. 132.

[308] *Ivi*, n. 133. Se «de ratione entis non est finitas, de ratione entis» occorre predicare l'infinità, secondo la Regula Anselmi.

[309] In Courtine, *op. cit.*, p. 327.

[310] *Ord.* I, d. 8, p. 1, q. 3, n. 115: «Et tamen unum membrum illius disjuncti formaliter est speciale, non conveniens nisi uni enti – sicut necesse esse in ista divisione "necesse-esse vel possibile-esse", et infinitum in ista divisione "finitum vel infinitum", et sic de aliis».

comune – *ens in quantum ens* – all'ente primo – *ex ipso probatur primitas*. Tale passaggio ha luogo rilevando che "l'ente infinito è possibile" e lo è perché l'una nozione non si oppone all'altra, ma convivono in piena consonanza[311]. Tra essere e infinito non c'è opposizione. Ora, se possibile, l'infinito esiste, perché, nel caso non esistesse, non sarebbe possibile. Infatti, l'Infinito «*si potest esse, quia non contradicit entitati, potest esse a se, et ita est a se*». L'ente infinito esclude qualunque causa estrinseca, perché appunto infinito, sicché, se può esistere, esiste di fatto, perché, nel caso non esistesse non sarebbe possibile, ma impossibile. Dunque, ciò che può essere da sé è da sé[312].

6.5. Infinitas in entitate dicit totalitatem entitatis

Il concetto di ente infinito rappresenta l'ente nella sua pienezza[313], "oceano di sostanza infinita"[314]. Il riferimento è all'essenza di Dio, da immaginare come un oceano «che contiene tutte le per-

---

[311] *De Primo Principio* III, I. concl., p. 37, 12-15: «In hac conclusione et quibusdam sequentibus possem proponere actum sic: aliqua natura est efficiens, quia aliqua est effecta, quia aliquid incipit esse, quia aliqua est terminus motus et contingens; sed malo de possibili proponere conclusiones et praemissas, illis quippe de actu concessis, istae de possibili conceduntur».

[312] *De Primo Principio* III, p. 55: «Igitur si potest esse, quia non contradicit entitati, potest esse a se, et ita est a se. Probatur: quia excludendo omnem causam aliam a se, intrinsecam et extrinsecam respectu sui esse, ex se est impossibile non esse. Probato: nihil potest non esse, nisi aliquid sibi incompossibile positive vel privative possit esse, quia saltem alterum contradictorium est semper verum».

[313] *Ord.* I, d. 3, p. 1, q. 1-2, n. 58: «Conceptus perfectior et simplicior nobis possibilis est conceptus entis simpliciter infiniti. Iste enim est simpliciter quam conceptus entis boni...; quia infinitum non est quasi attributum... sed dicit modum intrinsecum illius entitatis». Contro interpretazioni devianti di carattere panteistico cfr. J.-M. COUNET, *L'univocité de l'étant et la problematicité de l'infini chez Duns Scot*, cit., pp. 287-328.

[314] *Ord.* I, d. 8, p. 1, q. 4, n. 198: «Quoddam pelagus infinitae substantiae».

fezioni come possono essere contenute eminentemente in qualcosa di formalmente uno. Tutti i fiumi entrano nel mare; donde escono ivi rientrano»[315]. Nulla può fungere da ostacolo. Tutte le obiezioni sono teoreticamente fragili. È netta l'affermazione in merito alla pienezza dell'essere: «L'essenza divina non è soltanto formalmente infinita, ma contiene virtualmente le altre perfezioni: e non soltanto qualcuna (come l'intelletto che contiene solo la sapienza o la volontà che contiene solo la carità), ma tutte; e non le contiene in forza d'altro, ma di per se stessa»[316]. Con l'ente infinito trova compimento la metafisica: è lì che essa si realizza[317]. E in forma esplicita: «*Infinitas in entitate dicit totalitatem in entitate, et per oppositum, suo modo, finitas dicit partialitatem entitatis*»[318], lasciando sullo sfondo la comunione tra la totalità e la parzialità. In quanto fine o obiettivo ultimo della metafisica – ma solo in questo senso e entro questi limiti – Dio può dirsi soggetto della metafisica[319]. L'infinito è ciò che eccede il finito secondo qualsiasi proporzione[320] e rappresenta il concetto metafisico meno improprio per

---

[315] *Ord.* I, d. 8, p. 1, q. 4, n. 200: «Continens omnes sicut possunt eminenter in uno formaliter contineri. Omnia flumina intrant in mare, unde exeunt revertuntur».

[316] *Ibidem*: «Ideo ipsa (essentia) non est tantum formaliter infinita, sed virtualiter continens alias: nec tantum aliquas (perfectiones) (sicut intellectus continet sapientiam, et voluntas caritatem et diligere), sed omnes, nec ab alio virtute alterius continens sed a se».

[317] *Metaph.* q. 1, n. 49: «... omnia naturaliter cognoscibilia de ipso (Deo) sunt trascendentia; finis huius est perfecta cognitio entis, quae est cognitio primi. Sed primo occurrens notissimum intellectui est ens in communi, et ex ipso probatur primitas et alia, in quibus est consummatio».

[318] *Quodl.* V, a. 3, n. 26.

[319] *Ord.* I, d. 3, p. 1, q. 1-2, n. 17: «... metaphysica est theologia finaliter et principaliter, quia sicut est principalius de substantia quam de accidente (...) ita – ulteriore analogia – principalius de Deo, quia semper prius, ordine perfectionis, includitur in ratione subiecti primi particulariter pars passionis disjunctae quae est simpliciter perfectior».

[320] *Quodl.* V, a. 1, n. 9: «Potest enim describi (infinitum) per excessum ad quodcumque aliud ens finitum sic: ens infinitum est quod excedit quocumque

dire Dio: è solamente attraverso questo concetto che la metafisica, affermata nella sua priorità, si rivela onto-teo-logia.

Ora, l'accentuazione del carattere univoco dell'ente non dà luogo forse a una sorta di anarchia ontologica, dal momento che restano ingovernate le differenze che qualificano gli enti? Si ritiene, infatti, che l'essere univoco, perché «non predicabile se non in un solo e identico modo, si riveli paradossalmente come la condizione perché l'identità non governi la differenza, ossia perché la differenza si dispieghi anarchicamente in un regime di assoluta equivocità»[321]. Ora, che l'ente univoco non governi la differenza credo che rientri tra gli obiettivi primari della sua assunzione a soggetto della metafisica. Che però tutto questo abbia luogo in un quadro di assoluta equivocità non pare, dal momento che l'univocità è stata proposta proprio per far fronte all'equivocità che, invece, pare implicita nel fondo dell'analogia. La ragione, che si adduce a sostegno dell'esito equivoco, è che nel contesto dell'univocità «*differentiae entis non sunt formaliter ens, sed materialiter tantum*». Ora, è vero, l'ente univoco è indifferente rispetto a tutte le denominazioni trascendentali – *passiones* o *proprietates* – nel senso che è anteriore a tutte le possibili determinazioni. Duns Scoto però si premura di definire il rapporto comunionale tra l'ente e le determinazioni (*ens continet multas passiones*) facendo ricorso alla teoria della "*distinctio formalis*" o distinzione modale intrinseca[322], con cui, pur rivendicando la non inclusione essenziale e dunque la loro differenza rispetto alla

---

ens finitum, non secundum aliquam determinatam proportionem, sed ultra omnem determinatam proportionem vel determinabilem».

[321] D. SACCHI, *Lineamenti di una metafisica di trascendenza*, Studium, Roma 2007, p. 226.

[322] Cfr. *Ord.* I, d. 8, q. 3, n. 139. *Ord.* II, d. 16, q. u., n. 17: «Isto modo ens continet multas passiones, quae non sunt res aliae ab ipso ente (...) distinguuntur tamen ab invicem formaliter et quidditative, et etiam ab ente, formalitate dico reali et quidditativa». Cfr. l'opera fondamentale di E. DEZZA, *La teoria modale di G. Duns Scoto* cit.

prima ratio entis, mostra che il loro accadere ha luogo all'interno della stessa *"ratio entis". Qui non c'è spazio per l'anarchia. C'è posto solo per la libertà* che non si esprime facendo violenza, perché la *formalitas* che Duns Scoto rivendica per i trascendentali è una *realitas obiectiva* che, perché tale, rientra nella *ratio entis*, non però in modo essenziale, bensì in modo virtuale[323]. All'ente, infatti, compete sia la *primitas communitatis* sia la *primitas virtualitatis*, grazie a cui raggiunge tutto ciò che in qualunque modo è, confermandosi soggetto unitario della metafisica.

In quest'ottica si comprende che l'essere univoco può essere inteso come lo spazio dove i saperi godono ognuno di reale autonomia. La metafisica traccia le linee generali di tutto ciò che ricade nella logica dell'essere, non circolare o immanentistica. Se la prospettiva metafisica, legata all'ente analogico, sembra che dia un taglio teologico al discorso, nel senso che tutto ruota intorno all'*actus essendi*, proprio dell'atto creativo di Dio, la prospettiva metafisica, che ha per nucleo centrale l'essere univoco, non riserva spazio alcuno all'esigenza a essere (il *conatus essendi* di Leibniz),

---

[323] *Ord.* I, d. 3, p. 1, q. 3, n. 137: «Dico quod (...) cum nihil possit esse communius ente, et ens non possit esse commune univocum dictum "in quid" de omnibus per se intelligibilibus, quia non de differentiis ultimis, nec de passionibus suis – sequitur quod nihil est primum obiectum intellectus nostri propter communitatem ipsius "in quid" ad omne per se intelligibile; et tamen hoc non obstante, dico quod primum obiectum intellectus nostri est ens, quia in ipso concurrit duplex primitas, scilicet communitatis et virtualitatis. Nam omne per se intelligibile aut includit essentialiter rationem entis, vel continetur virtualiter, vel essentialiter in includente essentialiter rationem entis. Omnia enim genera et species et individua, et omnes partes essentiales generum, et ens increatum includunt ens quidditative (...) Omnes passiones entis includuntur in ente et in suis inferioribus virtualiter (...) et ita patet quod ens habet primitatem communitatis ad prima intelligibilia, hoc est ad conceptus quidditativos generum et specierum et individuorum et partium essentialium omnium istorum et entis increati – et habet primitatem virtualitatis ad omnia intelligibilia inclusa in primis intelligibilibus, hoc est, ad conceptus quidditativos differentiarum ultimarum et passionum propriarum».

perché si muove sull'orlo del "quasi *nihil*", a protezione del carattere gratuito dell'atto creativo, nel senso che tutto ciò che viene all'essere porta le tracce dell'originalità e della gratuità – è tratto liberamente all'essere *ex nihilo*. Il mondo come tutte e singole le creature razionali rientrano nella logica dell'assoluta libertà divina. L'occhio non è stregato dal carattere necessitario dell'essere, attratto piuttosto dallo scenario che un gesto di pura libertà creativa apre affascinandolo. La stessa pluralità e autonomia dei saperi hanno un valore teologicamente alto, sia perché incarnano tale gratuità, esprimendola ognuno a suo modo, e sia perché confermano che tutti i saperi sono creazioni umane, con una dose rilevante di soggettività.

6.6. *La libertà motivo ispiratore del pensare scotista*

Il motivo ispiratore della metafisica di Duns Scoto, dunque, è costituito dal bisogno di fare spazio al discorso rivelato, senza prevenirlo né pregiudicarlo, garantendo l'assoluta libertà di Dio. Il che si dica a partire dalla Trinità, nel senso che l'immenso spazio dell'ente in quanto ente è occupato dall'infinito, e questo è da intendere «non tanto come ciò di cui non si può pensare il maggiore, ma come ciò che è più-che-se-stesso (...). Cercando di spiegare la Trinità, Scoto spiega la libertà: è libero, infatti, colui che contiene in sé più di se stesso. In questo modo, lungi dall'essere all'inizio di un processo di essenzializzazione o regolarizzazione dell'essere, Duns Scoto ricostruisce le condizioni trascendentali ("negative") del miracolo, che – per parte sua – accade *se* accade»[324]. L'infinito,

---

[324] E. GUGLIELMINETTI, *Troppo. Saggio filosofico* cit., p. 160. Un po' più avanti si legge: «A partire dal dato rivelato, Scoto fonda una nuova filosofia. Ma ciò che costituisce il cuore di questa filosofia moderna non è la sostituzione della cosa con il concetto, dell'essere con l'essenza, ma l'incredibile pretesa metafisica

infatti, si offre come lo scenario della complessità, nel senso che contiene tutte le perfezioni con una loro oggettività senza violarne la semplicità – è la ragione per cui la Trinità non risulta logicamente impossibile[325]. È qui la potenza concettuale del modo d'essere infinito.

Dunque, la matrice dell'intera attività speculativa di Scoto è la difesa della libertà, al centro della proposta filosofico-teologica. La critica serrata al pensiero pagano ha per bersaglio quel rigore logico, a partire dal logos, che irrigidisce lo spazio attivo degli enti, privati del loro essere "più-che-se-stessi", in quanto espressione della volontà divina. L'ente – ogni ente concreto – oltre ad essere ciò che è, è anche qualcos'altro – porta impresso il sigillo della sorgente, da cui promana, disegnando nell'area del finito il suo profilo, che l'ontologia si premura di definire. Forse si può dire che la metafisica dell'ente in quanto ente è pensata come spazio di accoglienza dei saperi e, prima, della rivelazione del Dio vivente. È ovvio che siffatta metafisica accoglie, non contrasta, la *theologia nostra*, imbastita con quanto Dio ha voluto liberamente rivelare[326]; così come questa non entra in conflitto con la teologia dei beati, ed entrambe con la teologia di Dio o scienza che Dio ha di sé, inaccessibile per l'infinità dei suoi tratti e incomparabile con quanto noi pensiamo e diciamo di Dio. Si assiste così a un'insolita coniugazione di scienze, non più l'una contro l'altra o l'una subordinata all'altra, ma l'una accanto all'altra nella grande cornice metafisica dell'ente in

---

che – in uno spazio – possa starci di più di ciò che è fisicamente possibile che vi si trovi» (p. 201).

[325] Il vocabolario di Duns Scoto della distinzione formale, della non-identità formale, della distinctio media, ex parte rei, che lo ha consegnato alla storiografia come "sottile" in senso negativo, rappresenta invece la via stretta per mostrare la possibilità dell'impossibile e dunque per accedere anche al mistero della Trinità. Cfr. di Guglielminetti il cap. 12 del saggio appena citato.

[326] *Ord.* I, d. 3, p. 1, qq. 1-2, n. 57: «Deus ut haec essentia in se non cognoscitur naturaliter a nobis, quia sub ratione talis cognoscibilis est obiectum voluntarium, non naturale, nisi respectu sui intellectus tantum».

quanto ente. La galleria della pluralità è l'omaggio più alto alla fecondità della libertà. Duns Scoto distingue i saperi, non li oppone, né li gerarchizza, ognuno con una propria luminosità, nello spazio indefinito dell'ente in quanto ente.

7. La libertà, la contingenza e l'etica

Tutto ciò che non è Dio è contingente. Questo il grande riassunto della dottrina biblico-cristiana della creazione, e cioè, il mondo è non perché era necessario che fosse, ma perché liberamente voluto. In quest'ampio contesto il "contingente" non è una sorta di *defectus entitatis, sicut est deformitas,* bensì è un *modus positivus entitatis*[327]. È la qualità ontologica di tutto ciò che è finito, che Scoto recupera ai fini di un discorso attento all'indole etica del nostro agire. La prima fondamentale conclusione è che ciò che apre a Dio non è qualche stortura da rettificare, un vuoto da colmare, un bisogno o un desiderio da soddisfare. È un passaggio significativo. L'etica scotista prende le distanze dallo stile lamentoso di una certa tradizione, fondata su ciò che non siamo e non abbiamo, su ciò che non conosciamo e non possiamo. Il sentimento di angoscia che, secondo alcuni, pare l'unica sorgente dell'idea di Dio[328], non è francescano, certamente non è scotista. Ciò che invece è essenziale è la consapevolezza che, essendo contingenti, siamo in quanto voluti, con un permanente debito di riconoscenza. Resta inalterata

---

[327] *Ord.* I, d. 39, q. unica, n. 35 (=V.): «Dico quod contingentia non est tantum privatio vel defectus entitatis, sicut est deformitas in actu secundo qui est peccatum; imo contingentia est modus positivus entitatis, sicut necessitas est alius modus».

[328] Si sa che *Emanuele Severino*, riconducendo il "peccato originale" dell'Occidente alle seduzioni del divenire, ritiene che la genesi di Dio sia dovuta al bisogno di far fronte a quell'angoscia esistenziale, provocata dal darsi della morte e dal dolore, come dall'assenza di un approdo definitivo.

la coscienza della propria finitezza, da esplorare in tutti gli anfratti, sia perché aiuta a intendere la forma che il dono dell'essere ha assunto[329], e sia perché aiuta a eliminare «la solitudine dell'esserci in un essere altro che lo trascende»[330]. La finitudine è tratto irrepetibile dell'essere, da vivere però in maniera creativa nell'orizzonte dell'Infinito, grazie a quel "punto di interiorità" che consente il contatto, sia pure solo furtivo, con la sorgente della vita.

7.1. *Problematizzazione dell'indole pagana di ciò che è soltanto "naturale"*

Nell'ottica pagana tutto è "naturale", nel senso che soggiace a leggi inviolabili, garanzia di armonia e di stabilità. Ogni ente tende alla realizzazione delle proprie virtualità maturando la propria salvezza grazie al passaggio dalla potenza all'atto[331]. Ebbene, questa prospettiva Scoto la sottopone a una duplice critica. La prima riguarda la "necessità" del mondo naturale, che egli circoscrive al suo divenire, non alla sua genesi, perché il mondo è in quanto voluto. La seconda riguarda la vita dell'uomo, governata, nei suoi momenti essenziali, non dalla necessità ma dalla volontà, sia pure finita e condizionata. In questo contesto prende forma il discorso etico,

---

[329] Siamo ben oltre il finitismo neo-greco di *Salvatore Natoli*, la cui «etica del finito significa... comprendersi a partire dalla propria finitudine. Il neopaganesimo così considerato è costitutivamente non cristiano senza però dover essere necessariamente anticristiano. (...) La finitudine che il paganesimo tematizza è naturale: con questo è da intendere che il finito fino a che esiste è sufficiente a se stesso» (*I nuovi pagani*, Piacenza 1999, pp. 8 e 12).

[330] P. MAZZARELLA, *Cristianesimo e storia*, in AA. Vv., *Millenarismi nella cultura contemporanea*, Franco Angeli, Milano 2000, p. 166.

[331] Ogni cosa è un certo "bene", nel senso che possiede quanto si richiede affinché sia quello che è. L'idea del "bene" è il supremo vertice dell'essere, e dunque è insieme la causa, per la quale tutto può venir conosciuto nella verità, e la causa per la quale ogni conoscibile esiste ed è quello che è.

facendo rifluire il versante "naturale" in quello "volontario"[332], in modo che il soggetto sia non solo consapevole, ma anche padrone del modo secondo cui aderisce a ciò che incontra o riceve[333]. È in questa luce che pare non utopica la possibilità che si metta in discussione finanche il sistema entro cui pur si vive, aprendo un altro tracciato[334]. Ciò che è *"primum"*, anteriore a tutto il resto, è la libertà di accettare o rifiutare, di orientare la vita in una direzione anziché in un'altra, di pensare una cosa anziché un'altra. Certo, occorre creare le condizioni perché questo potere possa dirsi efficace. Non si trascuri però che il pensiero, quando è sostanzioso e partecipato, rivela un *"appetitus"* (Leibniz) che si impone e qualifica ciò che mettiamo in essere. Da qui la radice etica della verità, nel senso che questa ha un fondo "soggettivo", – il mondo rinvia a Dio e ne esprime la volontà, la storia rinvia all'uomo e ne rivela i disegni, di breve o di lungo termine. La volontà è un motore che muove, non mossa da qualcosa di anteriore, di superiore o di posteriore se non in quanto tutto ciò diventa interiore condividendolo. Talvolta sfugge che la volontà si autodetermina anche quando si lascia determinare da ciò che la ragione presenta come giusto e retto. In principio «*nulla est causa nisi quia est voluntas*»[335]. Il "na-

---

[332] Servendosi di un'espressione di Olivi, Scoto scrive: «Si voluntas naturaliter moveretur ab intellectu naturaliter moto, voluntas naturaliter moveretur, et sic homo esset unum nobilem brutum» (*Quodl.* XXI, n. 32).

[333] *Ord.* II, d. 7, q. u., n. 9: «ergo non oportet quod ex hoc est voluntas perfecte libera, quod cum summo conatu se immergat in obiectum, imo ipsa magis dominatur sibipsi, cum quantocumque conatu tendat in obiectum, et ita libere fertur in quodcumque obiectum, et posset etiam de absoluta eius libertate non sic ferri in illud».

[334] *Rep. Par.* IV, d. 43, q. 4, n. 2: «... habent oppositum modum principiandi, quia principium activum naturale determinatur necessario ad unum ita quod non potest in oppositum pro tunc, cum agat secundum ultimum potentiae suae respectu illius unius. Principium activum liberum etiam pro tunc quando agit potest in oppositum illius quod agit, aliter non ageret libere... Ita principium activum naturale et liberum primo dividunt principium activum».

[335] *Quaestiones subtilissimae in metaphysicam Aristotelis* IX, q. 15, n. 5.

turale" e il "volontario" sono due principi, da tenere ben distinti «*quia hoc est hoc et illud est illud*», anche se poi a livello operativo l'uno rifluisce nell'altro. Il "naturale" segue l'impulso della natura, il "volontario" rinvia all'abisso interiore del soggetto, non dunque sinonimo di pura spontaneità, ma cifra di senso, espressione e insieme alimento della nostra soggettività[336]. La volontà si conferma "*primum*", senza-perché, non sottoposta ad alcun principio, autentico cominciamento[337], rispetto a cui la ragione risulta luce ondeggiante e neutra in attesa dell'intervento della volontà, grazie a cui soltanto può diventare fonte e guida di un concreto modo d'agire[338]. La dimensione specificamente umana la ragione pare che la mutui dalla volontà[339], la nuova padrona del campo, se è vero che «*voluntas utitur omnibus aliis potentiis*»[340].

7.2. Necessitas, voluntas commodi et voluntas iustitiae

All'origine, dunque, la volontà, cifra di libertà. Ora, la libertà di per sé è un modo d'essere, non un valore. Lo diventa in base a come si esprime nel consorzio umano e nel rapporto con gli altri. Da qui allora l'interrogativo: come scongiurare il pericolo che la volontà si ripieghi su se stessa o che l'emozione divenga la sua gui-

---

[336] L. IRIGARY, *La via dell'amore*, Boringhieri, Torino 2008, spec. il cap. 3 (pp. 69-93): «Grazie alla differenza».

[337] *Metaph.* IX, q. 15, n. 2: «Aut enim potentia ex se est determinata ad agendum, ita quod quantum est ex se non potest non agere quando non impeditur ab extrinseco; aut non est ex se determinata, sed potest agere hunc actum vel oppositum actum, agere etiam vel non agere».

[338] *Metaph.* IX, q. 15, n. 6: «intellectus (...) cadit sub natura». E poco più avanti: «Intellectus (...) irrationalis est».

[339] *Ord.* II, d. 42, q. 4, n. 19: «Appetitus noster in quo convenimus cum brutis est liber et rationalis per participationem, non autem per actum suum, sed per actus alterius potentiae, scil. voluntatis cui subest».

[340] *Ord.* II, d. 25, q. u., n. 2.

da? Ebbene, per evitare che il cerchio si chiuda o si sciolga in forme più o meno illusorie di vita, riemerge e si impone come liberatoria la ragione alle prese con la dottrina rivelata, in merito alla quale ci si chiede cosa questa imponga come inviolabile e senza deroghe, al punto che l'atteggiamento contrario venga inteso come violazione di istanze fondamentali della "*natura*". Vi è, forse, qualcosa che è noto di per sé (*quod est per se notum*), che cioé si impone in base ai suoi termini o anche in quanto rientra tra le conclusioni dedotte dai principi primi[341]? Sì, la risposta è affermativa, e riguarda l'onore che si deve all'unico Dio, che ci ha chiamati all'essere e dalla schiavitù ci ha condotto alla libertà, indicando la strada lungo la quale riconoscerne la voce. È il precetto che costituisce la "prima tavola mosaica", il cui rispetto comporta il massimo innalzamento di sé, la suprema apertura, senza alcun ondeggiamento. Si noti che, proprio perché rientra nell'evidenza inconfutabile, tale precetto esige un amore assoluto, non motivato da alcunché – neppure la salvezza dell'anima ha qui posto – dal momento che *Deus diligendus est quia Deus*[342]. Non conta null'altro. Di riflesso, odiare Dio è il solo atto la cui malizia morale è intrinseca, così come amare Dio è il solo atto la cui bontà gli è costitutiva[343]. Qui si impone la "*voluntas iustitiae*", voce di ciò che si deve favorire e voce di ciò che si deve impedire.

Accanto a ciò che si impone da sé vi è però l'ampio campo della contingenza o di ciò che non si impone se non in virtù della

---

[341] *Ord.* III, d. 37, n. 1: «Quae sunt de lege naturae, vel sunt principia necessaria nota ex terminis, vel sunt conclusiones necessario sequentes ex talibus principiis».

[342] *Ord.* IV, d. 46, q. 1, n. 10.

[343] *Ord.* III, d. 37, n. 7. *Rep. Par.* IV, d. 28, q. u., n. 6: «Nullus autem actus est bonus in genere ex solo obiecto, nisi amare Deum...; et solus actus est ex genere malus, qui est oppositus isti actui, respectu eiusdem obiecti, ut odisse Deum, qui nullo modo potest circumstantionari, ut sit bonus». Tutti gli altri sono la risultante di più elementi e circostanze.

volontà legislatrice – è l'area della "seconda tavola mosaica" – e cioè l'insieme dei precetti relativi ai rapporti umani, da rispettare adattandoli alle epoche storiche attraverso una lettura illuminata, in grado di dire cosa effettivamente si attende che accada[344]. Si è nel campo della libertà creativa alle prese con la realtà effettuale e la traiettoria dei precetti, raccordate dall'opera mediatrice della ragione (*per intellectum*). È l'area sempre problematica e oscillante del contingente. Ora, però, non è forse vero che la Bibbia invita ad amare Dio e il prossimo allo stesso modo, facendo rifluire ciò che è contingente (il prossimo) in ciò che è necessario (Dio)? È forse legittimo dissociare il contingente dal necessario? La loro coniugazione è il nodo dei problemi etici. Per Duns Scoto l'amore è unico, ma i beneficiari sono due – Dio e l'uomo – dal momento che l'altro – singolo o comunità – è "co-amante di Dio" e dunque da coinvolgere nell'onda dello stesso amore[345]. Il che significa che sia la "prima tavola" che la "seconda" rientrano nell'ambito della *voluntas iustitiae* e cioè nel volere ciò che è doveroso che si voglia. E che ne è della "*voluntas commodi*", relativa ai diritti elementari, la cui soddisfazione garantisce la nostra sopravvivenza biologica? Ebbene, la *voluntas commodi* è da attivare nel quadro della *voluntas iustitiae* e cioè tenendo presenti le esigenze della "natura" nel

---

[344] *Ord.* IV, d. 50, q. 2, n. 10: «Non videtur quod circa creaturam sit aliquod peccatum mortale ex genere, sed tantum ex praecepto divino, ut cognoscere alienam, occidere hominem, quia illa ex se, si deus revocaret praeceptum, non essent peccata». E così in merito al matrimonio monogamico: «Sic institutum est matrimonium, ut regulariter una sit unius, tamen aliter posset institui propter maius bonum» (*Rep. Par.* IV, d. 33, q. 2, n. 7).

[345] *Ord.* III, d. 37, nn. 9-12. *Ivi*, III, d. 28, q. u., n. 2: «Eodem (actu) volo Deum, et volo te velle Deum; et in hoc diligo ex caritate... Non assignatur proximus quasi secundum obiectum caritatis, sed quasi omnino accidentale obiectum: quia (assignatur) ut aliquid potens condiligere mecum perfecte et ordinate dilectum, et ad hoc eum diligo, ut condiliget, et in hoc quasi accidentaliter eum diligo: non propter eum, sed propter obiectum quod volo ab eo condiligi; et volendo hoc ab eo diligi, volo sibi simpliciter bonum, quia bonum iustitiae».

suo insieme come quelle della "comunità". È nel raccordo delle due volontà – *iustitiae et commodi* – l'impegno etico. L'agire eticamente corretto comporta l'uscita dalla minore età, e cioè operare guardando in avanti e lontano. L'etica è il mondo della volontà che vuole "in grande", preoccupata del breve e del lungo periodo, sorretta dalla ragione critica e creativa.

Mentre il seguire la sola *"voluntas commodi"* provoca conflitti, nel senso del cerchio che si chiude all'altro, mio nemico o mio contendente, e si allontana dalla "natura", miniera di risorse e non tempio del logos e abitazione dell'uomo, il seguire la *"voluntas iustitiae"*, qualunque sia l'istanza da soddisfare, comporta la dilatazione dell'orizzonte all'altro da sé, solidale nelle difficoltà, e il controllo degli impulsi predatori che ci abitano. L'idea guida dell'etica scotista è la coniugazione delle volontà (*iustitiae et commodi*), non lo scollamento o il predominio dell'una sull'altra, con il primato della *voluntas iustitiae*, in grado di "moderare" la *voluntas commodi*, voce incancellabile della "natura"[346].

7.3. *L'etica spazio di libertà in atto*

La bontà morale non si ispira all'*"operatio sequitur esse"*. Questa vale per i fenomeni della *physis*, non per le azioni del mondo propriamente umano. Perché potenza di libertà, la volontà si esprime in modo eticamente corretto quando non si lascia sopraffare da motivazioni particolari o da interessi specifici, ma asseconda l'im-

---

[346] *Ord.* IV, d. 49, p. I, q. 5, n. 282: «Actus amicitiae inest voluntati secundum quod habet affectionem iustitiae (...). Actus autem concupiscentiae inest voluntati secundum quod habet affectionem commodi, quia necessario inest secundum illam, etiamsi sola illa esset: nobilior autem secundum rationem est affectio iustitiae affectione commodi, quia regulatrix eius et moderatrix secundum Anselmum, et propria voluntati, in quamtum libera est, cum affectio commodi esset eius etiamsi voluntas libera non esset».

pulso alla trascendenza sorretto dalla percezione di sé e delle cose in chiave di radicale gratuità.

Infatti, compendio della volontà divina, la "seconda tavola mosaica" rientra nell'ambito dell'auto-comunicazione di Dio all'umanità, in forme diverse, da leggere alla luce della prospettiva secondo cui «*primo Deus intellexit se sub ratione summi boni*»[347] e «*secundo diligit se in aliis*»[348]. Dio ha parlato all'uomo «*multifarie multisque modis*» – attraverso accadimenti di varia entità e soprattutto, e in forma compendiosa, attraverso le leggi, da quella mosaica a quella evangelica, filtrate attraverso le epoche storiche – con l'unico obiettivo di tenere alto e aperto l'orizzonte del pensare e dell'agire.

8. Conclusione

Duns Scoto è persuaso che la chiave d'accesso al reale non sia la ragione, ma la volontà, non la necessità ma la libertà. Il primo risultato è che non si danno verità di ragione, e cioè verità che si impongano anche a Dio.

Tutto ciò che non è Dio è contingente, poteva non essere o essere diversamente. Dunque, è un fatto, anche se poi all'interno di esso ci sono delle costanti o leggi che danno luogo a proposizioni

---

[347] *Ord.* III, d. 19, q. u., n. 6: «Primo Deus dilexit se sub ratione summi boni; in secundo signo intellexit omnes alias creaturas; in tertio, praedestinavit ad gloriam et gratiam, et circa alios habuit actum negativum, non praedestinando; in quarto praevidit illos casuros in Adam; in quinto praeordinavit sive praevidit de remedio quomodo redimerentur per passionem Filii, ita quod Christus in carne, sicut et omnes electi, prius praevidebatur et det praedestinabatur ad gratiam et gloriam, quam praevideretur passio Christi, ut medicina contra lapsum sicut medicus prius vult sanitatem hominis quam ordinet de medicina ad sanandum».

[348] P. N. Evdokimov, *Teologia della bellezza. L'arte dell'icona*, San Paolo, Cinisello Balsamo (MI) 2002, p. 139.

di segno necessitario. La forza suggestiva di quest'assunto è la non assolutizzazione della ragione e delle sue acquisizioni. Da qui lo sguardo attento intorno a noi, non con l'aria censoria di chi scopre il falso, ma con l'aria ammirata di chi si lascia sorprendere da eventi o fenomeni che vanno oltre la debole luce della ragione, perché espressione della libertà creativa.

8.1. *Dalla gerarchia tomista all'asimmetria scotista*

Il sostegno metafisico di questa prospettiva è da ritrovare nella nozione dell'essere in quanto essere, indeterminata e determinabile – può dirsi di cose diverse solo perché non le include, né però positivamente le esclude. Ebbene, in tale quadro metafisico non c'è possibilità alcuna «di mettere in evidenza un ordine immanente al concetto di essere, capace di fondare una dipendenza analogica»[349], perché al centro della metafisica non c'è l'*ens in quantum creatum,* bensì *l'ens in quantum ens.*

Infatti, per il metafisico il concetto di essere, uno e semplice, si predica indifferentemente di tutto ciò che è, inteso in senso minimale, come ciò che è *extra nihil,* sicché ogni ente viene considerato prima come *ens in quantum ens* e dunque come univoco (metafisica) e poi come *ens creatum* e dunque come analogico (ontologia), prima come *"aliquid"* o qualcosa (metafisica) e poi come effetto di una volontà creatrice (ontologia).

La problematica dell'univocità prende il posto della problematica dell'analogia, e si impone con la *"prima divisio entis"* attraverso le passioni disgiuntive finito-infinito, risolvendosi nella constatazione della fondamentale distinzione dell'essere. L'orizzonte dell'ente in quanto ente è l'orizzonte del possibile, del pensabile,

---

[349] COURTINE, *op. cit.,* p. 447.

del qualcosa in generale, non delle creature nella loro singolarità, che rientrano nell'orizzonte dell'ontologia. E così nell'ottica della metafisica dell'ente univoco non c'è spazio per la gerarchizzazione dei saperi. C'è solo asimmetria, cifra non della subordinazione, ma della pluralità e dell'ospitalità.

8.2. *L'indole dell'apertura della metafisica*

Dunque, a sostegno del cambio di registro – dal primato della ragione al primato della volontà – Scoto pone la metafisica dell'ente univoco, in quanto tiene aperto l'orizzonte, grazie al quale il discorso teologico non risulta sovrastrutturale, ma autofondato e dunque autonomo. L'*ens in quantum ens*, soggetto della metafisica e oggetto adeguato dell'intelletto, assolve a questo compito proemiale, e cioè custodire l'apertura, entro cui la teologia prende forma. In quanto libera da quel fascio di pregiudizi, che possono oscurare l'orizzonte teologico o contaminarlo, la metafisica dell'ente in quanto ente rivendica a sua volta piena autonomia, rigettando la subalternità alla teologia, perché i principi su cui si regge si risolvono in principi immediati, non indigenti di alcuna mediazione[350].

Si comprende, allora, che la libertà, quale motivo ispiratore della filosofia e della teologia, esprime la sua potenzialità nella metafisica dell'univocità dell'essere, le cui coordinate fungono da orizzonte entro cui tutti i discorsi prendono corpo. Il soggetto della metafisica è l'ente in quanto ente, non Dio che, essendo libero, non può assolvere alla funzione di soggetto, incompossibile con un

---

[350] *Ord. Prol.* n. 214: «Nec etiam ipsa (theologia) aliquam aliam subalternat, quia nulla alia accipit principia ab ipsa, nam quaelibet alia in genere cognitionis naturalis habet resolutionem suam ultimo ad aliqua principia immediata naturaliter nota».

sapere di segno deduttivo e cioé di carattere necessitario; né l'ente in quanto contingente può dirsi soggetto della metafisica, perché legato a una causa e dunque ontologicamente dipendente. Pertanto, con la metafisica dell'ente univoco, Duns Scoto conferma che la matrice dell'intera attività speculativa è la libertà, al centro della sua proposta filosofico-teologica. La difesa dell'univocità e la critica dell'analogia dunque sono dettate dalla persuasione che la versione aristotelico-tomista della metafisica, pur tenendo insieme più dimensioni e giustificando la pluralità dei saperi, tende a chiudere l'orizzonte, favorendo la stabilità e insieme la piega dominatoria a detrimento della libertà.

8.3. *Autonomia dei saperi e indole liberatoria del sapere teologico*

La libertà, che trova il suo spazio all'interno della metafisica dell'*ens univocum*, oltre che giustificazione della pluralità degli enti e dei saperi, è la fonte privilegiata dell'etica. L'unica legge necessaria o naturale è quella di onorare Dio – è impensabile per Scoto, come per Anselmo, l'ateo – ritenendo positive – non naturali – tutte le altre leggi, compresa quella relativa a come esprimere l'onore che si deve al Creatore. La bontà morale non si identifica con la sostanza materiale dell'atto – un'azione è morale se libera. Da qui l'autonomia, oltre che della teologia e della metafisica, anche dell'etica. Se rigorose, le scienze non risultano subordinate l'una all'altra, ognuna con un profilo definito, inviolabile e coerente nel proprio ambito. È la pluralità dei saperi, attraverso i quali si intravede la vastità del campo degli enti, la cui concreta avventura esistenziale rinvia all'ontologia dell'*ens volitum* e dunque alla libertà. Il sapere metafisico, fermo ai tratti generali dell'essere, risulta incapace di aprire il varco verso Dio *ut haec essentia*, come anche di venire a parte sia dell'uomo nella sua ecceità, sia del volto autentico della felicità come dei mezzi per conseguirla. Qui il sapere metafisico non è di grande aiuto, perché di carattere universale. È l'ontologia dell'*ens volitum* che aiuta a render conto della gerarchia effettiva degli enti, come della teologia "nostra", con il suo taglio "pratico". Il potenziale che giace nascosto nel fondo dell'essere[351] solo il teologo, consapevole della precarietà dello *"status iste"*, riesce ad additare, sollecitando l'ampliamento dell'orizzonte. Il discorso teologico è liberatorio. Scendendo nell'abisso delle nostre potenzialità, il teologo consente alla ragione di rendersi conto che ciò che conosce è ben poca cosa rispetto a ciò che effettivamente siamo. E così, per quanto concerne l'arco del potere conoscitivo dell'uomo, chiarisce che la *"quidditas rei materialis"* esprime l'area *de facto, non de jure*, dell'intelletto, con la conclusione che le effettive acquisizioni filosofiche risultano tutte precarie perché legate allo *"status iste"*, con i suoi limiti e i suoi condizionamenti. L'ontologia dell'*ens volitum* dispiega la sua rete, che consente di intercettare – ospitare – un contenuto che viene da un'altra fonte, la "teologia nostra", non subalternata, perché scienza autonoma con propri principi, e tuttavia fonte di luce per la precarietà del nostro essere e pensare[352].

8.4. *Modernità del pensare scotista*

Distinguendo l'etica dalla metafisica e questa dalla teologia, il discorso di Duns Scoto appare singolarmente moderno, perché scioglie l'agire da specifiche sudditanze, a custodia del carattere

---

[351] *Ord. Prol.* n. 90: «Potest enim accipi obiectum naturale vel pro illo ad quod naturaliter sive ex actione causarum naturaliter activarum potest potentia attingere, vel pro illo ad quod naturaliter inclinatur potentia, sive possit attingere naturaliter illud obiectum sive non».

[352] *Ord. Prol.* n. 214: «Haec scientia (theologia) nulli subalternatur, quia licet subiectum eius esset aliquo modo sub subiecto metaphysicae, nulla tamen principia accipit a metaphysica, quia nulla passio theologica demonstrabilis est in ea per principia entis vel per rationem sumptam ex ratione entis».

originario della libertà creativa, e consente ai saperi di espandersi secondo la logica propria a ognuno. Duns Scoto non è Cartesio né Kant, eppure il suo è un processo di autonomizzazione non solo dei saperi in genere ma anche dell'etica, sullo sfondo del trascendimento del "naturalismo pagano" per quanto concerne sia il pensare che l'agire. L'accentuazione del carattere contingente della "seconda tavola mosaica" conferma tale affrancamento attraverso la presa di distanza dalle differenti forme di aristotelismo, sia quella radicale degli artisti averroizzanti, sia quella moderata dell'Aquinate. È stato a buon diritto notato che questo è «il corollario dell'affermazione della libertà assoluta di Dio circa l'ordine del mondo, di cui è Signore e creatore. Sembra che questo ingresso solenne del tema della libertà divina sia una delle possibili chiavi per comprendere come la teologia morale possa entrare nella "modernità" o restar fuori»[353], con l'aggiunta che la preoccupazione principale di Duns Scoto è di garantire una specifica percezione dell'essere – l'essere come gratuitamente voluto e donato – nella persuasione che sulla base di tale ontologia non possa che sorgere un'etica plurale nelle manifestazioni ma unitaria nell'ispirazione, e cioé l'etica della riconoscenza.

---

[353] D. FOYER, *Connaissance de Dieu et source de la moralité. Fondaments theologiques de la loi morale selon J. Duns Scot*, in "Mélange de Sciences Religieuses" 64 (2007) 19.

Capitolo quarto

LA LIBERTÀ LEGISLATIVA DEL POLITICO CON GUGLIELMO D'OCCAM

« Ad secundum argumentum principale dico quod scientia realis
non est semper de rebus tamquam de illis quae immediate sciuntur,
sed de aliis, pro rebus tamen supponentibus.
Ad cuius intellectum et propter multa prius dicta et dicenda,
propter aliquos inexercitatos in logica,
sciendum quod scientia quaelibet, sive sit realis sive rationalis,
est tantum de propositionibus tamquam de illis quae sciuntur,
quia solae propositiones sciuntur».

(*In I Sent.*, d. 2, q. IV - OTh II, p. 134)

Guglielmo d'Occam[354] è l'ultimo autorevole esponente della prima Scuola francescana, con un taglio di pensiero del tutto origi-

---

[354] Nato verso la fine del 1285 a Occam, villaggio presso Londra, da cui il nome di Guglielmo di Occam, è detto "Venerabilis Inceptor" perché non portò a termine l'iter accademico previsto per il conseguimento del magistero in teologia. La sua vita è stata piuttosto tormentata. Dopo un primo periodo di produzione e di insegnamento filosofico-teologico a Oxford, nel 1328 fu convocato ad Avignone da Giovanni XXII per rispondere dell'accusa di gravi errori dottrinali, mossa dal cancelliere di Oxford, Jean Lutterell. Quando si avvide, verso la fine del quarto anno, che era imminente la condanna, fuggì assieme al suo ministro generale, Michele da Cesena, anche lui convocato ad Avignone per la condivisione di presunti errori gioachimiti. Entrambi si misero sotto la protezione del nemico di Giovanni XXII, l'imperatore Ludovico il Bavaro. Qui incontrò Marsilio da Padova, politico di rilievo, dal quale però presto prese le distanze, in quanto teorico dell'unico potere, quello dell'imperatore, e dunque della visione laicista dell'ecclesiologia. La produzione di questo secondo periodo della vita è

223

nale. Se Bonaventura e Duns Scoto ci hanno introdotto alla lettura filosofico-teologica della verità rivelata prendendo le distanze dal naturalismo aristotelico-averroista, Occam, logico, epistemologo e commentatore di Aristotele, scuote tale linea rivoluzionando il rapporto tra mente e realtà, tra pensiero e cosa, con l'intento di restituire le creature alla loro singolarità e di porle in relazione diretta con Dio. L'interpretazione del suo contributo ha assunto nella storia direzioni disparate. Per alcuni sarebbe una critica corrosiva dell'aurea Scolastica; per altri una visione che svuota i problemi filosofici e teologici del loro contenuto metafisico; per altri la risoluzione dell'universale in mera vocalità convenzionale; per altri un tentativo di rigorizzare l'uso dei termini mentali o orali nell'ambito della proposizione corretta e sensata; per altri, infine, una critica intransigente della "*plenitudo potestatis*" o pienezza di potere del Papa come dell'imperatore nel nome della libertà cristiana. Occam è indubbiamente un pensatore poliedrico, che ha lasciato un segno sia nel campo filosofico-teologico sia logico-linguistico che politico, suscitando reazioni di diverso tenore.

Ora, più che ripercorrere le tappe di tale complesso itinerario e ridescrivere i passaggi più significativi della sua avventura di pensatore originale e di francescano inquieto, qui si vorrebbe mettere in evidenza la forza rivoluzionaria del suo spirito critico nei riguardi della convivenza, sociale ed ecclesiale, attraverso il recupero della soggettività del soggetto, della sua singolarità e con essa della sua intraprendenza. È questo l'obiettivo primario della sua attività

---

di carattere politico. Egli scrive, tra l'altro, l'*Opus nonaginta dierum*, il *Dialogus* (*Dialogo sul papa eretico*), il *Breviloquium de principatu tyrannico*, il *Tractatus contra Benedictum*, il *De potestate Papae*, le *Octo quaestiones de potestate papae*, il *De imperatorum et pontificum potestate*. Le opere del primo periodo, trascorso a Oxford, sono di carattere filosofico-teologico. Tra le altre: l'*Ordinatio sive Scriptum in librum Sententiarum*, la *Summa Logicae*, i *Quodlibeta septem*. Muore nel 1347 pare a Gaeta secondo alcuni, a Monaco di Baviera, vittima della peste nera, secondo altri.

speculativa sia di carattere filosofico-teologico che propriamente politico, portato a termine attraverso una critica costante delle pseudo-entità che irrigidiscono la logica e offuscano la bellezza delle creature. In breve, si vuol sorprendere in azione il suo spirito critico – il rasoio di Occam[355] – nel denunciare la vacuità delle molte coperture di segno universale, con cui indeboliamo la libertà creativa sia di Dio che delle creature piegandola ai nostri disegni, in linea con quel fondo concupiscenziale che ci abita, non facile da contrastare. Persuaso che nella storia sia prevalsa la convinzione che le parole e le astrazioni riflettano la realtà, Occam ha denunciato da varie angolazioni la tendenza della ragione a proiettare le proprie costruzioni concettuali sulle cose e su Dio, in una sorta di presunto mutuo rispecchiamento, sul discutibile presupposto che l'universale sia il fondo ultimo delle creature e il volto autentico del sapere. Occam è per un modello di ragione più misurato, consapevole della distanza tra mondo concettuale e mondo reale, in linea con lo spirito critico che l'età moderna sta per attivare.

Tre i protagonisti del discorso: Dio, onnipotente e creatore; il mondo, contingente e gratuito; l'individuo, singolare e libero. Anzitutto Dio. Egli è «pura aseità, infinità immobile, totalità perfetta dell'essere sottratta a ogni divenire, trascendenza pura che non può essere sondata dal pensiero umano se non per quello che essa stessa, rivelandosi, decide di far conoscere»[356]. Di fronte all'Assoluto l'uomo, libero di accoglierlo o di negarlo, di amarlo o di odiarlo, dotato non solo del potere di scelta tra contrari, ma di autodeterminazione, ossia di volere o non volere una cosa, come di aprire un nuovo cammino, lungo il quale chiudersi in se stesso o dialogare con l'Assolu-

---

[355] GUILLELMI DE OCKHAM, *Scriptum in primum librum Sententiarum* (=*In I Sent.*), ed. G. GAL, St. Bonaventure, N. Y. 1967, Prologus, quaestio 1, in *Opera Theologica* (=OTh), I, p. 74: «Quod pluralitas non est ponenda sine necessitate».

[356] A. GHISALBERTI, *Ockham*, in *Enciclopedia filosofica*, Bompiani, Milano 2005, vol. 12, pp. 8020-21.

to. In compagnia dell'uomo le creature – ed è il terzo protagonista – in merito alle quali Occam scrive: «Io mostro che la creatura stessa è l'idea»[357], nel senso che ogni creatura non è l'imitazione di un'idea, ma la sua realizzazione, come conviene a un'opera d'arte, denunciando quella concezione rappresentativa, secondo la quale le creature sarebbero il riflesso degli archetipi eterni[358]. Dunque, Dio l'uomo e le creature, tre assoluti da mettere in relazione vincendone l'estraneità, ma non a danno della loro singolarità.

1. La piega libertaria della critica occamiana

Il taglio critico del pensare di Occam, che alcuni studiosi hanno riportato a una sorta di nominalismo aprioristico, è da ricondurre all'analisi logico-linguistica del discorso, sia filosofico che teologico. Con l'abbandono della concezione del "concetto" come immagine adeguata della realtà e dunque con la netta distinzione tra la vita della nostra mente, cui il concetto appartiene, e il versante delle cose, altre da noi, egli apre un nuovo scenario, segnato sia dalla differenza radicale tra l'universale e il singolare, nel senso che nella natura delle cose non c'è nulla di universale né in atto né in potenza, e sia dall'impegno di rianalizzare il rapporto tra il segno linguistico e ciò cui tale segno rinvia. È per aver inaugurato questo nuovo capitolo che alcuni studiosi lo hanno ritenuto «il più grande filosofo europeo del Trecento»[359].

---

[357] *In I Sent.,* q. V, d. 3: «Utrum universale communissimum sit primum cognitum a nobis»..

[358] J. Biard, *G. di Ockham e la teologia*, Jaca Book, Milano 1991, pp. 72-3: «Queste ultime (le idee) non designano se non le creature stesse connotando la loro eterna intelligibilità, secondo la quale Dio le concepisce tutte assieme in un atto intemporale».

[359] C. Preve, *Una nuova storia alternativa della filosofia. Il cammino ontologico-sociale della filosofia*, Petite Plaisance, Pistoia 2013, p. 174.

1.1. *Dimensione critica del pensare occamiano*

Occam riconduce molte prospettive filosofico-teologiche a una sorta di diffuso e profondo bisogno di sicurezza, alimentato e giustificato da percorsi conoscitivi, contraddistinti da entità fittizie ma rassicuranti. È lo stile di quanti si affidano a strutture invariabili, mettendo in ombra la contingenza del mondo e trascurando il carattere singolare delle creature. È la forza fascinatrice dell'universale quale reduplicazione delle cose, con cui si guadagna l'illusoria certezza di essere in possesso dei loro tratti essenziali, con cui far fronte all'incertezza del loro divenire[360]. Quale altra via più agevole di questa per porre un argine al nostro ondeggiare nel mondo? La spinta sotterranea, che ha orientato la tradizione filosofico-teologica, è da identificare con la fortificazione del proprio modo d'essere e di pensare contro i venti del tempo. Ebbene, la teologia come giustificazione del potere divino e la filosofia come avallo del potere umano sono i due pilastri che la tradizione ha eretto e che Occam cerca di scuotere alla luce della libertà del Dio biblico, unico padrone del mondo, e in nome della forza purificatoria del nostro fondo concupiscenziale a opera della povertà, di cui ogni francescano è testimone. È decisivo il richiamo al Dio onnipotente, dotato di potenza ordinata e di potenza assoluta[361], non però

---

[360] Che sia presuntuoso e intransigente è dovuto alla lunga storia della ragione come facoltà del necessario e dell'universale, quali caratteri genuini della verità. La ragione è sorta e si è formata avida dell'universale, per cui «estrae dalla contingenza l'identico, dall'arbitrario la necessità e definisce "esperienza" unicamente il residuo irriducibile al pensiero» (B. FONDANE, *In dialogo con Lev Sestov. Conversazioni e carteggio*, Aragno, Torino 2017, p. 309). Occam si propone di frenare quest'onda lunga che tuttavia riprenderà la sua corsa con l'età moderna sia pure sotto altre forme, animate tutte dalla stessa logica e giustificate dalla stessa ansia di stabilità.

[361] *Quodlibeta septem* VI, q. 1, in *OTh* IX, p. 585: «Quaedam Deus potest facere de potentia ordinata et aliqua de potentia absoluta». Il che non va inteso nel senso che in Dio esistano due potenze distinte o che Egli faccia qualcosa in

nel senso che sia fonte di atteggiamenti gnoseologicamente scettici
– se tutto dipende da Dio di cosa possiamo dirci certi? – o causa
dell'arbitrarismo etico – se tutto dipende dalla sua volontà il bene
oggettivo non si dà – ma nel senso che sia richiamo alla sua conclusiva trascendenza

Il capitolo centrale sull'onnipotenza si articola essenzialmente lungo due traiettorie. La prima, liberare l'immagine di Dio dai
vincoli di necessità e di dipendenza, collegati a nostre specifiche
istanze di potere, e dunque proteggere la sua trascendenza dai tentativi, più o meno sotterranei, di indebolirla sottomettendola alla
nostra logica. Da qui la negazione di qualunque distinzione in Dio
in nome dell'assoluta semplicità di tutti i suoi attributi – *"Deus
nullo modo plurificabilis"*. Gli attributi non sono che nomi o concetti tramite i quali significhiamo Dio, senza però autorizzarci a
mettere le mani su Dio[362]. La seconda traiettoria è di ribadire che
il mondo, espressione della sua benevolenza, è essenzialmente contingente, da liberare da orpelli di segno necessitario, piuttosto fatui
e pretestuosi. Il duplice scenario che ne scaturisce – trascendenza
di Dio e contingenza del mondo – è da ricondurre alla Rivelazione
biblica, che ne è la fonte[363]. Quale allora il ruolo della ragione, libe-
rata dalle velleità dominatorie, cui per lo più si abbbandona? Qua-

---

modo ordinato e qualcosa in modo disordinato. Piuttosto è da intendere il tutto
in rapporto a quanto vuole; e cioé, se in accordo ad esso vuol dire che agisce in
modo ordinato, ma se va oltre quanto ha progettato di fare e riguarda quanto
non include contraddizione, allora tale modo d'agire viene detto "assoluto". Si
tratta di un problema di carattere linguistico.

[362] *In I Sent.*, d. 2, q. 2, in *OTh* II, p. 61: «... dico quod non sunt plures
perfectiones attributales, sed tantum est ibi una perfectio distincta re et ratione,
quae proprie et de virtute sermonis non debet dici esse in Deo vel in divina essentia, sed est omnibus modis ipsa divina essentia».

[363] *In I Sent.*, d. 42, q. u., in *OTh* IV, pp. 620-21: «Videtur posse probabili-
ter teneri quod Deus est causa cuiuslibet effectus et quod potest se solo omnem
effectum possibilem produci causare. Neutra pars tamen istius contradictionis
potest ratione naturali sufficienter probari».

le orizzonte dischiude la prospettiva biblico-francescana, secondo cui «gli uccelli hanno i loro nidi, le volpi le loro tane, ma il Figlio dell'uomo non ha ove posare il capo» (Mt 8,20)?

1.2. *Contro "il principio di pienezza"*

Collocandosi nel solco della tradizione francescana, soprattutto oxfordense, Occam si impone per la radicalità della critica al sapere ereditato, segnato dai tratti dell'universalità e dell'immutabilità, e per l'ardimento delle proposte alternative. Fondendo insieme il taglio impietoso del suo "rasoio" contro pretese universalistiche di carattere oggettuale e l'ottimismo francescano, alimentato dalla povertà professata, si può intendere la sensibilità che fa tutt'uno con la radicale contingenza delle cose, consapevole di vivere in un mondo, voluto da Dio tra gli infiniti possibili, tratto dal nulla ed esposto al nulla. Le creature sono preziose nella loro singolarità, fonte di una rete di relazioni, preziose e contingenti. Occam è estraneo a quel "principio di pienezza" che caratterizza il mondo «già da sempre in salvo» (Aristotele) delle filosofie platoniche e neoplatoniche[364]. Siamo alla fonte della critica a tutte quelle pro-

---

[364] A. O. LOVEJOY, *La grande catena dell'essere*, Feltrinelli, Milano 1981. Nel mondo greco «la natura (physis, da phyo, genero, e da phyomai, cresco) è generazione che si genera da sé». Nel mondo ebraico cristiano «la natura non sussiste di per sé. La natura non ha alcuna autonomia, perché è frutto della creazione divina (...) Non è ancorata a se stessa, al suo essere necessariamente, perché potrebbe benissimo non essere (...) In Grecia la violazione era un atto di presunzione e di tracotanza (hybris) destinato a ricadere sul suo autore. Violare l'inviolabile non si deve perché non si può. E non si può perché non si deve. Secondo necessità. Invece nel mondo ebraico e cristiano – così come oggi – violare l'inviolabile non si deve ma si può. Non si deve proprio perché si può: e si può perché la natura non sta salda sul suo fondamento» (S. GIVONE, *Quant'è vero Dio. Perché non possiamo fare a meno della religione*, Solferino, Milano 2018, pp. 173, 174, 175).

spettive filosofico-teologiche che ci sottraggono agli ondeggiamenti della storia in nome di una presunta stabilità d'indole ontologica, legata al presupposto che il mondo, anche se creato, incarni una trama razionale, la cui esplorazione ci immunizza da significative sorprese[365]. Occam scardina tale armatura che, grazie alla prospettiva greco-pagana, l'uomo si è costruito per reggere all'urto della temporalità e stare in trono. Non si tratta di misconoscere il ruolo della razionalità a sostegno delle molte tesi che vengono proposte, bensì di sottolineare che non disponiamo di argomentazioni apodittiche, scientificamente rigorose, a loro difesa. Le prove addotte a favore di questo o di quell'assunto sono piuttosto delle "*persuasiones*", degli argomenti probabili, che godono di un certo grado di attendibilità, prive della forza costrittiva della "*demonstratio*" aristotelica. Al centro restano per un verso la contingenza di tutto ciò che è e per l'altro la libertà di tracciare un percorso, giustificate da motivazioni più o meno persuasive e illuminanti.

1.3. *A favore del principio di economia*

Occam mira alla semplificazione in ogni ambito e ad ogni livello. È significativo del suo stile di pensiero il detto "*non sunt multiplicanda entia sine necessitate*". E cioè, non bisogna far ricorso a spiegazioni che rendano più complesso un fenomeno, ma mirare alla sua semplificazione. È la via maestra per soddisfare la ragione non a discapito della ricchezza del reale, ma contro lo stile di chi vuol portare a livello della nostra logica qualcosa che è altro e viene

---

[365] M. Walser, *Sulla giustificazione, una tentazione*, Ariele, Torino 2016, p. 11: «Se mai una mano, una condizione, un'onda mi sollevasse e mi portasse in alto, dove dominano il potere e il prestigio, schianterei le circostanze che mi resero privilegiato e getterei me stesso giù nel buio infimo, che non dice niente. Soltanto nelle regioni inferiori riesco a respirare».

da un altrove che non è addomesticabile, con espedienti teoretici che rendono solo più complicata la cosa in questione. Occorre semplificare la realtà illuminandola secondo il principio dell'economia, per il quale ciò che si può spiegare con poco non bisogna tentare di spiegarlo con molto. La sua filosofia si risolve sostanzialmente nell'applicazione di tale principio – si pensi in filosofia alla critica mossa all'universale quasi sia ragionevole pensare che, oltre gli uomini, esista l'umanità, e in teologia, per quanto concerne il mistero dell'Eucaristia, alla critica alla transustanziazione, il cui risultato è quello di tentare di razionalizzare un mistero aggiungendo una nuova contraddizione, quella del darsi degli accidenti senza la sostanza. Il richiamo nell'un caso all'umanità e nell'altro alla transustanziazione, quale magico tentativo di mostrare il modello di uomo e di far sparire il pane come pane, è da riportare alla piega dominatoria della ragione che mal sopporta che qualcosa si sottragga al suo potere, come la complessità di un uomo e la trascendenza del mistero eucaristico, per cui tende a moltiplicare gli enti senza alcuna necessità. Non è facile resistere o contenere la pressione concupiscenziale della ragione, di cui siamo per lo più vittime.

1.4. *Dal primato della metafisica al primato della logica*

A differenza di Duns Scoto, per il quale la scienza suprema è la metafisica – la scienza dell'essere univoco – Occam considera scienza suprema la "logica", *scientia scientiarum*, *ars artium*[366], cifra dell'unico regno, che è davvero nostro – il linguaggio. Da qui l'attenzione riservata a questo capitolo, da organizzare e controllare

---

[366] Cfr. l'*Epistola proemialis*, in *Summa Logicae*, St. Bonaventure 1974, p. 6, dove si legge: «Logica enim est omnium artium instrumentum, sine qua nulla scientia perfecte sciri potest...».

con rigore, senza fuoriuscite o divagazioni. La messa a punto della logica del linguaggio è il fondamentale contributo della sua filosofia, attenta sia al nostro pensare o linguaggio mentale che al nostro dire o linguaggio orale. È il regno dei nostri discorsi, con i quali parliamo delle cose. Quale la loro indole? Occorre evitare di pensare che «i concetti universali abbiano una qualche realtà differente da quella dei termini che li esprimono, un errore che deriva dalla pretesa di attribuire una realtà autonoma ai termini del linguaggio, che sono piuttosto dei modi che permettono di costruire i discorsi con cui l'uomo parla delle cose che conosce»[367]. E allora, quale la relazione tra i termini, i concetti e le cose?

Sono due i momenti del suo discorso. Ciò che viene sottoposto a critica è il dato fondamentale della tradizione filosofico-teologica e cioè l'attività definitoria e legislatrice della ragione, ritenuta in grado di riflettere il mondo così come è, e i prodotti linguistici, che animano il commercio sociale, ritenuti specchi della realtà, e dunque da rispettare, il tutto sul presupposto che le nostre operazioni mentali riflettano i rapporti che intercorrono tra le cose. In fondo e per lo più, si è pensato che mondo del linguaggio e mondo delle cose non siano due ma un unico mondo, l'uno speculare all'altro, da proporre e imporre. Una certa tracotanza nasce da qui ed ha radici remote in quella debolezza originaria, che caratterizza il nostro essere, per far fronte alla quale procediamo a costruzioni che ci illudono di godere di una certa stabilità e dunque d'essere in qualche modo padroni se non del mondo, certamente di noi stessi[368]. Se questo è il versante critico, l'aspetto propositivo sta nel mettere in

---

[367] C. MARMO, *Guglielmo di Ockham*, in U. ECO-R. FEDRIGA (a cura di), *La filosofia e le sue storie. L'antichità e il medioevo*, Laterza-EM Publishers, Bari 2014-2015, p. 504.

[368] Riflettendo su questa logica B. *Fondane* scrive: «Da sempre sappiamo che la ragione ha ucciso e uccide, che essa si distingue per il massacro; eppure la ragione non ci fa affatto orrore, e questo per un motivo molto semplice; essa uccide, a quanto pare, senza odio, per delle ragioni superiori all'interesse e alle

atto la netta separazione del mondo delle nostre parole, dei nostri concetti, delle nostre deduzioni, dal mondo delle cose, degli eventi, degli individui, non dando per scontata la mutua dipendenza né però la mutua estraneità, ma mettendo a fuoco volta per volta l'effettiva relazione, che viene maturando. Comunque, la separazione è netta: la logica è *"scientia de vocibus"*, la metafisica è *"scientia de rebus"*, dunque da non mescolare in maniera arbitraria. Sono due regni che tendiamo a sovrapporre, in quanto presumiamo ingenuamente che l'uno sia fatto per l'altro o che l'uno rifletta l'altro. La tendenza a reificare i nostri segni linguistici rientra nel desiderio di aver ragione delle cose, per cui facciamo fatica a trattenerli entro l'ambito della logica, e cioè, a distinguerli nettamente dagli eventi, dagli individui, dalle cose, quali si danno al nostro sguardo, in attesa del nostro rivestimento categoriale.

Dunque – ecco un primo assunto generale – in linea di principio non vi è coincidenza tra parola, concetto e cosa, o meglio, non è vero che a ogni parola e concetto corrisponda nella realtà ciò che con quella parola o con quel concetto ci rappresentiamo. La scienza non riguarda le cose, ma le proposizioni che formuliamo assemblando i concetti, consapevoli che i legami, che istituiamo tra i concetti, non sono automaticamente i legami che si danno tra le cose, come invece siamo inclini a pensare. La verità non si risolve nell'adeguazione del soggetto all'oggetto. «La verità di una proposizione coincide con la proposizione vera e la falsità con la proposizione falsa. Verità è un termine astratto, mentre il corrispondente termine concreto "vero" è connotativo, esso cioè designa direttamente la proposizione di cui si predica e indirettamente il rapporto che passa tra la proposizione e la realtà da essa significata»[369]. È questa l'area privilegiata della riflessione di Occam e cioè, la lo-

---

passioni (...) per l'interesse della sola verità» (*In dialogo con Lev Sestov. Conversazioni e carteggio cit.*, p. 233).

[369] A. GHISALBERTI, *Ockham*, in *Enciclopedia filosofica* cit. vol. 12, p. 8018.

gica e dunque le componenti, variamente articolate, all'interno di una proposizione. Su questo sfondo Occam pone come decisivo il ruolo dell'esperienza – la *"notitia experimentalis"* –, dimostrandosi in questo discepolo di Aristotele, critico di Platone. È l'esperienza sensibile il punto di partenza, che ha luogo incontrando direttamente le creature, non sovrapponendo ad esse ordinamenti e leggi immutabili. Le cose che sperimentiamo sono ribelli alle generalizzazioni logiche e agli apriorismi metafisici.

1.5. *Primato dell'esperienza e sua problematizzazione*

Al seguito di Aristotele, Occam recupera il contatto immediato con la realtà, intesa come un insieme di cose individuali, tra loro strutturalmente indipendenti, anche se fattualmente in relazione[370]. L'esperienza è la fonte da salvaguardare e vagliare con estremo rigore, concedendo solo ciò che filtra attraverso la verifica empirica, imponendosi. Occam non condivide il modello conoscitivo di matrice agostiniana, secondo cui la conoscenza è resa possibile dall'illuminazione divina; né il modello astrattivo di matrice aristotelico-averroista secondo cui la conoscenza è una copia dell'ordine oggettivo del mondo. Prima di procedere, Occam preferisce sostare e porre in luce il carattere problematico dell'esperienza sensibile, dal momento che non possiamo dare per certo che esista la cosa che pure percepiamo immediatamente. È possibile, infatti, sia come dato esperienziale e sia come eventualità, che la cosa percepi-

---

[370] P. ALFÉRI, *Guillaume d'Ockham. Le singulier*, Éditions de Minuit, Paris 1989, p. 28, dove traccia il programma che scrupolosamente porta a termine: «celui d'une ontologie de la chose singulière, dépouillée des illusoires entités collectives qui ne sont que des séries, dépouillée des illusoires modes d'être qui ne sunt que des ombres portées par les signes». Cfr. per convergenze e divergenze nei riguardi di Duns Scoto G. SONDAG, *Jean Duns Scot sur la connaissance intuitive intellectuelle (cognitio intuitiva)*, in "Veritas" 53 (2008) 2-58.

ta non esista. La visione diretta di una stella, ad es., non può forse aver luogo mentre questa è da tempo spenta? O anche, non è comune la sensazione che la riva venga verso di noi, mentre siamo noi che sull'imbarcazione procediamo verso di essa? Dunque, è possibile che io veda una cosa che non c'è, vittima di un'illusione, come quella della terra che ruota intorno al sole. E poi – su un piano generale – occorre ammettere che l'atto percettivo non fa tutt'uno con la cosa percepita, sicché è possibile che si dia la percezione ma non la cosa percepita[371]. In breve, Occam muove dall'esperienza sensibile, non senza però illuminarne il versante problematico, sia sotto il profilo del contenuto – la cosa sperimentata, talora assente – e sia sotto il profilo del soggetto senziente – talvolta abbagliato dall'esperienza. La forza teorica di questa riflessione, apparentemente estemporanea, non sta nella sua effettualità – è un'evenienza eccezionale o paradossale, anche se possibile, che la percezione possa aver luogo anche senza la cosa – ma nella contestazione di un assunto fondamentale della filosofia tradizionale e cioè che l'atto conoscitivo è di per sé inconsistente, indigente della cosa o *res* per essere effettivamente interessante. In breve, Occam mette in discussione il realismo tradizionale, secondo cui l'atto conoscitivo è dovuto alla "cosa" conosciuta, perché non è vero che tale atto non si dia o sia illusorio in assenza della "cosa". In breve, non è vero che l'atto conoscitivo è nulla senza la cosa conosciuta. Infatti, una cosa è l'atto conoscitivo, un'altra la cosa conosciuta, due momenti separabili al punto che l'uno può stare senza l'altro. Non è arbitrario rilevare che qui è in discussione lo spessore del soggetto che, per la tradizione è lo specchio di ciò che è altro da sé, per Occam non può dirsi tale a causa della sua soggettività creativa, che può essere attivata anche in mancanza della cosa. Dunque, per Occam la fonte sperimentale è un punto di partenza, ma il suo terreno è incerto

---

[371] *In I Sen.*, *Prol.*, q. I, in *OTh* I, p. 39: «Ex istis sequitur quod notitia intuitiva, tam sensitiva quam intellectiva, potest esse de re non existente».

e insidioso, per cui assumerla per giudicare o condannare questo o quello non è una decisione saggia, né rappresenta un atteggiamento razionalmente giustificato[372].

2. Dalle verità di ragione alle verità di fatto

Ciò che si impone all'attenzione è la relazione tra i fenomeni, in particolare tra percezione sensibile e cosa percepita. Occam pone a fondamento dell'essere e del pensare la contingenza, secondo cui le creature, singolari e irrepetibili, sono prive di nessi necessari e immodificabili, essendo frutto di quell'atto creativo che segna una rottura con il necessitarismo greco e dunque con l'eternità delle verità. Non c'è spazio per le cosiddette "verità eterne" o "*veritates rationis*", quasi norma del pensare umano e limite dell'agire divino.

Occam stende sul mondo il velo d'oro della contingenza, nel senso che tutto risulta prezioso e irrepetibile e dunque da incontrare o sperimentare, al di là di qualsiasi apriorismo o di qualsiasi fatalismo, come di tutte le forme deduttivistiche. È alla *concupiscentia irresistibilis*" della ragione che Occam si oppone attraverso la visione contingentista del reale, secondo cui occorre prima registrare il darsi dell'evento e poi procedere alla sua esplorazione, senza ipotizzare o dedurre alcunché se privi dell'esperienza sensibile. Siamo al primato dell'evento o di ciò che accade potendo non accadere o accadere diversamente e, dunque, oltre la logica della necessità.

---

[372] *In I Sent., Prol.*, q. 1, in *OTh* I, p. 33: «Est tamen advertendum quod aliquando propter imperfectionem notitiae intuitivae, quia scilicet est valde imperfecta et obscura, vel propter aliqua impedimenta ex parte obiecti, vel propter aliqua alia impedimenta, potest contingere quod nullae vel paucae veritates contingentes de re sic intuitive cognita possunt cognosci».

2.1. *Critica della teoria della subalternazione*

Nel quadro della contingenza radicale del mondo, il sapere – la *scientia* o la ragione in esercizio – risulta privo di quell'autorità fondativa che la tradizione, di origine pagana, gli ha assegnato, in linea con l'indole del sapere di matrice biblica che, invece, ha nella libertà creativa di Dio la sua matrice e la fonte del suo senso. Occam problematizza la ragione come luogo dell'acquietamento intellettuale o come giudice inappellabile, contestando la plausibilità teoretica dei pretesi caratteri universali e necessari del sapere. Come Scoto, anche Occam ritiene che la teologia, proprio perché si occupa del contenuto della rivelazione cristiana, ha per tema principale la volontà di Dio di comunicare qualcosa e la volontà dell'uomo di accoglierlo, dunque è "scienza pratica", ossia, attraverso il disvelamento di particolari verità mira a specifici percorsi verso la salute eterna o anche, e meglio, è un insieme di idee, di ragionamenti e di suggestioni funzionali a un singolare stile di vita. È una sorta di saggezza o di sapere sapienziale, da intendere «come *téchne* ed *epistéme*, fare e sapere, prassi e teoria insieme», l'una nell'altra[373]. La fede non è un atto speculativo, ma un modo d'essere che scuote il soggetto e porta a guardare il mondo con occhi illuminati dalla luce trascendente di Dio. Le creature, infatti, riecheggiano la voce che le ha chiamate all'essere, confermando che tutto è frutto dell'insondabile volontà divina, non volontà dispotica e capricciosa, ma volontà di vita e dunque volontà di pluralità e di singolarità, entro la cui orbita prende forma la ricchezza del proprio essere. Da qui l'avversione di Occam per i molti tentativi in atto di trasformare la rivelazione biblica in fonte del sapere rigoroso – la teologia – secondo i canoni del sapere aristotelico. Tra i molti tentativi il più noto è quello della "subalternazione" del

---

[373] R. PANIKKAR, *La dimora della saggezza*, Mondadori, Milano 2005, p. 23.

pensare umano al testo sacro. Egli non esita a qualificare "puerile" siffatta prospettiva, dal momento che è assurdo distinguere la conoscenza dei principi, propri della Scrittura, da riservare a Dio e da noi accettati per fede, dalla percezione delle conseguenze, frutto del nostro pensare e del nostro dire. Principi e conseguenze non sono dissociabili, da collocare sullo stesso piano, se non vogliamo che risultino incomunicabili tra loro[374]. È ovvio che il dissenso non riguarda soltanto la dottrina della *subalternatio*. Si tratta di una scelta teoretica di carattere generale che allude a un modo di sentire e pensare la fede, come spazio all'interno del quale Occam vive la sua esperienza di francescano incompreso. Alla ragione non spetta il rilievo che i sostenitori della *subalternatio* le accordavano. Il regno dei "*credibilia*" per quanto razionalmente esplorabile, non dà luogo «a una scienza propriamente detta»[375]. In primo luogo la fede e dunque la sapienza cristiana; poi, come sua disarticolazione e presa d'atto, il sapere che la ragione è in grado di elaborare[376].

2.2. *Contro il mondo delle essenze ovvero del potere occulto*

L'atteggiamento vigile nei riguardi di una ragione alla conquista del mondo accompagna tutto il discorso di Occam. Il regno delle essenze è la riserva nascosta del potere da parte di quanti amano tenere sotto controllo i molti, ipotizzando una loro sostanziale parentela, in

---

[374] *In I Sent.*, *Prol.* q. VII, resp., p. 199: «Unde nihil est dicere quod ego scio conclusiones aliquas, quia tu scis principia quibus ego credo, quia tu dicis ea. Et eodem modo puerile est dicere quod ego scio conclusiones theologiae, quia Deus scit principia quibus ego credo, quia ipse revelat ea».

[375] *Ivi*, p. 193.

[376] Bonaventura ne traccia il percorso: «Ordo enim est ut inchoetur a stabilitate fidei et procedatur per serenitatem rationis, ut perveniatur ad suavitatem contemplationis. (...) Hunc ordinem tenuerunt sancti (...) Hunc ordinem ignoraverunt philosophi» (*Christus unus omnium magister*, n. 15).

nome della quale legiferano o impongono un certo ordine[377]. È l'eco, mai spenta, del mondo feudale, sostenuto dall'antica presunzione di conoscere creature mai incontrate se non in modo periferico, a giustificazione dell'ordine sociale, sottraendolo a qualunque scossa, ritenuta anarchica e deprecabile. Occam decostruisce questo orientamento, sottoponendo a critica sia il mondo esemplare d'ascendenza platonica che il processo astrattivo di matrice aristotelica[378]. È la chiave segreta della filosofia tradizionale, che egli ripudia, con le sue concatenazioni e la pretesa oggettività, in vista di un'altra, più sobria e insieme più feconda. Il bersaglio immediato è rappresentato dalla dottrina della "*natura communis*" di matrice avicenniana, in merito alla quale si riteneva che non occorresse considerarla né intrinsecamente universale – in questo caso non potrebbe moltiplicarsi negli individui – né intrinsecamente individuale – in tale ipotesi non potrebbe universalizzarsi nella mente del soggetto conoscente. La sua indole veniva detta "indifferente" o "neutra", presente in ogni essere singolare. La critica a questa posizione è radicale. Egli smonta la

---

[377] FONDANE, *op. cit.*, p. 235: «Quando si autorizza un soldato al diritto di uccidere, se si tratta solo di un uomo che vive dall'altra sponda del fiume, è sempre la *ragione*: essa purifica l'azione umana da qualsiasi tratto individuale; arriva a depurare finanche il sentimento di rimorso che si ritiene innato, quando le circostanze lo richiedono: sostituisce i sentimenti soggettivi, dai quali siamo presi, con realtà oggettive inventate sul momento (...) l'ideale prende il posto del reale».

[378] Con riferimento alla "distinctio formalis" in Duns Scoto, Occam rileva che questa, se ha un qualche significato, non può non avere un qualche riscontro "in re" e dunque dirsi "distinctio realis". «Dicendum est ergo quod in creaturis nulla est talis distinctio formalis; sed quaecumque in creaturis sunt distincta, realiter sunt distincta et sunt res destincate, si utrumque illorum sit vera res (...) Et ideo non est imaginandum quod in Sorte sit humanitas vel natura humana distincta a Sorte quocumque modo, cui addatur una differentia individualis contrahens illam naturam» (*Summa Logicae* I, cap. 13). Certo, questo significa che siffatta distinzione è da porre solo se è la fede nella Rivelazione a esigerla, come a proposito della Trinità di Dio, in merito alla quale occorre ammettere una qualche distinzione formale ex natura rei. Il suo principio è che tale «distinctio non est ponenda nisi ubi fides compellet» (*In I Sent.*, d. 2, q. III, *OTh* II, p. 78).

plausibilità teorica delle argomentazioni addotte a suo favore, ben consapevole che non si tratta di un passaggio secondario bensì della fonte primaria del pensare tradizionale. Ebbene, in merito egli è categorico: l'universale non esiste né in atto né in potenza. *"In re"* esiste solo il singolare[379].

2.3. *Alla fonte del realismo logico-metafisico*

La persuasione di Occam è che la "specie" (animale, umana...) non ha alcun corrispettivo nella realtà, perché questa risulta soltanto di entità individuali. La specie che elaboriamo è solo un duplicato del reale, con l'eventualità che l'intelletto, fermo a tale duplicato, non raggiunga la realtà delle cose. Alla replica che la specie non è ciò che (*id quod*) si conosce, ma ciò mediante cui (*id quo*) si conosce qualcosa, la risposta ugualmente perspicace è che tale "specie" rappresenta in ogni caso una frattura tra l'intelletto e la cosa ed essendo "altra" rispetto alla "cosa" non ne agevola la conoscenza. Se non d'ostacolo, tale entità risulta certamente ingombrante. Ciò che è importante rilevare è lo sfondo ontologico su cui questo discorso ha luogo, e cioè la negazione della fondatezza oggettiva del concetto universale. Non si dà alcunché che possa dirsi tale – gli enti sono individuali[380]. Il che comporta il rifiuto di un'identità

---

[379] *In I Sent.*, d. 2, q. 4, in *OTh* II, p. 108: «Nulla una res numero – non variata nec multiplicata – est in pluribus suppositis vel singularibus sensibilibus, nec etiam in quibuscumque individuis creatis simul et semel; sed talis res, si poneretur, esset una numero; igitur non esset in pluribus simul singularibus et de essentia illorum».

[380] *In I Sent.*, d. 2, q. VIII (Utrum universale univocum sit aliquid reale existens alicubi subiective), in *OTh* II, p. 266: «Nihil est universale ex natura sua, sed tantum ex institutione, illo modo quo vox est universalis; quia nulla res habet ex natura sua supponere pro alia re, nec vero praedicari de alia re, sicut nec vox, sed tantum ex institutione voluntaria; et ideo, sicut voces sunt universales per institutionem et praedicabiles de rebus, ita omnia universalia».

unificante la molteplicità degli individui e dunque di un legame necessario tra gli enti o di un'essenza che accomuni i molti. Non si dà l'identità dei molti e dunque – questa la grave conseguenza – il concetto non ha un fondamento oggettivo. È la condivisione delle essenze o idee platoniche o idee quali pensieri divini, archetipi o modelli, o concetto come l'indentificatore di tutti gli enti, è tale linea onto-gnoseologica che viene messa in discussione. Occam procede alla confutazione di siffatto realismo concettuale, in nome dell'assunto che ciò che si dà è la cosa esistente e presente, unica fonte del sapere oggettivo. Ciò che rimane fuori da questo circuito effettuale rientra al più nel mondo delle nostre aspirazioni più o meno motivate, o delle nostre rappresentazioni, più o meno fondate. Ciò che è certo è che non fa parte del sapere rigoroso.

2.4. *Dimensione storica delle leggi*

Il che non significa che le leggi non si diano o che non siano universali. Le leggi però dobbiamo pensarle conseguenti, non antecedenti, l'assestamento storico degli enti singolari, sempre aperto a possibili variazioni, e dunque prima il fatto e poi la teorizzazione delle modalità del suo effettivo configurarsi. È questa la logica che presiede all'indagine di qualunque processo storico[381]. L'aristoteli-

---

[381] Qui si vuole solo richiamare il contributo di K. LORENZ (*Natura e destino. Il declino dell'uomo*, Mondadori, Milano 2010) circa la nostra storia predecessoria, perché pare si possa cogliere in essa un motivo propriamente occamiano. Egli rovescia il concetto di apriori kantiano, rilevando che le categorie percettive e psichiche, la griglia attraverso cui leggiamo la realtà, "le lenti colorate" attraverso cui guardiamo il mondo, sono frutto di processi biologico-adattivi, spiegabili in termini di evoluzione: «Molti aspetti della realtà in sé che oggi si sottraggono totalmente ai nostri meccanismi percettivi e di pensiero potrebbero, nel futuro prossimo della storia del nostro pianeta, rientrare nell'ambito dell'esperienza possibile, così come molti aspetti soggetti alla nostra esperienza potrebbero, in un passato ancora molto recente dell'umanità, aver trasceso i suoi limiti» (p. 85).

smo di Occam sta in questa fedeltà al dato, ma senza la sua anima essenzialistica. Egli purifica la mente da entità ingombranti – è l'operazione del "rasoio" – per giustificare le quali è stato elaborato un cosmo noetico, non utile alla comprensione delle cose, anzi, in quanto funge da mediazione, opacizza, se non devia, il giusto rapporto con le cose. Nella sua foga purificatoria, egli taglia via una serie di entità superflue a favore della conoscenza empirica, persuaso che le creature siano conoscibili per ciò che sono, indipendentemente dalle relazioni che istituiscono tra loro, da considerare successive alla loro singolarità. Prima la cosa e poi le relazioni che la cosa intrattiene. Occam vuole che si guardi al mondo prima nella pluralità delle sue dimensioni e poi nel plesso delle sue relazioni, immanenti e trascendenti. Le scienze sono da elaborare guardando alle cose e al loro storico definirsi, non altrove o ad entità trascendenti. Egli non esita a denunciare quanti, pur di salvaguardare l'ordine, l'unità, la dipendenza dei fenomeni, non esitano a legare la causa prima a quella che viene chiamata "natura" o "specie", ritenuta inviolabile, con un tracciato definito, da non trasgredire. Dio stesso l'avrebbe rispettata, in quanto identificata con la partecipazione alla sua essenza. Occam riconosce stabilità e continuità alle cose del mondo più come dato di fatto – è l'assestamento progressivo, dovuto a molti elementi – che come espressione strutturale delle stesse creature o come logica iscritta nella loro natura.

3. L'universale e la presunzione della ragione occidentale

Occam si attarda a descrivere i meccanismi che attiviamo per superare la puntualità dei fenomeni e raggiungere uno sguardo d'insieme. Siamo al cuore del pensare occidentale, di cui egli si affretta a mettere in luce l'aspetto soggettivo, non sempre messo debitamente in evidenza sotto la pressione dell'istinto universalizzante, che ci abita.

3.1. *Genesi dell'universale*

Ciò che si impone è l'immagine che ci consente di rappresentare molte cose. Così, ad es., osservando una casa particolare ne elaboriamo il profilo che arricchiamo con altri elementi e poi eleviamo a modello per la progettazione di altre abitazioni. È un'operazione comune e cioè, di una cosa particolare ci formiamo un'immagine, di cui ci serviamo per le mille altre che non rientrano nell'originario perimetro esperienziale[382]. È quanto mette in atto colui che vedendo il colore bianco di un oggetto particolare, ne concepisce un altro nella mente con delle specifiche proprietà – il bianco è un colore che offende la vista, non attira ecc. Con ciò egli non intende attribuire tali proprietà solo a quel colore ma a ogni altro colore bianco, che non rientra nell'ambito del suo triangolo visivo. Egli si serve di quel dato sperimentale per rappresentare tutti gli altri: «*quia non potest omnem albedinem extra cogitare, utitur illo ficto pro omni albedine*». L'accento cade sulla consueta attività produttiva della nostra immaginazione, riconducibile all'attività della fantasia o a ciò che nella tradizione è detto "*phantasma, imago, species*". Il concetto non è altra cosa rispetto a una semplice immagine, dotato di una funzione economica e dunque di grande utilità intersoggettiva. L'universale in quanto tale non ha alcun fondamento nella realtà[383], essendo piuttosto un segno mentale, e cioè «un concetto della mente che, secondo un'opinione probabile, non differisce

---

[382] *In I Sent.*, d. 2, q. VIII, in *OTh* II, p. 277: «Aliquis videns albedinem singularem, fingit consimilem in anima sua, et de illa albedine praedicat passiones: albedo est color, albedo est disgregativa visus, et sic de aliis; et non intendit quod illud fictum sit color vel disgregativum visus, sed quaelibet albedo, ex qua potest fingi, sit color vel disgregativa visus. Unde quia non potest omnem albedinem extra cogitare, utitur illo ficto pro omni albedine».

[383] *Summa Logicae* I, cap. 16: «Si aliquod universale esset substantia una existens in substantiis singularibus ab eis distincta, sequeretur quod posset esse sine eius, quia omnis res prior naturaliter alia potest esse sine ea per divinam potentiam; sed consequens est falsum».

dall'atto di intendere. Si dice perciò che l'intellezione con cui conosco un uomo è segno naturale degli uomini, naturale allo stesso modo in cui il lamento è segno della malattia o della tristezza o del dolore»[384]. Oltre che espressivo dell'attività mentale, l'universale può stare al posto dei molti nelle proposizioni mentali o nelle proposizioni orali. «A parere di tutti, ogni universale è predicabile di più cose; ma solo un concetto della mente oppure un segno istituito convenzionalmente è naturalmente predicabile, e non una sostanza; dunque solo un concetto della mente o un segno convenzionale è universale»[385].

3.2. *Inconsistenza ontologica del concetto universale*

Tutta la preoccupazione di Occam è di distinguere l'attività del soggetto conoscente dal reale oggettuale, sottolineando la distanza dell'uno dall'altro[386]. Ciò che è reale è di carattere individuale. Il che significa che il concetto universale non si fonda sulla cosa singolare, frutto per lo più della ripetizione della stessa esperienza. Di conseguenza, l'universale non riflette l'essere della cosa o *esse subiectivum*, ma solo l'*esse obiectivum*, nel senso che si risolve nell'atto stesso di conoscenza e cioè nell'essere frutto dell'elaborazione della

---

[384] *Summa Logicae* I, cap. 15, p. 53.

[385] *Ibidem*.

[386] Si tenga presente la terminologia occamiana, secondo cui l'"esse obiectivum" è l'essere risolto nell'atto di conoscenza, come ad es. l'"esse" di una chimera; mentre l'"esse subiectivum" si identifica con l'essere della cosa in quanto fuori della mente. Così ad es., prima della creazione il mondo non aveva l'"esse subiectivum" ma, in quanto pensato, solo l'"esse obiectivum". Cfr. *Summa logicae* I, cap. 16: «Figmenta habent esse in anima, et non subiectivum, quia tunc essent verae res, et ita chimaera et hircocervus et huiusmodi essent verae res; ergo sunt aliqua quae tantum habent esse obiectivum». *In I Sent.*, d. 2, q. VIII, in *OTh* II, pp. 271-2: «Universale non est aliquid reale habens esse subiectivum, nec in anima nec extra animam, sed tantum habet esse obiectivum in anima».

nostra mente. In breve, esso si risolve nell'atto conoscitivo (*ipsamet intellectio*)[387]. Si comprende che questa riduzione dell'universale all'*esse obiectivum* e cioè all'atto conoscitivo, mette in crisi il sontuoso castello teorico, creato da Platone, Agostino, Bonaventura, Duns Scoto, fondatori del pensiero occidentale.

Occam non esita a dare una forte spallata a questa costruzione, ben consapevole che secondo tale indirizzo ogni esistente trova in Dio non solamente la spiegazione della sua origine, ma l'archetipo della sua struttura, la fonte della sua stabilità. Se per costoro il mondo non è conoscibile senza Dio, per Occam, come Dio è pensabile senza il mondo, così il mondo, considerato nella sua struttura, è conoscibile senza Dio. Si tratta di elaborare le leggi da cui è retto, descriverne l'indole e la funzione, senza pretendere di rapportarle a Dio indicandone la fonte ultima. Dio entra in campo non per ciò che il mondo è, bensì per ciò che il mondo vuol dire, non per la sua struttura ma per il suo senso. Il mondo, voluto da Dio, è altra cosa rispetto a Dio. Ma proprio perché altro, frutto di un gesto gratuito, il mondo è voce di Dio, «animata dal soffio dello spirito»[388]. La vicenda del mondo non è assurda, come invece lo è per ogni visione naturalistica, per la quale non si dà né inizio, né fine. Solo se si ritiene che, oltre la dimensione strutturale, vi è un versante inesplorato di senso[389], il richiamo a Dio e il ruolo del-

---

[387] *In I Sent.*, d. 8, q. III, in *OTh* III, p. 215: «...cum conceptus non sit nisi tale in esse obiectivo quale est ipsum apprehensum primum in esse subiectivo, oportet quod sicut a parte rei sunt distincta, ita intellectus fingat talia distincta correspondentia partibus, et per consequens erunt plures conceptus partiales».

[388] «Dio l'ha voluta (la natura) in quanto l'ha riconosciuta come degna di essere: non era nulla la natura, anzi, era nel nulla, ma poi "valde bonum" (Gn 1,31) disse una voce divina echeggiante sull'abisso, "è bene che sia". (...) Che la natura dipenda dalla volontà di Dio significa che la natura è animata dal soffio dello spirito, è espressione simbolica e prodigiosa, è teatro di una misteriosa infinità potenziale» (GIVONE, *Quant'è vero Dio* cit., pp. 174-175).

[389] Limitare il discorso alla tesi che il mondo è creato da Dio equivale a dire che in fondo la scienza è la voce stessa di Dio, con un motivo in più per

la contingenza delle creature assumono un peso rilevante, perché aprono nuovi scenari[390]. È il capitolo centrale del pensare filosofico-teologico di Duns Scoto, che Occam, nonostante riserve e prese di distanza[391], porta a ulteriore maturazione. «Poiché ogni essere è libero, e in sommo grado Dio, può fare nel momento in cui agisce altra cosa da ciò che fa, vi sono diversi ordini possibili. Al posto d'essere ridotta a un'indeterminazione ontologica, che si trovava in contraddizione con la necessità del sapere divino, la contingenza è così ricondotta al volere divino stesso»[392]. In quanto il volere divino, sovranamente libero e cioè senza un perché prevalente, è alla sorgente di tutto ciò che è, «il mondo ha senso, visto che Dio, che poteva abbandonarlo al nulla, lo ha invece tratto fuori dal nulla e quindi lo ha "salvato"»[393].

È la linea francescana, che Occam porta avanti, consapevole della sua originalità. È la linea in contrasto con quella secondo cui questo nostro mondo è la replica approssimativa del mondo ideale o archetipale o anche è la sua traduzione a opera del dio-artigiano.

---

ritenerla la scienza suprema. Il francescano è interessato alle altre indefinite voci che è possibile cogliere negli interstizi del linguaggio naturale. Il richiamo è alle «voci che non dicono come stanno le cose, ma si domandano semmai perché non stiano altrimenti, e questo "altrimenti" invocano, o maledicono, o comunque interrogano. Tutte destinate ad ammutolire? Tutte ricacciate nel nulla?» (S. GIVONE, *Trattato teologico-poetico*, Il melangolo, Genova 2017, p. 58).

[390] A. GHISALBERTI, *Creatore e creatura in G. Duns Scoto e G. di Ockham*, in Associazione teologica italiana (ed.), *La creazione e l'uomo. Approcci filosofici per la teologia*, Padova 1992, p. 108: «Ockham mira ad affermare un'eccedenza della volontà volente in Dio rispetto alla sua volontà voluta. Nel momento in cui Dio pone l'ordine del mondo attuale, la sua volontà non sottostà ad alcun altro ordine, legge o volere; il creato mostra il suo vero carattere di entità costituite dal libero atto d'amore del Creatore, entità che non vanno assolutizzate, anche perché non esauriscono tutta la capacità divina ad extra, non intaccano la sua assolutezza, il suo essere *absoluta*, sciolta d'ogni vincolo e limitazione».

[391] E. DEZZA, *La teoria modale secondo G. Duns Scoto*, Antonianum, Roma 2018, p, 127.

[392] J. BIARD, *G. di Ockham e la teologia* cit., p. 74.

[393] S. GIVONE, *Trattato teologico-poetico* cit., p. 62.

L'atteggiamento di condivisione, che questa costruzione, di matrice platonica, ha riscontrato nella storia, è riconducibile al fatto che le idee sono state considerate la causa esemplare di tutto ciò che viene all'essere, e dunque principio e termine della creazione. Tali idee sarebbero l'alimento divino della razionalità del reale, razionalità considerata tendenzialmente universale, sia nel senso che è tale per tutti e sia nel senso che è fonte aggregante degli enti. In tale contesto il compito di ritessere tale razionalità rispettandone i caratteri che avrebbe alla fonte – universalità e necessità – si è imposto come prioritario, dando vita a un atteggiamento paradossale. Per costoro, infatti, il problema non è l'universale, che si dà per scontato in quanto ricondotto alla fonte, ma il singolare, che ha luogo con il venire all'essere, nella supposizione che ogni ente sia universale per natura o alla fonte e che divenga poi singolare, perdendo la luminosità orginaria a causa della sua inevitabile materializzazione[394]. In quest'ottica ciò che resterebbe da spiegare è l'individuazione dell'ente: per natura universale, sarebbe condannato a diventare individuale a causa della materia, opaca e disgregante[395].

In tale contesto, si dà per scontato agostinianamente che gli archetipi platonici siano i pensieri, che Dio creatore non può non rispettare perché razionale, esemplari dunque delle creature, ai quali Dio, una volta deciso di creare, non poteva non attenersi. Qui si impone, dunque, il compito di approssimarci a quella perfezione originaria, svestendo le creature della loro singolarità, segnata da

---

[394] Siamo alle origini dello svilimento dell'individuo, come alla concezione anassimandrea della morte come "fio" che l'individuo deve pagare alla fonte o infinito a causa della sua provvisoria autonomia. La contrapposizione cristiana si impone se ricordiamo che invece è la vita che è vissuta come espiazione della morte, «entrata nel mondo a causa del peccato» (san Paolo). La contrapposizione è netta.

[395] *In I Sent.*, d. 2, in *OTh* II, p. 197: «Et ita quaelibet res extra animam se ipsa erit haec; nec est quaerenda aliqua causa individuationis nisi forte causae extrinsecae et intrinsecae, quando individuum est compositum, sed magis esset quaerenda causa quando possibile est aliquid esse commune et universale».

una nascosta negatività. Agganciato a queste premesse, il linguaggio si è dotato di categorie universali e trascendenti, ritenute specchio della struttura razionale del reale. È lo scenario del sapere occidentale, alimentato da una sotterranea svalutazione della singolarità dei singoli e proteso alla conquista del mondo come alla sottomissione dei soggetti, compreso Dio. Occam non esita a ribadire: «*Omnis res extra animam est realiter singularis et una numero*»[396].

3.3. *Dall'ontologia alla semiologia*

Dalla critica all'oggettività degli universali non si concluda che dunque siamo nel puro nominalismo e cioè nell'insignificanza dell'universale, «mera vocalità convenzionale priva di ogni carica semantica»[397]. Tale nominalismo non appartiene a Occam, impegnato nell'uso rigoroso dei termini, che egli dota di una specifica carica semantica. L'universale ha un suo spessore, una sua logica e una dinamica interna e cioè la dinamica della somiglianza con la cosa. Ciò che Occam esclude è che l'universale venga collegato all'ontologia dell'essenza comune[398].

«Mediante la teoria dell'*impositio nominis*, per cui si suppone che il termine venga sempre usato per significare ciò per cui è stato imposto, e di quella *suppositio*, che rende ragione del rapporto di significazione fra il termine orale\scritto\mentale e il suo oggetto, Occam si tutela completamente dal relativismo di cui ingiusta-

---

[396] *In I Sent.*, d. 2, q. VI, in *OTh* I, p. 13.

[397] A. GHISALBERTI, *Ockham Guglielmo di*, in *Encicoperdia filosofica* cit., vol. 12, p. 8015.

[398] P. ALFÉRI, *G. d'Ockham. Le singulier* cit. p. 57: «Mais si l'universel n'est pas une chose, un étant ou un mode d'être des étants, qu'est-il donc? S'il ne peut être l'object d'une ontologie légitime, quel genre de discours doit le prendre pour object?». È il passaggio dall'ontologia alla semiologia o studio di come sorgano e cosa implichino i "segni".

mente è stato ritenuto padre»[399]. Da qui l'impegno a segnalare la genesi del concetto e dunque l'attività della nostra mente a contatto con le cose, con la puntualizzazione che la vita della mente non è la vita delle cose, non però l'una estranea all'altra, ma l'una segno dell'altra. Non siamo davanti a un'altra versione dell'ontologia, ma alla nascita della semiologia o traduzione delle parole in segni delle cose.

3.4. *La singolarità delle creature alla radice della critica del concetto universale*

Quale l'obiettivo del passaggio dall'ontologia alla semiologia? La liberazione delle creature da quanto spinge nella direzione dell'omologazione. Dio ha voluto ognuno di noi nella sua singolarità. La sua è volontà creatrice, non esecutrice di modelli archetipali, e le creature sono tutte e singolarmente impreviste e imprevedibili, da riscoprire nella loro irripetibile novità. È la critica del mondo feudale, in quanto smascheramento della fonte della gerarchia e apertura alla ricchezza delle creature. La pretesa della ragione di mettere le mani sull'attività di Dio stesso perde di consistenza, da ripensare e tradurre interpretando tale relazione in altro modo e a un altro livello. Con l'ontologizzazione delle essenze universali l'uomo si libera di Dio, sottomettendolo e sottomettendosi a qualcosa con cui acquietare la ragione, motore della nostra avventura. Occam denuncia tale operazione, espressione di quel disfrenamento concupiscenziale che si esprime oggettivando ciò

---

[399] A. PELLEGRINI, *Statuto epistemologico della teologia secondo Guglielmo d'Occam*, Città di Vita, Firenze 1995, p. 326. L'autore conclude notando che «per questi motivi bisogna riconoscere che, molto probabilmente, la definizione di *concettualismo realista* risulta essere più consona e rispettosa degli intenti logici del Nostro, anche se altri preferiscono parlare di *terminismo*» (p. 327).

che è sostanzialmente soggettivo. Si pensi alle corporazioni o agli Ordini religiosi, alla stessa Chiesa o all'Impero o all'esercito; o in forme sociologiche più dettagliate, a "classe", "partito", "gerarchia"...

Siamo nel campo di costruzioni umane che ci affrettiamo a rivestire di diritti e privilegi. Ebbene, per Occam la corporazione si identifica con i suoi membri, l'Ordine religioso con i suoi aderenti, la Chiesa con i suoi fedeli, l'esercito con i suoi soldati, nel senso che queste entità collettive si risolvono nei rispettivi componenti. Non si danno che individui singolari, arricchiti di quanto costituisce l'area di appartenenza, grazie a cui occupano un posto e svolgono una funzione nel quadro sociale. Il resto appartiene alla rete linguistica che tessiamo per operare e comunicare. Occam risolve la totalità nella pluralità dei suoi membri, interpretando il resto come predominio degli uni sugli altri o come sostegno degli uni da parte degli altri. Egli è ben consapevole che canonisti e giuristi considerano gruppi collettivi come persone reali, distinte dagli individui, e che i diritti o i privilegi, i benefici e gli onori, che vengono riconosciuti a queste entità, costituiscano la struttura effettiva della convivenza. Le classi, gli ordini, le gerarchie sono forme di strutturazione della convivenza, con un peso oggettivo che si esprime nelle distinzioni sociali o nelle contrapposizioni politiche a conferma del loro carattere fattuale.

Ebbene, l'obiettivo di Occam è di mostrare la storicità di questa impostazione sociale e l'artificiosità delle gerarchie sociali se isolate dalle attese dei rispettivi membri, dicendole traduzione delle passioni umane ai fini del controllo della realtà o del predominio degli uni sugli altri. È inutile difendere l'oggettività di tali forme di convivenza, poiché è un mondo cui non corrisponde alcunché di "naturale". È del tutto artificiale l'entità di queste creazioni e per questo fonte di contrasti e di malumori. L'obiettivo di questa critica è di ribadire l'uguaglianza delle creature e di ritrovare il mondo non segnato strutturalmente da gerarchie o da mediazioni, ma illuminato dalla luce di Dio, grazie a cui ogni singola creatura risulta suo capolavoro[400]. Tutto il resto è costruzione, frutto di circostanze propizie e comunque espressione della nostra libertà creativa. Qui ciò che è "giuridico" coincide con ciò che è "legale" e questo con il "potere in atto", cui rinvia, sia in ambito ecclesiale che politico. Il punto di riferimento non è più l'"ordine naturale", che la critica ha destrutturato storicizzandolo. Il nucleo problematico, che è arduo penetrare, è costituito dal "potere", cui l'organizzazione di qualunque forma di vita rinvia, perché di esso espressione e garanzia.

3.5. *L'uomo e il dovere della gratitudine per le creature*

Non è difficile cogliere sotterranea al pensare occamiano l'idea che tutto ciò che è espressione della libertà assoluta divina è prezioso, da non mortificare, ma da esplorare individuandone la struttura e illuminandone il senso. Questo gesto liberatorio delle creature da rivestimenti di carattere essenzialistico in favore della loro singolarità è proprio di chi sente urgere dentro il senso della gratitudine per ciò che è ed ha, che sarebbe riprovevole non indagare e non esaltare, essendo dono della potenza immaginativa di Dio. Accanto all'esaltazione dei molti, irriducibili all'uno, occorre porre la responsabilità per la dimensione storica che riguarda l'as-

---

[400] C. PREVE, *Una nuova storia alternativa della filosofia. Il cammino ontologico-sociale della filosofia* cit., p. 175: «La concezione filosofica che sta alla base della Chiesa invisibile (e cioè l'invisibile comunità dei veri credenti) fu (...) chiamata ontologia della singolarità. E che cos'è questa ontologia...? È semplice, se ovviamente si possiede la chiave giusta. Dire che l'universale di per sé non esiste, ma esiste soltanto il *singularis*, e che soltanto nella singolarità esiste la perfetta ontologia dell'essere sociale, significa che le pseudo-entità collettive prima citate non sono nulla, se non praticano la *simplicitas* e la *paupertas* comuni sia a Gesù di Nazareth e sia a Francesco d'Assisi. Solo il singolo frate francescano che le pratica, infatti, può veramente dirsi francescano, mentre l'*ordo franciscanus*, se ha smesso di praticarle, è solo un universale vuoto ed inesistente. Ed è questa, appunto, la base storica e ontologico-sociale del cosiddetto nominalismo».

sestamento del mondo, frutto di forze attivate sia in circostanze indipendenti dall'uomo e sia in situazioni provocate. Coloro che fanno cadere tutto il peso degli eventi sulla "natura" prescindendo dalla presenza attiva degli uomini misconoscono il carattere storico dell'essere e mirano ad attenuare la nostra responsabilità, il che inizia con l'"universale" e termina con le leggi di "natura". Non è arduo cogliere nel fondo di questo stile il timore di dover ammettere che siamo titolari del nostro destino e dunque titolari del mondo – accettando di essere al mondo si diventa responsabile di tutto ciò che accade in esso. Per questo è da criticare lo stile di riversare il peso di ciò che accade su forze dislocate altrove e, anche se dentro di noi, da noi indipendenti. La lettura occamiana della filosofia e della teologia è animata da uno spirito corrosivo di tutto ciò che mette in ombra la singolarità del singolare, la sua creatività e la sua responsabilità. La sua laicità è radicale e a tutto campo. La piega che la storia prende, interpretabile sul breve periodo con protagonisti di un certo peso, va ricondotta sul lungo periodo alla libertà dei singoli che accettano consolidando o propongono innovando particolari parametri di convivenza. Leggere Occam in questa logica è seducente. La sua filosofia è la teorizzazione del trionfo di Dio e degli uomini, l'uno creatore del mondo, gli altri responsabili della società e della storia.

4. Novità della *Logica Modernorum*

Il rasoio di Occam, in azione in tutti gli anfratti del pensare e dell'essere, lo si apprezza soprattutto a proposito del linguaggio. La prima riassuntiva espressione è che *"solae propositiones sciuntur"*. Potente affermazione, da sola significativa del nuovo percorso di cui il *Venerabilis inceptor* è antesignano. Se alla *"communitas conceptus"* o universalità di predicazione mentale non corrisponde alcuna *"communitas naturae"*, come valutare quell'insieme di simboli, di parole, di concetti che popolano il nostro mondo mentale? Siamo al linguaggio aperto al reale, dal momento che «la scienza non riguarda solo le cose che sono di immediata esperienza, ma anche delle altre cui le nostre immagini o i concetti universali rinviano, dal momento che questi stanno in luogo delle singole cose».

E tuttavia, dopo questo richiamo alle cose di immediata o mediata esperienza, Occam aggiunge a favore degli *"inexercitatos in logica"* che *"solae propositiones sciuntur"*. La scienza è un intreccio di proposizioni, da noi elaborate, il cui oggetto immediato sono i concetti, più che le cose, o anche i fenomeni in quanto collegati attraverso leggi, che il soggetto propone[401]. Più che sul carattere oggettuale del sapere, qui si pone kantianamente l'accento sul ruolo schematizzante del soggetto. Il rilievo primario riguarda il carattere universale dei concetti, da considerare una sorta di *"fictio mentalis"* con un *"esse"* che si risolve nel fungere da *"signum rei"*.

Si comprende che l'atteggiamento critico nei riguardi dei concetti fondamentali, come quelli di sostanza, causa, natura, specie, induce a considerare questa trama categoriale come un insieme di simboli o segni che rinviano a cose, senza anticiparne l'indole, perché da esplorare con gli strumenti adeguati. Se *"solae propositiones sciuntur"*, si impone il compito di costruire discorsi rigorosi, evitando di confondere logica e ontologia, fede e ragione, mondo del linguaggio e mondo delle cose, e cioè lasciando fuori quanto è superfluo ai fini della relazione tra concetto o modo di intelligenza (*modus intelligendi*) e realtà (*modus essendi*), e dunque aggangian-

---

[401] *In I Sent.*, d. 2, q. IV, in *OTh* II, p. 134: «Ad secundum principale dico quod scientia realis non est semper de rebus tamquam de illis quae immediate sciuntur, sed de aliis, pro rebus tamen supponentibus. Ad cuius intellectum et propter multa prius dicta et dicenda, propter aliquos inexercitatos in logica, sciendum quod scientia quaelibet, sive sit realis sive rationalis, est tantum de propositionibus tamquam de illis quae sciuntur, quia solae propositiones sciuntur». Cfr. *Quodlibeta septem*, d. IV, q. 35, in *OTh* XII, p. 470ss.

do con ponderazione i modi della significazione (*modi significandi*) alle articolazioni del linguaggio (*modi dicendi*).

4.1. *Occam esponente della* Logica modernorum *o "terminista"*

Occam è protagonista della *logica terminorum,* che è altra cosa dalla *Logica antiqua*, risultante dalla *Logica vetus* (aristotelico-boeziana: *Trattato sull'interpretazione, Trattato delle categorie e Isagoge* di Porfirio) e dalla *Logica nova* (Corpus aristelicum: *Analitici primi e secondi, Topici, Elenchi sofistici*). Tale logica è detta "terminista" in quanto pone attenzione alla proprietà dei termini, come i termini sincategorematici (di, per, e...), espressioni ambigue, paronimi, antinomie semantiche o *"insolubilia"*[402]; inoltre, in quanto approfondisce il passaggio dalla *"vox"* (suono vocale) alla *"significatio"* (contenuto concettuale) in seguito all'*"impositio"* o nominazione; puntualizza pure l'articolazione dei piani (*modi*) sia della realtà (*modi essendi*), sia del pensiero (*modi intelligendi*) come del linguaggio (*modi significandi*), perché l'un piano non sia confuso con l'altro. Siamo nel cuore della semiologia, scienza fondamentale, perché l'oggetto delle singole scienze non è costituito dagli oggetti extramentali, bensì dall'insieme (proposizione) di termini che esprimono quanto riteniamo di sapere e vogliamo comunicare intorno alle cose (*verbum est signum rei*)[403], in grado di "suppor-

---

[402] *Summa logicae* I, c. 4, n. 15: «Termini categorematici finitam et certam habent significationem. Sicut hoc nomen "homo" significat omnes homines et hoc nomen "animal" omnia animalia, et hoc nomen "albedo" omnes albedines. Termini autem syncategorematici, cuiusmodi sunt "omnis", "nullus", "aliquis", "totus", "praeter", "tantum", "inquantum", et huiusmodi, non habent finitam significtionem et certam (...)».

[403] È all'inizio della *Summa logicae* che Occam ci offre la chiarificazione del concetto di segno. Cfr. pars I, cap. 12 , p. 42: «Sed quid est in anima quod est tale signum».

re" (*supponere*) o di stare al posto delle cose. Prima del linguaggio "verbale" c'è il linguaggio "mentale". I concetti, al pari delle parole scritte o vocali, costituiscono il linguaggio interiore che, in quanto allude al «meccanismo attraverso il quale il contenuto conoscitivo del segno si trova a emergere»[404], diventa centrale e risulta superiore al linguaggio verbale, che per lo più è approssimativo per via dei segni linguistici di cui è imbastito e degli accorgimenti retorici cui per lo più fa ricorso. Dunque, logica dei termini, mentali e verbali, logica delle proposizioni e logica dei ragionamenti, rientrano nel tessuto sostanziale della "*Logica modernorum*".

4.2. *Rapporto tra parola concetto e cosa*

Anzitutto, in merito al rapporto tra concetto, termine e cosa, occorre rilevare che l'oggetto del termine (*vox*) non è, come per gli aristotelici parigini, la cosa (*res*) in quanto conosciuta (*conceptus*), nel qual caso il concetto funge da ponte tra parola e cosa dando luogo al trinomio *vox-conceptus-res*, con la conseguenza che la parola, grazie al concetto tendenzialmente universale, pretende dire cosa sia la cosa in oggetto. In linea con la prospettiva oxfordense, Occam ritiene che il rapporto che la voce istituisce con la cosa non sia mediato dal concetto, essendo la parola solo il "*signum rei*". Cade la funzione mediatrice del concetto[405]. La parola fa segno alla cosa o sta al posto (*supponit*) della cosa, ancora da esplorare. Si ri-

---

[404] C. Marmo, *Scienze dei segni: aspetti semantici delle teorie grammaticali e logiche*, in L. Bianchi (a cura di), *La filosofia nelle università. Secc. XIII-XIV*, La Nuova Italia, Firenze 1997, p. 74.

[405] *In I Sent.*, d. 22, q. u. (Utrum viator potest aliquod nomen imponere ad distincte significandum divinam essentiam), in *OTh* IV, p. 47, a. I, 47: «Contra istam opinionem: voces sunt significativae ad placitum. Igitur quod imponens intendit primo significare per vocem, illud vox primo significat. Sed imponens potest significare primo per vocem ipsam rem extra, ergo etc.».

cordi che i concetti nella tradizione sono rappresentazioni essenziali (*species*) delle cose. Occam lascia cadere siffatte "*species*" – è il "*fictum*" nei primi scritti accolto e poi rifiutato – a favore del contatto diretto con le cose (primato dell'intuizione), risolvendo la *vox* in segno linguistico, con il compito non di rappresentare ma di significare (*signum facere*), nel senso di indicare le cose da mettere a tema ed esplorare. Ora, come la *vox* significa le cose? Occam risponde con la fondamentale distinzione tra "termine assoluto" e "termine connotativo". Il termine assoluto esprime un oggetto senza indicare contemporaneamente, direttamente o indirettamente, qualche altra cosa. Ad es., il termine "uomo" è un segno che, in quanto astratto, sta per altri segni, quali ad es. Paolo, Pietro, Lucio, o anche, è un segno abbreviato di molti segni, ma che non esprime altro se non uomini concreti. Il termine, invece, connotativo significa una cosa direttamente e un'altra indirettamente, come, ad es., il termine "bianco" indica direttamente l'oggetto bianco e indirettamente la bianchezza, cui il colore di quell'oggetto rimanda.

4.3. *Filosofia del linguaggio e il ruolo della* "*suppositio*"

Consapevole che si lavora sulle proposizioni, nel senso che la forza dei ragionamenti è legata alle proposizioni – ciò che conosciamo sono proposizioni – e che la loro forza ricade sui suoi termini, Occam si sofferma su questi, nell'assunto generale che la parola è segno e che il segno è da intendere come capacità di contribuire alla conoscenza di una cosa diversa da sé. In genere, è segno tutto ciò che significa altro "naturalmente" ossia in base alla sua natura, sia in quanto è di per sé tale – il simbolo del pane per la panetteria – e sia in quanto è convenzionalmente assunto a tale scopo – una bandiera per una nazione. Da aggiungere una nuova accezione del segno e cioè quella della "supposizione", che allude alla significatività linguistica. Così, ad es., colui che afferma "la chimera è un non-ente" non formula una proposizione. Egli sa che non può "supporre" da soggetto qualcosa che non si dà – la chimera – con l'aggiunta che questo qualcosa è un non-ente. Infatti, il termine "chimera" non corrisponde ad alcunché e cioè non sta al posto di nulla e pertanto non può fungere da soggetto nella costruzione di una proposizione. Il che porta a mettere in giusta luce che i concetti *"supponunt pro"* o meglio, stanno al posto delle cose significate[406]. E qui siamo al punto chiave della forza persuasiva sia delle proposizioni che dei ragionamenti. Si ricordi che è triplice la distinzione della supposizione: *personale, semplice, materiale*. Si ha la supposizione personale «quando il termine suppone per il suo significato proprio» – ogni termine viene istituito originariamente per significare solamente delle realtà singolari, extramentali o intramentali. Per es. nella proposizione "l'uomo corre" il termine "uomo" può significare solo degli uomini concreti (Pietro, Paolo, Andrea ecc.), i soli in grado di dar vita a tale attività. Qui si ha la supposizione personale dal momento che il termine uomo è stato istituito proprio per significare siffatti individui. Altro esempio di supposizione personale prodotto da Occam: "la specie è un universale". «In questa proposizione il termine "specie" sta al posto di un concetto universale, poiché per Occam solo i concetti possono essere universali e cioè prodotti della mente; inoltre, il termine "specie" è stato istituito proprio per significare dei concetti, per cui nella proposizione ricordata esso è preso significativamente, e di conseguenza ha la supposizione personale»[407]. La supposizione semplice si ha, invece, quando il termine sta al posto di un concetto, purché questo concetto non costituisca il significato naturale e

---

[406] *Summa Logicae* I, cap. 63 (De divisione suppositionis), p. 193: «Dicitur enim "suppositio" quasi pro alio positio, ita quod quando terminus stat in propositione pro aliquo... supponit pro illo; et hoc saltem verum est, quando terminus significative accipitur». Cfr. le molte pagine dedicate alla "suppositio" (pp. 193-236).

[407] A. GHISALBERTI, *Introduzione a Ockham*, Laterza, Bari 1976, p. 73.

originario del termine. Ad es., nella proposizione: "l'uomo è una specie", il termine "uomo" suppone per un concetto mentale, cioè quello di specie. Si sa che il significato proprio di "uomo" riguarda gli individui concreti e non la specie, per cui nella proposizione in esame – l'uomo è una specie – il termine uomo "suppone" in modo semplice, non personale. In ultimo, se dico "uomo è un nome" o "uomo risulta di quattro lettere" si è, come è ovvio, nel campo della supposizione puramente materiale.

4.4. *L'esperienza e la relazione tra due mondi*

È decisivo il ruolo della "*suppositio*" sia personale che semplice, nel senso che la proposizione non va presa in sé ma come segno di qualcos'altro, che è o nella realtà o soltanto nella mente. Il che mette in discussione la corrispondenza preconcetta tra la razionalità del nostro pensare o del nostro dire e la razionalità dell'essere, o meglio, di ciò che è e dunque la relazione tra due mondi, ritenuti abitualmente in dialogo tra loro. Occam sottopone a critica il mondo tradizionale, per il quale il pensare è il riflesso della razionalità oggettiva, di cui si alimentano le proposizioni e con cui si giustifica l'argomentazione. L'assunto della filosofia tradizionale, secondo cui il *logos*, di cui l'uomo è dotato, riflette il *logos*, anima del mondo, in una sorta di mutua convergenza, viene messo in discussione come assunto universale. Il sapere e il dire riguardano il nostro mondo, la nostra attività, la nostra cultura, i nostri pregiudizi. Da qui l'analisi dei termini delle proposizioni e della loro funzione. In fondo Occam denuncia la leggerezza con cui identifichiamo le strutture del linguaggio con le forme degli oggetti, quasi che parole, proposizioni e creature siano le une riflesse nelle altre. Se il mondo dei fenomeni è altra cosa rispetto al mondo concettuale, l'incontro tra questi due mondi non può fondarsi che sull'esperienza. Contingenza e singolarità, i due pilastri dello stupore che l'esperienza alimenta, ci inducono a interrogare continuamente la vita reale. È vero, la linea aristotelica ha da sempre privilegiato il momento sensibile, ma poi tutto il cammino successivo è stato compiuto in vista del suo trascendimento, con la pretesa finale di disporre di strutture concettuali che riflettano le forme reali delle cose. E così l'aristotelico proietta le sue costruzioni concettuali sulle cose e su Dio, salvando, anzi fortificando, la razionalità del mondo. È questo presupposto fondamentale della gnoseologia tradizionale che Occam cerca di mettere in crisi, precisando il ruolo del "fatto" o dell'esperienza, momento prezioso del sentire e del dire, da interrogare, non trascendere. Venendo meno l'impianto categoriale di segno necessitario, s'incrina il rapporto intrinseco tra i concetti e il mondo, pilastro del pensare tradizionale e fonte delle accuse, a partire da quella del suo collega all'università di Oxford, J. Lutterell, a causa della quale la sua vita prenderà una ben diversa piega sia come francescano che come pensatore.

4.5. *All'origine delle obiezioni di J. Lutterell*

Il cancelliere dell'Università di Oxford, Johannes Lutterell, estrae dagli scritti di Occam una lista di 51 tesi, ritenute erronee, e l'inoltra alla Commissione pontificia già all'opera ad Avignone intorno a posizioni di matrice gioachimita e di carattere pauperistico, fatte proprie dalla famiglia francescana. In seguito alla denuncia da parte del cancelliere oxfordense, Occam è convocato, nel 1324, ad Avignone, dove si reca e vi resta fino al 1328. Prevedendo una possibile condanna, egli fugge via assieme al francescano Michele da Cesena, accusato di gioachimismo. Entrambi chiedono protezione all'imperatore Ludovico il Bavaro, in conflitto con Giovanni XXII. L'obiezione fondamentale era che, con la sua dottrina, Occam svuotava di ogni affidabilità non solo il linguaggio umano ma le parole stesse della Rivelazione. Quando nella Scrittura si legge:

«In principio Dio ha creato cielo e terra» – si faceva notare – i termini "cielo" e "terra" non sono delle semplici produzioni concettuali (*fictum*), bensì delle espressioni naturali di ciò che effettivamente si dà (*res quae sunt extra*). Il realista Lutterell ragionava secondo la tradizione, per la quale il linguaggio è lo specchio del reale. «Se una cosa, alla quale attribuiamo un predicato – così sintetizza l'obiezione del cancelliere il medievista Kurt Flasch – non ha niente in comune con il soggetto della nostra proposizione, il concetto che noi ci formiamo e che costituisce il soggetto della nostra proposizione, non può stare al posto di questa cosa nell'enunciato»[408]. Pertanto – è il rilievo fondamentale di Lutterell – se vogliamo sottrarci a tale rovinosa conclusione dobbiamo ammettere un rapporto intrinseco tra i concetti e il mondo e dunque tra le parole e le cose. Se non si dà un rapporto speculare tra il pensare e l'essere si può credere di gioire della visione eterna di Dio anche in sua assenza. In breve, se si abolisce il legame naturale tra conoscenza e oggetto, gli stessi santi del paradiso non possono dirsi certi di non essere vittime di una grande illusione. Pur concedendo che l'oggetto e la conoscenza siano delle realtà indipendenti – una cosa è la conoscenza, un'altra l'oggetto conosciuto – si deve però ammettere che l'atto di percezione senza il sostegno dell'oggetto sarebbe insignificante e illusorio. Dunque – è la conclusione di Lutterell – perché la conoscenza sia possibile e sensata occorre che gli oggetti del mondo abbiano una struttura analoga a quella concettuale o una "natura" universale, di cui l'atto conoscitivo è la rappresentazione più o meno fedele. Egli non può condividere la

---

[408] *Introduction à la philosophie médiévale*, Flammarion, Paris 1992, p. 176. Cfr. l'ottimo capitolo dedicato a questo dialogo tra il realista Lutterell e il nominalista Occam (pp. 170-189). Il "libellus" con gli articoli discussi, elaborato da Lutterell, è in Fritz HOFFMANN, *Die Schriften des Oxforder Kanzlers J. Lutterell*, Leipzig 1959. Il rapporto della Commisione d'inchiesta è apparso in "Recherches de Théologie Ancienne et Médiévale" 7 (1935) 353-380; 8 (1936) 79-93 e 168-197.

distinzione tra il regno della mente e il mondo delle cose. Per Occam la scienza è produzione umana, ben lontana dalla concezione realistica secondo cui, invece, è copia del mondo, il cui ordine è divino. Certo la soggettività del conoscere è condivisa e ammessa da tutti. È fuori discussione, però, – nota Lutterell – la nostra capacità di produrre definizioni che riflettano come le cose non possano non stare dal momento che evocano essenze e dunque aspetti immutabili del reale. Da questo carattere intemporale del conoscere Averroè aveva tratto la conclusione che ci sono stati sempre degli uomini e che sempre ce ne saranno, titolari di siffatto sapere, e che il mondo deve essere a sua volta eterno. L'una e l'altra conclusione muovono dalla concezione del sapere in senso essenzialistico. Il sapere (la verità) è eterno e lo è perché imbastito di elementi essenziali che in quanto tali non hanno un inizio e dunque una fine. Se così, è eterno anche il mondo tessuto di quegli elementi, di cui quel sapere è il riflesso o il compendio. È la concezione pagana del sapere. Ma non è forse vero che il mondo non era ed ora e domani non sarà, e dunque è contingente? Quale peso dare a un sapere che vanta i caratteri della perennità, collegati all'essenza della cosa, raggiunta nei suoi tratti invariabili? Siamo alla contestazione del primato sia della razionalità che del realismo tradizionale. Occam ne è consapevole, persuaso che gran parte della tradizione ereditata muova da queste premesse. La sua critica è continua e radicale, motivata dall'intento di smascherare quella che a suo parere è l'anima sotterranea del sapere di segno universale e necessitario, la concupiscenza possessiva e dominatoria.

5. L'onnipotenza di Dio e la contingenza del mondo

È stato detto autorevolmente che «Occam, frate francescano e filosofo medievale, si trovi in sintonia con l'anima dell'Occidente moderno in modo più profondo di tante forme di pensiero apparse in seguito nella storia europea»[409]. Ma davvero è fondata siffatta sintonia? E questa è un'esaltazione o una condanna? Il francescano non si colloca forse a un altro livello e non persegue altre finalità rispetto all'orizzonte dell'Occidente moderno?

5.1. *Occam e l'età moderna ovvero due opzioni filosofiche*

La modernità ripudia qualunque ordine eterno – teologico, metafisico, politico, economico – e con esso quel Dio che nella tradizione ne è stato il garante. Certo, Occam è in ciò in linea con la modernità, contestatrice di ogni struttura di segno necessitario. E tuttavia, è da porre in evidenza che tale atteggiamento è sostenuto dal pensatore francescano a favore della consapevole difesa di Dio, libero e onnipotente, il che fa del *Venerabilis inceptor* il contraltare dell'età moderna. Ciò che conta, più che le articolazioni di una prospettiva, è il "cominciamento" che dà profondità alle articolazioni. Infatti, se quello moderno si muove nella direzione del primato della ragione che assorbe in sé ogni potere nella direzione dell'autolegittimazione, quello di Occam va nella direzione della critica dei «tentativi tirannici dei potentati umani di ergersi al di sopra del divino»[410]. Il modello di razionalità dell'età moderna non ha bisogno di Dio sia sul piano conoscitivo che sul piano delle cose se non a compimento suppletivo dei suoi progetti; il modello di razionalità occamiano invece impedisce di mettere le mani su Dio, preservato da ogni forma di razionalizzazione, e interlocutore di un dialogo personale. Mentre per la filosofia moderna Dio è l'incarnazione della razionalità, per Occam Dio è totalmente al-

---

[409] E. SEVERINO, *La filosofia dai greci al nostro tempo*. I vol. *La filosofia antica e medievale*, Rizzoli, Milano 2010, p. 304.

[410] A. SALERNO (a cura di), *Saggio introduttivo* a G. DI OCKHAM, *Dialogo sul papa eretico*, Bompiani, Milano 2015, p. CLXV.

tro rispetto alla logica della ragione, per cui più che il pensare, è il nostro essere che viene affidato alla sua custodia. Mentre per la filosofia moderna Dio appare per lo meno ingombrante perché si passa dall'autonomia all'autosufficienza, per la filosofia di Occam Dio si impone nella sua onnipotenza, respingendo come inutili o dannosi i tentativi di rappresentarlo con le nostre categorie, perché si passa dalla contingenza alla dipendenza.

5.2. *Il rasoio di Occam a favore dell'onnipotenza di Dio*

La netta distinzione tra ontologia e logica e la critica degli universali non hanno altro scopo che di indebolire la consistenza dei "modelli eterni", cui il creatore si sarebbe ispirato – è un mondo che Occam lascia cadere come maschera della nostra passione di prendere il posto di Dio. La negazione del carattere oggettivo dell'universale o dell'identità dei molti è funzionale all'affermazione dell'assoluta libertà e potenza di Dio, non vincolata né dipendente da alcunché, e all'irrepetibilità delle creature, ognuna suo capolavoro. Questo l'approdo: se nulla è necessario e nulla può dirsi oggettivamente universale, vuol dire che la libertà creativa di Dio è assoluta, e ogni creatura un'opera d'arte. Dio è radicale libertà e totale semplicità[411]. Amare, conoscere, volere, sono tutt'uno[412]. Il vero principio antimetafisico e dunque la messa in esercizio del ra-

---

[411] *I Sent.*, d. 35, q. 1, in OTh I, p. 432: «Similiter dico quod essentia et intellectus et scientia, quae sunt realiter Deus, nullum ordinem habent, quantumcumque haberent ordinem si distinguerentur realiter».

[412] A. TABARRONI, «*Utrum Deus sit in praedicamento: Ontological Simplicity and Categorial Inclusion*», in J. BIARD et I. ROSIER (éd.), *La tradition médiévale des catégories (XII-XV siècles)*. Actes du XIII Symposium européen de logique et de sémantique médiévales (Avignon 6-19 juin 2000), Louvain-la Neuve\Paris, Editions de l'Institut Supérieur de Philosophie\Peeters 2003, pp. 271-287.

soio – *non sunt multiplicanda entia sine necessitate* – è la difesa della suprema semplicità di Dio come della grandezza di ogni creatura[413]. Nulla che possa offuscarne l'originalità. È questa la fonte che porta Occam a criticare le "essenze", di cui ogni ente sarebbe una versione; come anche a negare il darsi degli archetipi nella mente divina. Dio non ubbidisce, né esegue. Egli crea. Chi riporta le creature a degli archetipi ne mortifica l'originalità, dal momento che, comunque pensate, ne sarebbero copie, distanti dalla perfezione originale; mortifica poi la libertà creativa di Dio sottomettendola a dei modelli da rispettare, e offre all'uomo un potente strumento di prevaricazione o di assoggettamento dei molti all'uno, accompagnato dal supporto stesso di Dio. Per Occam le creature sono tutte irrepetibili. Dio pensa le creature quando vuole e come vuole, nella loro effettiva singolarità. Gli universali sono utili solo se assolvono a una funzione comunicativa nel mondo dell'intersoggettività.

5.3. *Contingenza del mondo e crisi dell'episteme*

La contingenza del mondo è una tesi che dà conto del ruolo primario della conoscenza sperimentale intuitiva, il cui oggetto sono le cose nella loro autonomia, sottratte pregiudizialmente a relazioni di segno necessitario. La negazione dell'universale come identità del molteplice a causa di elementi essenziali in comune rende impossibile un sapere epistemico in senso greco. «Ogni concetto è identità di un molteplice e il concetto supremo è l'identità della totalità del molteplice, il principio unificatore del Tutto, che ancora Scoto concepisce come essere (il "non niente"). E appunto questo principio, che sta alla base dell'ontologia e della metafisica, a tro-

---

[413] *Quodlibea septem*, q. 6: «Credo in Deum Patrem omnipotentem, quem sic intelligo: quod quodlibet est divinae potentiae attribuendum quod non includit manifestam contradictionem».

varsi oggettivamente in questione a opera di un pensiero che, come quello di Occam, finisce con l'identificare la conoscenza vera con la conoscenza intuitiva, cioè l'esperienza. Ogni ente è dunque separato dagli altri: per esistere ed essere conosciuto non ha bisogno degli altri enti»[414]. In questo contesto che senso ha parlare di un ordine eterno, di cui il nostro sapere sarebbe il riflesso? La scienza è sostanzialmente empirica, rifugge dal presupporre un ordine che Dio, al pari del demiurgo platonico, avrebbe contemplato e rispettato[415], attenta solo a quanto l'esperienza attesta e conferma. Il sapere inizia con l'esperienza sensibile, il cui peso è legato al dato, e termina nell'evidenza immediata e manifesta.

Ma quale sapere è legittimo elaborare sul presupposto che tutto è contingente e dunque che nulla è oggettivamente necessario? Si è detto che ciò che di universale è nel nostro linguaggio non ha alcun corrispettivo nella realtà. Ora, se è tratto dal nulla ed esposto al nulla, il mondo è abitato da una contingenza che si ripercuote sulla stessa esperienza sensibile, quale spiegazione remota ma conseguente del rifiuto della scienza di matrice aristotelica o scienza di ciò che è necessario e permanente. La "regolarità della natura" è solo una nostra supposizione. E allora, di cosa possiamo dirci certi? Non possiamo dirci certi neppure dell'esistenza di una cosa sensibile che pur percepiamo direttamente o intuitivamente. È possibile, infatti, e cioè non è contraddittorio, come si è detto, che si abbia la conoscenza di una cosa non esistente. Tale eventualità non comporta alcuna contraddizione, dal momento che l'atto del conoscere è una cosa, la cosa conoscibile un'altra, sicché l'atto conoscitivo potrebbe aver luogo senza l'oggetto conosciuto – l'uno non è in-

---

[414] Severino, *La filosofia antica e medievale* cit., p. 302.

[415] È qui che si impone il carattere eterno dell'essere parmenideo, estraneo alla prospettiva occamiana. E tuttavia questa presa di distanza, prima che a questa divaricazione, è da ricondurre al ruolo della ragione, se da ritenere primario o invece funzionale al fatto realizzato e dunque alla volontà che l'ha voluto.

trinsecamente legato all'altro. Di fatto stanno insieme ma la loro relazione è contingente, e cioè non si dà alcuna necessità intrinseca, sicché la soppressione dell'una non implica di per sé la scomparsa anche dell'altra. Anche se fondamentali, le nostre esperienze non si impongono da sole perché problematizzabili – solo gli atti interiori o spirituali si impongono, come "penso, amo, odio", perché semplici, oltre che evidenti. Inoltre, il "fatto" esperienziale è da esplorare per ciò che è, ma senza pretendere che la sua conoscenza legittimi la previsione di qualcos'altro, da esso dedotto o ad esso in qualche modo collegato. Il "fatto" non autorizza alcuna previsione, perché ciò che accade può dar luogo a molti percorsi grazie a condizioni che non è agevole controllare e prevedere. Con Occam il mondo cessa d'essere attraversato da vincoli di necessità, non più pensabile come un libro ben argomentato, simile piuttosto a una collezione di cose, che prendono forma e posto progressivamente nell'immenso concerto del mondo. Questo indebolimento del conoscere per l'allentamento dei nessi tra gli eventi, se per un verso invita a dar luogo a un sapere più sobrio e misurato, per l'altro porta a rafforzare il nostro abbandono a Dio, nella consapevolezza che tutto è nelle sue mani[416].

5.4. *Quale la portata dell'onnipotenza del Dio di Occam?*

Tutta la filosofia di Occam pare funzionale all'esaltazione della libertà creativa di Dio, contro i ricorrenti tentativi di porre un argine alla sua immensa potenza. Certo, Dio non interviene confon-

---

[416] *Tractatus de corpore Christi*, cap. 7, in *OTh*, X, p. 103: «Non enim iuxta modum causarum naturalium divinam potentiam arctare debemus, cum divina potestas virtutem omnium creatorum excedat in infinitum; nec ad negandum aliquid posse fieri virtute divina experimenta sufficiunt, cum totum ordinem causarum naturalium possit Deus immutare».

dendo le carte in tavola, e tutto ciò che potrebbe favorire una tale impressione è da interpretare invece come difesa della sua trascendenza, oltre qualsiasi forma di categorizzazione[417]. Il che implica che la contingenza va presa sul serio negando qualunque necessità e cioè non inserendo rapporti di segno deterministico tra gli enti, il che comporterebbe una violenza alla datità effettiva, segnata da una precarietà strutturale, da rispettare. Il che però non significa che l'onnipotenza divina non vada tenuta presente ai fini della definizione del raggio delle possibilità anche nel campo conoscitivo. Si è detto della "*cognitio rei non existentis*" o visione intuitiva della cosa non-esistente, che cioè questa è di per sé possibile o meglio, non contraddittoria. L'esistenza allude al darsi della cosa nel suo luogo proprio, mentre la non esistenza della stessa cosa allude invece al non-luogo della cosa e dunque, nell'ipotesi della conoscenza del non-esistente, l'oggetto conoscibile equivale alla cosa senza luogo. La percezione della cosa non esistente riguarda la cosa in un non-luogo – si pensi ai profeti che vedono ciò che al momento non si sa se, come e dove accadrà. Ora, questa tesi è una conferma ulteriore dell'assenza di rapporti necessari tra l'atto conoscitivo e la cosa localizzata e insieme spia dell'onnipotenza di Dio[418]. L'aspet-

---

[417] *Tractatus contra Benedictum*, in *Opera Politica* III, p. 234: «Et ideo, licet potentia Dei sit una, tamen propter diversam locutionem dicitur quod Deus aliqua potest de potentia absoluta, quae tamen numquam faciet de potentia ordinata (hoc est de facto numquam faciet): quemadmodum essentia et potentia. Et similiter esse et posse, non sunt diversa in Deo, et tamen Deus potest multa, non obstante quod non sint illa multa, quae potest».

[418] *Quodlibeta septem* VI, q. 6, in *OTh* VII, p. 604: «Utrum cognitio intuitiva possit esse de obiecto non existente». Occam dibatte il problema e nega che Dio ci illuda o possa illuderci, perché grazie alla notitia intuitiva «non tantum iudico rem esse quando est, sed etiam non esse quando non est» (*Quodl.* V, q. 5). In maniera ancora più netta in *I Sent.*, prol., q. 1, in *OTh* I, p. 31: «...notitia intuitiva rei est talis notitia virtute cuius potest sciri utrum res sit vel non... Et eodem modo si esset perfecta talis notitia per potentiam divinam conservata de re non existente, virtute illius notitiae incomplexae evidenter cognosceret illam rem non esse».

to scettico, collegato a questa problematica, è del tutto secondario, non sostanza del discorso, come invece tende a ritenere colui che, muovendo dal primato della razionalità, ha bisogno di un criterio che autorizzi la distinzione tra ciò che è reale e ciò che è frutto di un'illusione. È questa una piega estranea a Occam per il quale una cosa è la semplice apprensione e un'altra quella del giudizio. Ebbene, la possibilità della conoscenza di una cosa non esistente come esistente è possibile solo sul piano della semplice apprensione, non però sul piano del giudizio, che non può essere evidente e insieme falso, come egli ha in più occasioni ribadito[419]. A piegare il discorso in senso scettico viene richiamata da molti l'affermazione di Occam secondo cui «Dio potrebbe finanche ordinare di odiarlo», fonte e giustificazione del massimo disorientamento. Ora, come Lutterell, il suo accusatore, nota, tale proposizione è contraddittoria, dal momento che, essendo il bene supremo, Dio non può ordinare il male. Quale motivo potrebbe giustificare un tale odio? Ebbene, anche per Occam Dio si contraddirebbe se ci comandasse di odiarlo, anzi l'ordine stesso sarebbe contraddittorio – obbedendo si porrebbe un atto d'amore, che consiste nell'obbedienza, e insieme odiandolo si porrebbe un atto negativo, che consiste nell'esecuzione del contenuto dell'ordine. Lo stesso atto sarebbe a un tempo positivo e negativo. Quale, allora, il senso di questa tesi?

Dio rappresenta il trascendimento di ogni immaginazione, razionale o irrazionale, sicché deve dirsi presuntuoso colui che tenta di dimostrare ciò che Dio possa e ciò che Dio non possa, recintandone l'ambito potestativo. Non è illegittimo cogliere qui l'eco del-

---

[419] *Quodlibeta Septem* V, q. 5: «Ad primum istorum dico, quod Deus non potest causare in nobis cognitionem talem, per quam evidenter appareat nobis rem esse prasentem, quando est absens, quia hoc includit contradictionem: nam cognitio evidens importat quod ita sit in re sicut denotatur per propositionem, cui fit assensus per cognitionem, et per consequens cum cognitio evidens huius propositionis; res est praesens, importat rem esse praesentem, oportet quod res sit praesens. Aliter non est cognitio evidens».

la risposta irritata di Dio a Giobbe che gli chiedeva ragione delle sue sofferenze: «Dov'eri tu quando io mettevo le basi alla terra? Dimmelo, se hai tanta scienza. Chi ne fissò le misure...? Su che cosa furono poggiate le sue basi e chi pose la sua pietra angolare, mentre gioivano gli astri del mattino e giubilavano tutti i figli di Dio?»[420]. Il Dio di Occam è al di là delle distinzioni inaugurate dalla ragione umana. Dio non è contro i principi della nostra logica, ma al di sopra, nel presupposto che i principi logici, morali e legali appartengono alle cose create. Dio è onnipotente, e cioè – ecco la tesi a cuore di Occam – è al di là di qualsiasi nostra rappresentazione, compresa quella che riguarda la sua relazione al male, alla sofferenza, alla morte. Dio non è un giocoliere che fa diventare vero il falso o male il bene. Qui ciò che conta è la contrapposizione tra la finitezza del nostro dire e l'infinità di Dio, termine di contemplazione, non oggetto di speculazione[421]. Ma il senso del limite non finisce qui.

5.5. *Dal concetto di Dio al Dio oltre il concetto*

Quando riteniamo che sia Dio il titolare di qualche dottrina o l'autore di qualche precetto con l'intento implicito di dare all'una maggior peso e all'altro maggior rigore, non dovremmo omettere di notare che il soggetto di tali proposizioni non è Dio stesso, come comunemente si pensa. Il soggetto è il "concetto" che noi abbiamo di Dio, da noi elaborato[422]. Da qui l'invito a ripensare molte posizioni teologiche approfondendone il significato o am-

---

[420] *Gb* 38,4-18.
[421] Non sarebbe irrilevante una rilettura comparativa di Occam e di Kierkegaard per quanto concerne il versante del possibile e dell'impossibile. Cfr. B. FONDANE, *In dialogo con Lev Sestov* cit., pp. 249-286.
[422] *Quodlibeta septem*, q. 9, in *OTh*, St. Bonaventure 1980, p. 731: «Utrum aliquis conceptus praedicatur de Deo».

pliandone la prospettiva. Si tratta dell'applicazione al tema "Dio" della tesi, ampiamente articolata, secondo cui le nostre strutture concettuali non sono lo spechio del reale, sicché non dobbiamo, a cuor leggero, fondare le nostre leggi morali nella volontà divina, i nostri pensieri nei pensieri di Dio. Il che non significa che questo nostro mondo non sia ragionevole o che non sia ispirato ai dettami di Dio, ma che l'interprete di tutto ciò è la nostra ragione, che lascia ovunque traccia della sua finitezza e delle sue passioni. Da qui la contestazione dell'arroganza di chi dà per scontato che il rapporto che noi stabiliamo tra la "retta ragione" e la "retta volontà", con cui riteniamo di agire in modo moralmente corretto, rifletta le decisioni effettive di Dio – è forse solo ciò che vogliamo che Dio stesso condivida o che riteniamo conveniente in tale situazione. E poi, ciò che costituisce una contraddizione per noi non è detto che sia tale anche per Dio. Occorre ridimensionare la pretesa di fondare idee e precetti in Dio sotto la forza suggestiva di un potere dominatorio che ci abita, dando peso adeguato alla separazione tra mondo concettuale e struttura del reale, di cui si è detto.

Le razionalizzazioni dell'idea di Dio e dei precetti morali vengono sottoposte a critica perché a detrimento sia della nostra libertà creativa che dell'abbandono fiducioso alla sua volontà. È un atteggiamento che lascia intravedere alcuni tratti della futura Riforma protestantica – il Dio di Lutero è per alcuni versi il Dio-volontà di Scoto e il Dio onnipotente di Occam, ben in contrasto con la piega di voler "tutto giustificare" facendo ricorso al potenziale della nostra ragione[423]. Non si tratta di misconoscere i suggestivi panorami dischiusi dalla teologia o di indebolire il valore delle norme etiche, ma di non idolatrare alcunché, di disporsi al nuovo, senza pretendere di maneggiare a proprio piacimento la volontà di Dio. Il trascendimento di quanto conosciuto o realizzato è la forma di riverenza verso Dio

---

[423] P. VIGNAUX, *De saint Anselme à Luther*, Vrin, Paris 1976.

la più alta e significativa. Si sa che le idee divine sono state pensate come *"rationes cognoscendi et rationes efficiendi"*, e dunque come "causa esemplare", quasi che Dio avesse bisogno di una sorta di misura o di modello per dar volto alla creazione. Non solo la conoscenza ma anche la morale è stata fondata su questo presupposto archetipale, riconducendo l'atto creativo di Dio a un atto esecutivo o di pura realizzazione di un disegno eterno – è la lettura non alla luce del primato della volontà, ma alla luce del primato della ragione.

Ebbene, Occam ritiene fragile tale linea di pensiero, che assume le idee eterne a misura delle cose, per il fatto che la misura allude a qualcosa che ci è familiare o si conosce, il che non è il caso degli archetipi divini. Infatti, noi conosciamo le idee eterne meno bene delle creature – di queste abbiamo esperienza, non però di quelle – e ciò nonostante osiamo servircene per giudicare e condannare. E poi, non è forse vero che «*mensura est principium cognoscendi, non essendi*», e dunque incapace di cambiare, in meglio o in peggio, le cose? All'origine di questa tendenza va posto piuttosto il nostro bisogno di unità, di ordine, di dipendenza, per cui, per vivere più tranquillamente inventiamo entità che ci sostengano nel pensare e ci illuminino nell'agire. La messa in crisi di archetipi, idee, natura, specie, essenza ecc., fa tutt'uno con la liberazione del possibile da ogni presupposto o anche è la tematizzazione del nulla come di ciò rispetto a cui si impone l'originalità dell'atto creativo divino, il cui frutto è ricco di ragioni da esplorare, meraviglioso come lo è un'opera d'arte, ma non fondato prioritariamente su qualche specifica ragione che riteniamo prevalente e che amiamo richiamare a sostegno della costruzione.

5.6. *Il porre in assedio Dio e l'uomo*

Le filosofie sono state tutte, con modalità diverse, tentativi di imbrigliare la libertà creativa divina, indicandone i limiti invalicabili, e di disporre di principi con i quali guidare l'uomo lungo gli oscuri sentieri del tempo. È importante leggere la storia della filosofia come tentativo di porre Dio in assedio perché temiamo l'incertezza delle onde del mare e amiamo la sicurezza della terra ferma. Pur di salvaguardare l'ordine, l'unità, la dipendenza, non si esita a stringere legami di segno ontologico tra la causa prima e quella che viene chiamata "natura" o specie, ritenuta inviolabile, con un tracciato che non è lecito trasgredire. Dio stesso deve rispettarlo, dal momento che non è che la sua stessa essenza in quanto partecipata. Quando poi, con l'età moderna, il consenso di Dio è apparso superfluo o ingombrante, si è agevolmente passati dall'autonomia all'autosufficienza. Ora, Occam, in nome dell'assoluta semplicità divina, riconosce al Dio creatore e conservatore del mondo una libertà totale. Non sono in discussione stabilità e continuità, ma più come assestamento temporale che come necessità interna ai fenomeni e agli eventi. Per quanto concerne l'uomo occorre fare spazio alla volontà, cifra di libertà, nel senso che diventa ciò che progetta e realizza – egli non è esecutore, ma protagonista, sul modello della libertà divina. Coloro che fanno cadere tutto il peso sulla "natura" sono vittime della necessità e dunque dell'ordine e della dipendenza, trascurando che con Occam si ha il decisivo passaggio da ciò che si ritiene giusto secondo natura a ciò che invece è diventato giusto grazie alla cultura. Si è ben al di là della semplice licenza o del permesso di poter fare una cosa. Il diritto, prima che alla cosa ritenuta legittima, si riferisce all'individuo che rivendica un autentico spazio operativo. Da qui il carattere radicale della pluralità, che Occam pone a fondamento dell'intero discorso. Siamo alla purificazione del ragionamento di coloro che non ammettono che la responsabilità ricada su tutti, sia pure secondo modalità differenziate, chiamando in causa qualcosa di impersonale, di neutro, lungo un arco che va dall'universale, alla natura, a Dio.

La lettura occamiana della filosofia e della teologia è animata da uno spirito corrosivo di tutto ciò che mette in ombra la singolarità del singolare e la responsabilità di tutti i membri della vita sociale in nome di verità immodificabili o di tracciati invariabili. La piega, che la storia prende sul breve periodo grazie a protagonisti intraprendenti e creativi, muta o si consolida in base alla volontà di quanti accettano consolidando o contestano innovando particolari parametri di convivenza. L'obiettivo di Occam è di liberare l'uomo dalla prigione che il sapere di matrice greca ha costruito, perché non si autopercepisca esecutore di comandi indiscutibili.

A questa immagine dell'uomo e di Dio fa da riscontro una visione contingentistica dell'universo, in cui i singoli esseri, liberati dalla prigione delle strutture essenziali, si ritrovano restituiti alla loro individualità, aperta a Dio e alla sua parola. Oltre e prima di ogni forma di sapere, in omaggio al primato del diritto divino su ogni altro diritto, si impongono per un verso la piega mistica dell'esistenza, conseguente al fatto che Dio ha creato senza la mediazione delle "*species*" o archetipi, e per l'altro la sacralità dell'individuo, chiamato a partecipare da protagonista alla storia della comunità.

6. La forza purificatoria della povertà e il potere come servizio

Occam ha davanti a sé le molte traiettorie lungo le quali il soggetto viene mortificato, deciso a recuperarne la dignità. A tale scopo egli mette in primo piano la libertà creativa, ben oltre il legalismo mosaico, perché fondata sull'amore, sorgente cristiana dell'agire e metro valutativo delle sue espressioni sociali. Da qui l'assunzione della libertà del singolo a metro universale e l'impegno a rivendicarla e ad alimentarla. «La necessità di una difesa contro gli eccessi di apparati impersonali e burocratici che limitano le libertà degli individui e il loro spontaneo e creativo associarsi è un tema di grande rilievo nei nostri tempi, sul quale la speculazione del francescano inglese ha ancora molto da dire»[424]. A tale scopo non si può non apprezzare lo sforzo di non dissociare la ritrovata dignità di ogni soggetto all'interno della società dall'atteggiamento di abbandono alla parola di Dio, senza mediazioni che non fungano da sostegno. Due aspetti di un unico discorso. Il luogo ideale è la Chiesa di Cristo. Dignità del soggetto e dimensione mistica, e dunque società e Chiesa, questi i due cardini su cui Occam costruisce il suo edificio. Non è difficile cogliere sotterranei i tratti di quello stile esplorativo che «non ha l'intento di togliere consistenza alla fede cristiana, minandone le basi naturali, ma all'opposto, ha l'intento di liberare la fede dai limiti e dalle debolezze dell'interpretazione che di essa vien data dalla "ragione naturale". L'intento, cioè, è di non compromettere la fede con la ragione umana, troppo esposta alla possibilità dell'errore e troppo sicura delle sue forze»[425]. Dunque, cittadino e fedele, società e chiesa, protagonismo e abbandono a Dio, questi i due binari lungo i quali corre il discorso di Occam.

6.1. *La complessità della convivenza ecclesiale e politica*

Sullo sfondo della recuperata positività della contingenza del mondo e della singolarità originaria dei soggetti, la convivenza è pensata all'insegna di quella matrice sacrale alla cui luce va interpretata la normativa che disciplina la convivenza. «I giuristi – scrive Occam – intromettendosi nei difficili problemi teologici sanno di falciare le messe altrui ...e facilmente cadono in errore»[426]. Per quanto preziosa sotto il profilo sia tecnico che formale, l'opera dei giuristi e di quanti si occupano delle istituzioni ecclesiali e politiche

---

[424] A. SALERNO, *Saggio introduttivo* cit., p. CLXXXVII.
[425] SEVERINO, *La filosofia antica e medievale* cit., p. 303.
[426] *Opus nonaginta dierum*, c. 96, in *Opera Politica*, Manchester 1963 - vol. II, 734-735.

con l'intento di rafforzarle, risulta di breve respiro se priva di quella radicalità teologica che invece è propria di chi assume Dio onnipotente e libero a motivo ispiratore e interpreta la legge evangelica in termini di radicale libertà per tutti. Le basi della convivenza sono in ultima analisi in Dio. «Il buon senso e la ragionevolezza, anche per quanto attiene l'attività legislativa e il suo inevitabile aggiornamento, devono fondarsi sulla parola di Dio e non devono smarrire o fraintendere la legge evangelica. Le disposizioni di legge, pertanto, implicano problemi filosofici e teologici che giuristi e canonisti non possono risolvere (...); in altri termini, il diritto naturale, la giustizia come valore etico, e l'analisi della parola di Dio ovvero l'interpretazione della legge evangelica, che conferiscono senso e corretto orientamento alla legislazione positiva, costituiscono terreno e materia di riflessione filosofica e teologica»[427]. Pertanto, è bene che «l'ultimo giudizio circa il significato (*intellectus*) delle leggi civili e dei canoni sia riservato ai teologi e ai filosofi»[428], giacché può accadere che «s'ignori il significato delle leggi perché non si conosce il diritto divino e il diritto naturale ovvero la ragione naturale, oppure s'ignora il movente (*ratio*) ammesso contemporaneamente dal diritto divino e dal naturale dettame della ragione»[429]. L'esito rovinoso è costituito da quel pragmatismo politico collegato a una sorta di ermeneutica formalistica, propria della scienza giuridica dominante.

6.2. *Forza critica della povertà*

Si comprende dall'insieme che la scelta biblico-francescana di Occam alluda a una prospettiva che trascende le angolazioni dei

---

[427] F. CAMASTRA (a cura di), *Saggio introduttivo*, in OCKHAM, *Il filosofo e la politica*, Bompiani, Milano 2002, p. 49.

[428] *Dialogus de potestate papae et imperatoris*, pars I, lib. VI, c. 100.

[429] *Ibidem*.

giuristi e la luce di quanti si affidano alla sola ragione. Si tratta allora di un punto di vista non articolabile in leggi o in specifiche direttive, ma caratterizzato da una forte tensione escatologica, indigente di un'opera di interpretazione, critica e innovativa. Il francescano vive nel mondo non solo per dirne la complessità, ma anche – soprattutto – per renderlo più ospitale. Come il "rasoio" purifica l'area logico-metafisica a favore della libertà creativa di Dio, consentendo di recuperare il carattere contingente del divenire del mondo, e alleggerisce il linguaggio umano, liberandolo dal peso ontologico di categorie che ne irrigidiscono l'articolazione, così la povertà, criticando la potenza mondana della Chiesa e l'autoreferenzialità naturale di ogni essere umano, fa intravedere la forza del messaggio di Cristo e la piega oblativa che il soggetto deve dare alla sua libertà creativa. Al ridimensionamento del potere del sapere a opera della distinzione del versante logico-linguistico da quello ontologico fa seguito, con la povertà, il ridimensionamento del nostro potere sulle cose e sugli altri, allentandone la piega possessiva.

In questo contesto la povertà francescana rivela la sua forza, nel senso che porta a ridiscutere la logica della libertà per ridarle senso e profondità. La povertà non illumina solo il tema della proprietà ma attraverso questa mette in luce la logica del potere, relativa alla vita sia ecclesiale che politica[430]. E allora, quale l'origine della proprietà e dunque quale l'indole del potere? La povertà allude a un rapporto essenzialmente nuovo con le "cose", un rapporto dal quale è bandita la relazione di appropriazione, nell'assunto che sia possibile vivere senza "mio" e senza "tuo". A tale scopo si rifletta sul fatto che il francescano non solo non intende possedere nulla, né in proprio né in comune, ma non avanza alcun diritto neppure circa le cose necessarie alla sopravvivenza. La facoltà di provvedere

---

[430] Occam dedica l'intero terzo libro del *Breviloquium de principatu tyrannico* alla connessione tra potere e proprietà nel contesto della paupertas evangelica, persuaso che siano due momenti "eiusdem potestatis".

al proprio sostentamento rientra in un diritto naturale anteriore a tutte le leggi, e dunque non riconducibile alle leggi positive, né rivendicabile nelle sedi giudiziarie. Il richiamo è alla vita apostolica – Cristo e gli apostoli – comunità cristiana esemplare che rinnova lo stato di natura, anteriore alla Caduta. Ma ora, non viviamo forse nella condizione conseguente al peccato e dunque in lotta per il possesso delle cose? Non è forse "naturale" il diritto di proprietà, con l'unica variante che nel mondo edenico si diceva: "questo è nostro", ora si dice: "questo è mio"? Ma davvero nello stato pre-lapsario era rilevante la dimensione proprietaria sia pure in chiave comunitaria? In breve, rientra forse nel cuore dell'essere umano l'appropriarsi di qualcosa? La logica che ci attraversa e ci sorregge è forse quella possessiva o, invece, è quella oblativa? Quale, dunque, l'indole della "proprietà" e prima, come e perché questa entra con prepotenza nella storia segnandone la traiettoria?

6.3. *Occam sulla linea di Duns Scoto*

L'agostiniano Egidio Romano ritiene che il potere, nato dall'arbitrio umano dopo la Caduta, rimane espressione della violenza e del peccato, e dunque indigente di redenzione, con il conseguente riconoscimento della sua dipendenza da Dio e dai suoi rappresentanti in terra – la Chiesa e, al suo vertice, il papa. Dal momento che Dio è Signore di tutti e il papa ne è il vicario, ogni potere relativo alla politica, ecclesiale e civile, gli appartiene – il papa è il detentore assoluto di ogni potere. Nessuna proprietà come nessun governo senza il suo consenso. Il potere e la proprietà sono inquinati dalla caduta e dunque da trasfigurare attraverso il potere religioso. Duns Scoto apre un'altra strada. Egli ritiene che, dopo la Caduta, gli uomini abbiano fatto ricorso alle proprie risorse intellettuali e morali e si siano date delle leggi in base a cui ha avuto luogo la divisione dei beni e dunque la convivenza. Prima della proprietà privata conta, e dunque è da premettere, l'autorità – il patto, l'intesa e dunque il potere governativo, sia pure incoativo – e non viceversa. Il potere non nasce dalla proprietà, ma la proprietà dal potere, di cui è una versione. La proprietà, dunque, non è frutto né di arbitrio né di legge positiva divina, ma di leggi storiche, progettate dagli uomini a sostegno della convivenza pacifica.

La costituzione del potere come dell'ordinamento proprietario è frutto di un'iniziativa genuinamente umana, di carattere storico, con cui si è tentato di far fronte a rilevanti problemi di convivenza. È la via attraverso la quale si intravede che l'uomo si trova nel conflitto ma è fatto per la pace per il cui perseguimento "inventa" la proprietà privata.

Tale indole pacifica è da riscoprire alla fonte degli ordinamenti istituzionali, compresa la *servitus* o schiavitù, frutto di situazioni storiche e di circostanze particolari. Il richiamo all'ordine naturale non è sufficiente. Il che è da sottolineare, prendendo le distanze dal semplice potere di compiere un atto, solo perché consentito dalla legge.

Qui per diritto non va inteso *"id quod iustum est"* e dunque ciò che è permesso. Il riferimento è al soggetto legittimato ad agire in un certo modo relativo alla proprietà come alle istituzioni politiche, perché ne ha il diritto o meglio la capacità o il potere in comunione con una voce che risuona nel profondo ma viene da lontano. È la voce che lo chiama alla pace. La "natura" è trascesa. Il diritto soggettivo nasce assieme alla "società civile", confermandosi fatto di cultura, non di natura. Ciò che si impone è la visione delle cose e l'indole della convivenza, se improntate al possesso e alla competizione o invece alla cura e alla cooperazione. Su questo sfondo si comprende lo spazio che spetta all'ambiguità della natura umana, violenta e pacifica, possessiva e contemplativa, in linea con la storia che procede attraverso ondeggiamenti che vanno dall'una all'altra sponda. Mettere in chiaro le nostre radici è decisivo ai fini della valutazione della storia e dell'etica del nostro agire.

6.4. *La luce della Rivelazione*

Nell'*Opus nonaginta dierum* Occam ribadisce che l'uomo non sia stato creato perché fosse proprietario di qualcosa. In principio non l'essere come diritto, da cui ogni sorta di conflitti, ma l'essere come dono, da vivere in profonda comunione con gli altri e con la natura (*ante peccatum*). La categoria della proprietà non è originaria. Non appartiene all'uomo voluto da Dio. In seguito al disfrenamento della concupiscenza (*post peccatum*) si è dato forma alla "*potestas appropriandi*", come argine contro il diffondersi della violenza. Il che ha avuto luogo lungo il terzo tempo (*tertium tempus ordinationis*), quando sono state elaborate e concordate leggi, disposizioni, convenzioni, che i popoli hanno adottato per frenare la naturale tendenza conflittuale. Ciò che è interessante rilevare è che la relazione comunionale originaria non vien meno in seguito al peccato. È l'eco della voce di Dio che risuona nel fondo della coscienza dei singoli nonostante il fragore delle passioni, soprattutto nei momenti più difficili, quando è in pericolo la stessa sopravvivenza a causa della mancanza del necessario. In tale evenienza le leggi positive appaiono nella loro precarietà, incapaci di spegnere quella voce – il furto, ad es., diventa legittimo. Si inscrive in questo contesto la testimonianza francescana, epifania dello stato comunionale proprio delle origini.

Ciò che si dice dell'ordinamento proprietario si dica del potere politico, grazie al quale sorgono specifiche forme di convivenza. La proprietà come il potere politico sono lo spazio dell'iniziativa umana alla ricerca di ordinamenti in grado di contenere la violenza e favorire la pace tra fedeli e infedeli, pagani e cristiani. I credenti, senza abdicare alla matrice teologica, hanno coscienza del carattere storico di queste istituzioni e la loro debolezza nel far fronte a vessazioni e soprusi se lo sguardo si ripiega su se stesso. Da qui il ruolo delle istituzioni e il loro crattere storico, con cui si mette in luce l'aspetto creativo dell'uomo, capace di darsi ordinamenti grazie al grande dono della ragione, da mettere a frutto ai fini del perseguimento del bene comune.

6.5. *La desacralizzazione del potere*

Ciò che si dice del potere politico si dica di ogni potere, le cui forme sono storiche, funzionali alle istanze della comunità. La libertà rende umana la convivenza, perché consente ai membri di essere protagonisti, cittadini più che sudditi, mettendo a frutto la 'parola' come contestazione di quel potere per il quale la comunità è il gregge e chi presiede alla sua vita il padrone. Occam mette in crisi la logica totalizzante del potere politico in nome del Dio trascendente, al quale è ricondotta la fonte della legge, che presiede alla vita di tutti, non solo dei sudditi – è il senso del Patto, dell'Alleanza. Il garante della giustizia della sfera sociale e politica è Dio, il che implica la radicale desacralizzazione del potere, per cui non solo è legittima ma è doverosa la resistenza ai suoi ordini se non rispettosi di quella giustizia. La prima concretizzazione di questa parola contestataria ha luogo con i profeti dell'Antico Testamento, che criticano il potere regale a nome di Dio. La profezia è come la spina nel fianco del sistema, prima come voce del singolo, poi come espressione della comunità grazie alla fondazione della Chiesa, con la quale «la profezia viene in qualche modo istituzionalizzata: la Chiesa è una proclamazione della Parola di Dio non solamente da parte di un singolo uomo ma da parte di una comunità che partecipa»[431], deputata a leggere «i segni dei tempi al di là di interessi consolidati»[432].

---

[431] P. PRODI, *Profezia, utopia, democrazia* in M. CACCIARI-P. PRODI, *Occidente senza utopie*, Il Mulino, Bologna 2016, p. 18.
[432] *Ivi*, p. 17.

6.6. *Occam discepolo di Francesco*

Ebbene, consapevole che l'istituzione della profezia alla lunga soggiace alla corruzione, Francesco aveva scelto come modello di vita Cristo stesso che ha voluto questa comunità storica – la Chiesa – non dunque una sua definita configurazione nel tempo, come quella dei primordi o quella successiva. Egli ha confidato nell'ispirazione evangelica[433]. Il che ha comportato il rinnovamento dell'incarnazione della "parola", senza alcun richiamo a modelli anteriori. Certo, «diventando carne, la parola si trasforma nella storia in fieri, cresce, decade e si corrompe»[434]. Ebbene, Occam entra in questa logica, ben consapevole che la dimensione profetica della Chiesa ha subìto una profonda alterazione con la *"plenituto potestatis"*, rivendicata dal papa. Egli si sente in obbligo, come figlio di Francesco, di risvegliarla, anche a costo di malintesi e calunnie[435]. La piega del suo discorso non è la delegittimazione sacrale del potere papale o l'autolegittimazione del potere politico. Egli è persuaso che le radici del potere sono lassù: «ogni potere viene dall'alto». Ciò che egli critica sono le modalità di esercizio di siffatto potere, sia ecclesiale che politico, con taglio chiaramente conflittuale a causa di quell'onda concupiscenziale che si è riversa-

---

[433] È questa pagina del tutto assente nell'Islam, secondo cui Dio non si incarna e dunque non si hanno due poteri, uno politico, l'altro profetico. Quando si rileva che gli islamici non adottano i metodi critico-esegetici nella lettura del Corano si trascura di rilevare che «sotto questo rifiuto vi è un problema teologico che è la sostanza stessa dell'Islam: la non incarnazione della parola. Da qui il rifiuto stesso della Chiesa come profezia istituzionalizzata» (*Ivi*, pp. 21-22).

[434] PRODI, *Profezia, utopia, democrazia* cit., p. 21.

[435] È quanto segna la distanza del cristianesimo orientale dal cattolicesimo. Anche l'Ortodossia rifiuta, al pari dell'Islam, la Chiesa come profezia istituzionalizzata distinta dal potere politico. «Nel mondo ortodosso la Chiesa è incorporata nell'impero e il rappresentante sommo di Dio è solo l'imperatore» (*Ivi*, p. 22).

ta sul potere sia ecclesiale che politico e che attraverso la povertà è possibile rimuovere o almeno contrastare.

Occam s'avvede che la dimensione profetica è sopraffatta da istanze di puro potere, messe in atto inizialmente in difesa dell'autonomia della Chiesa, ma poi sempre più difese per se stesse, secondo una logica più mondana che propriamente cristiana. Infatti, alla legittima desacralizzazione del potere politico in linea con gli antichi profeti ha fatto seguito l'imposizione, come sovrano e universale, del potere sacrale, diventato potere teocratico[436]. Giovanni XXII, il pontefice del tempo di Occam, è il punto d'approdo di questa piega con la conseguente messa in ombra della profezia, ormai ai margini della vita della Chiesa. «La figura del profeta coincide nel medioevo totalmente con la figura dell'eretico in quanto contesta lo stesso potere della Chiesa, non soltanto gerarchico e politico ma anche sacrale e sacramentale»[437]. Occam condivide questa temperie culturale, per cui denuncia con forza questa situazione, persuaso che la *"plenituto potestatis"* non spetti ad alcuno, in quanto contraria alla lettera e allo spirito del Vangelo.

6.7. *La* plenitudo potestatis

Anzitutto, in cosa consiste? È una teoria secondo cui «il papa ha ricevuto da Cristo una tale pienezza dei poteri da avere il diritto di disporre di ogni cosa, nell'ordine spirituale come in quello temporale»[438]. La sua giustificazione è fondata sulla pienezza dei poteri di Cristo e sul brano delle due chiavi promesse a Pietro (Mt

---

[436] R. RUSCONI, *Profezia e profeti del secondo medioevo alla prima età moderna*, in *Carisma profetico fattore di innovazione religiosa*, a cura di G. FILORAMO, Morcelliana, Brescia 2003, pp. 133-148.

[437] *Ivi*, p. 24.

[438] *Breviloquium* I, c. 7, ed. L. Baudry, Paris 1937, p. 17.

16,18-19)[439]. Si tratta forse, si chiede Occam, del dominio universale o, invece, solo dell'origine divina di tutto ciò che è e dunque
anche del potere sia ecclesiale che secolare, da esercitare a sostegno
della comunità? Non si tratta di contestare l'autorità del papa e dei
pastori, ma di dirne la provenienza e indicarne la finalità. Altrettanto si dica del potere politico, che scaturisce dalla stessa fonte, in
nome della quale rivendicarne la legittimità e insieme l'autonomia.
Il problema allora non è di per sé l'autorità del papa e dell'imperatore, ma l'indole di tale potere. Ebbene, il potere, se ha le radici
nel trascendente, non si può configurare come dominio ma come
servizio – ecco il nodo della questione. Ma servizio a cosa? A chi?
Alla crescita della libertà, non a beneficio di pochi, ma di tutti.
Nell'ipotesi che tale scopo venga meno o in qualche modo tradito
si va incontro a una schiavitù analoga o peggiore di quella del mondo antico. Da qui la negazione di ogni diritto di rivendicazione
politica da parte del papa e di dominio universale da parte dell'imperatore. Il modello del potere come anima autentica del Vangelo è il servizio a favore della libertà[440]. L'onda divina che emana
dalle pagine sacre riguarda l'orizzonte entro cui occorre guidare e
sostenere la comunità, sia civile che ecclesiale, in nome di quella

---

[439] *Mt* 16,18-19: «Qualunque cosa avrai legato sulla terra sarà legata anche
in cielo; qualunque cosa scioglierai sulla terra, sarà sciolta anche in cielo».

[440] La fecondità di questo dibatitto non sfugge a chi, con l'occhio alla storia, sa quanto abbia contribuito all'affermazione della libertà, conseguente alla
netta distinzione dei ruoli e delle competenze del papa e dell'imperatore. Il che
si impone se ad es. guardiamo all'affermazione della civiltà islamica, cui questo dibattito è rimasto estraneo. «Nel mondo musulmano non ci fu il conflitto
prolungato che infuriava in Europa tra papi e principi sui confini dell'autorità
legittima e che ha permesso alla fine l'affermazione della piena libertà religiosa
individuale. Ciò significa che la civiltà islamica è inferiore alla civiltà occidentale
e che il patrimonio dell'Islam è notevolmente diverso da quello dell'Occidente
cristiano» (AYAAN HIRSI ALI, *Islam senza libertà e cristianesimo secolarizzato*,
in "Micromega" 8 (2017) 108).

concezione che la storia tradurrà sotto forma di diritti inviolabili della persona.

6.8. *Rapporto tra Stato e Chiesa*

Il rapporto tra Stato e Chiesa non è da porre sul piano del pubblico e del privato, bensì sul piano del sociale o pubblico e sul piano dell'interiore o spirituale. La politica è pubblica o esteriore, la religione invece è interiore, non privata. Sono due entità asimmetriche, come lo è il mondo visibile e quello invisibile. Se asimmetriche, quale la fonte del conflitto? Il potere, che invece di essere inteso come servizio, viene esercitato come dominio del cittadino sia nel versante visibile e sociale che invisibile e personale. L'origine della conflittualità è da riporre nel potere sopraffattorio sia all'interno della Chiesa che si impadronisce dell'interiorità – si legga quanto il Foucault scrive in merito al sacramento della confessione – che dello Stato che si impadronisce dell'esteriorità mortificandone la creatività con la sua onnipresenza culturale ed economica.

In tale contesto, Occam propone di recuperare il ruolo creativo dei singoli – fedeli e cittadini – e di interpretare il tema del potere nel contesto del primato del bene, da favorire e potenziare. Il primato del vero ha irrigidito le tradizioni e le istituzioni, contribuendo alla riduzione della flessibilità, propria del bene. Occorre recuperare il primato del volere il bene, nel senso che una cosa è vera se buona e buona se espressione di libertà creativa. Sia a proposito della Chiesa che dello Stato è importante non dissociare il vero dal bene e insieme definirne la relazione considerando il bene anima del vero e la libertà sorgente e insieme espressione sia del vero che del bene. In fondo sia la Chiesa che lo Stato hanno senso in quanto custodiscono la libertà dei fedeli e proteggono quella dei cittadini, nell'assunto che è appunto la libertà la fonte del vero forma del bene. «La natura dell'ottima sovranità regia e dell'ottimo principato – scrive Occam – consiste nel fatto che essi sono istituiti per il bene comune dei sudditi e non per l'utilità, l'onore e la gloria di chi comanda, che sono cose che possono accadere come conseguenza e secondariamente; pertanto, quanto maggiore è la libertà di cui godono i sudditi, libertà che non corrompe la tranquillità e la pace e non ripugna al bene comune dei sudditi, tanto migliore e insigne è il potere supremo. Pertanto l'imperatore ovvero il re che è a capo dell'ottimo principato, che non va confuso con nessun'altra forma di potere, dispone di sudditi che sono così liberi da non poter essere legalmente privati di beni, delle loro libertà e dei diritti senza che ci sia una colpa»[441].

6.9. *La legge evangelica ovvero legge di libertà contraria alla "plenitudo potestatis"*

Più che soffermarsi sugli argomenti filosofici addotti dai fautori della *"plenituto potestatis"*, Occam, prendendo in esame l'anima teologica della libertà politica, va dritto alla presunta giustificazione evangelica, mostrandone l'inconsistenza: «Incomincerò da questa pienezza di poteri, per la quale alcuni ritengono che il papa abbia ricevuto da Cristo una tale pienezza dei poteri, da avere il diritto di disporre di ogni cosa, nell'ordine spirituale come in quello temporale, che non sia contrario al diritto naturale o alla legge divina»[442]. Una tesi che non regge alla luce del principio ispiratore della legge evangelica. Questa infatti, a differenza di quella mosaica, è una legge di libertà. Occam a sostegno cita la frase di san Pietro: «Perché, dunque, ora tentate Dio con l'imporre sul collo dei cristiani un giogo che né i nostri antenati né noi stessi abbia-

---

[441] *Octo quaestiones de potestate papae*, VIII, c. 9.
[442] *Breviloquium*, II, 1, ed. Baudry p. 17.

mo potuto portare?»[443]. Cristo non ha trasmesso alcun potere di carattere dominatorio, bensì ha messo al centro il servizio, analogo a quello della potestà paterna all'interno del nucleo familiare. L'immagine del despota è estranea al Vangelo. E poi il darsi di un potere legittimo fuori della Chiesa risulta dal fatto che tale potere è anteriore a quello della Chiesa, la quale quindi non può esserne la fonte legittimante.

È il regno della trascendenza che occorre evocare e riproporre, essendo entrambi i poteri – quello ecclesiale e quello secolare – di matrice divina. Distinzione e autonomia delle due sfere. Il che non significa disinteresse totale del papa per quanto concerne la vita politica. «In caso di necessità – scrive Occam – o di un'utilità che sia parificabile alla necessità, qualora non intervenissero le autorità competenti, il papa potrebbe e dovrebbe occuparsi delle faccende temporali, supplendo la deprecabile e pericolosa negligenza di altri; e questa è la pienezza dei poteri in virtù della quale il papa eccelle e per la quale ordinariamente o occasionalmente può intervenire riguardo a tutte le cose che sono necessarie per il buon governo dei fedeli.

Ma per evitare di trasformare la legge evangelica in una legge di servitù, il papa non può imporre le cose non necessarie, anche di natura spirituale, quando non sia manifesto lo stato di necessità, benché possa consigliarne qualcuna»[444]. Davanti a qualsiasi potere è la libertà, prima e al di sopra di tutto, da proteggere, garantendo a ciascuno uno spazio espressivo della propria creatività. Comunque motivato, non si dà assunto che possa giustificare la mortificazione della libertà. Il fatto che nella storia sorgano periodicamente idoli, variamente giustificati, vuol dire forse solo che si è data una falsa versione del «bisogno religioso d'inchinarsi di fronte a un potere

---

[443] *At* 15,10.
[444] *De imperatorum et pontificum potestate*, cap. 10, p. 23.

non umano»[445]. Occam, «al pari di Dante, è un teologo-politico che, al tramonto di un'epoca, ha difeso attraverso un'imponente opera del pensiero il tradizionale diritto divino»[446], valido presidio della libertà, ecclesiale e civile, medicina salutare contro tutte le forme di vita di segno tendenzialmente totalitario.

7. **Conclusione**

7.1. *Il pensare all'aperto*

Occam problematizza la relazione tradizionale tra mondo concettuale e mondo reale, dando vita a una nuova forma di realismo, non più risolto nell'identificazione tra parole e cose secondo la logica del realismo tradizionale, nella convinzione che le parole non sono lo specchio ma il "segno" del mondo oggettuale, da esplorare e mettere a fuoco.

Egli interrompe la piega che ci porta a riversare le nostre costruzioni concettuali sulle cose e su Dio, riportandola a quell'onda concupiscenziale che ci abita e che tendiamo di soddisfare per porre argine all'angoscia dell'incerto e dell'imprevedibile. Egli mette in luce la fragilità dei presupposti che impediscono di intendere che sull'altare dell'universale – tratto qualificante del sapere epistemico – sacrifichiamo la nostra stessa individualità e con questa la contingenza come modo d'essere di tutte le cose[447]. La scienza è una nostra costruzione. Non si dà un ordine

---

[445] R. RORTY, *A Pragmatist View of Contemporary Analitic Philodophy*, in P. ENGEL-R. RORTY, *A cosa serve la verità*, Il Mulino, Bologna 2007, p. 11.

[446] SALERNO, *Saggio introduttivo* cit., p. CLXV.

[447] FONDANE, *In dialogo con Lev Sestov* cit., pp. 265-6: «La filosofia medievale ha dato luogo, sotto l'impulso di una fede vivente, a spiriti di primo ordine – come Duns Scoto, Guglielmo d'Occam, Pier Damiani – che scelsero di opporre decisamente la ragione alla fede. Ma per la prima volta al mondo a un filosofo

invariabile, al quale soggiacere. Lungi dall'essere il prototipo degli ordini eterni o il loro garante, Dio è pura e libera volontà, non sottoposto ad alcun ordine che, comunque pensato, è frutto della sua libertà. Da qui il compito di sciogliere il divenire da vincoli pregiudiziali di carattere necessitario, propri della tradizione, a partire dal pensiero greco.

Occam procede alla decostruzione di tale sapere, mostrando come e perché abbiamo rovesciato su Dio e sulla sua parola un'onda di pregiudizi, ereditati e non discussi, con cui in luogo di abbandonarci alla sua volontà, abbiamo piegato la sua volontà al nostro bisogno di tranquillità.

7.2. *L'onnipotenza cifra di libertà creativa*

Dio non soggiace alle nostre distinzioni e classificazioni, necessarie ai fini dell'organizzazione della nostra vita, ma devianti se pretestuosamente ritenute fondate in Lui. Il Dio biblico prende a cuore le sorti del popolo senza però abdicare alla sua trascendenza. È un Dio "onnipotente". Se questo è vero, il fatto che l'eterno abiti il tempo è da intendere come invito a non restare vittima di ciò che disciplina il tempo – la ragione e le sue classificazioni – e ad apprezzare per questa via quella polivalenza di significati da cui la ragione per lo più prescinde perché al di là della sua logica. Chi sono i più vicini a Dio? I mistici, in quanto trascendono ogni forma categoriale; i bambini, i quali nuotano nell'indeterminato, nel senso che non conoscono ancora le classificazioni secondo cui la nostra vita viene gestita; i poeti, i quali vivono nel mondo del simbolico o del possibile; i profeti, i quali vedono ciò che non c'è ancora e lo anticipano sorprendendoci. E allora, come inter-

---

accade di scoprire, con grande sorpresa, non tanto che la filosofia era inutile, quanto che la filosofia, nata da Greci, era impotente e nulla sapeva della verità».

pretare l'esistenza nel suo aspetto più alto e intimo se non come spazio creativo nella coscienza della provvisorietà di tutto e luogo dell'abbandono a Dio? È Francesco il modello di Occam, colui che si sottrae a qualunque cattura. Egli è di Dio, solo di Dio. È decisiva l'alternativa tra schiavitù e libertà. Occam è con il Dio che libera, che desacralizza il mondo, rompe con ogni forma di idolatria, sottrae a ogni asservimento, nel contesto dell'affratellamento cosmico a opera di una ragione alla ricerca della verità che tiene insieme i molti nella coscienza della provvisorietà delle sue declinazioni.

7.3. *Primato dell'aposteriori sull'apriori*

«*Credo in unum Deum omnipotentem*»: questa la chiave interpretativa, alla cui luce Occam valuta il sapere ereditato. È in quest'ampio contesto che va giudicata la sua prospettiva, ispirata all'universale contingenza delle cose e segnata dalla piena fiducia in Dio, libero e benevolo. Perché trascendente ogni ordine e necessità, Dio crea le cose, senza dotarle di vincoli di necessità. È nel tempo che le cose si amalgamano, si compongono, secondo un percorso da registrare a parte post, rispettandone la storicità, senza riportarlo a un ordine anteriore ed eterno. È questa una nuova logica della razionalità, di carattere aposteriori, non meno elevata e impegnativa. Il mondo è un insieme di frammnenti di storia che si intrecciano nel tempo in un orizzonte sempre aperto.

Originariamente prive di ordinamenti e di leggi immutabili, le creature trovano nel tempo le occasioni per dar luogo a scenari imprevedibili. Si comprende in quest'ottica perché la conoscenza sia intesa come intuizione sperimentale di cose, liberate da tutti gli orpelli di carattere universale, ontologicamente fondati, e perché le conclusioni teoriche, cui si perviene, siano solo e sempre provvisorie.

7.4. *Critica della "plenitudo potestatis" e recupero della profezia*

Quest'intento purificatorio dell'orizzonte di tutto ciò che vi abbiamo accumulato oscurandolo va ripreso e applicato alla Chiesa, interprete della legge evangelica, che è legge di solidarietà e di profezia. La povertà non è indigenza ma oblatività senza condizioni, e dunque servizio a favore di tutti e sostegno della loro libertà. La *"plenitudo potestatis"* è fuori luogo a ogni livello e in tutti i sensi, dal momento che fa tutt'uno con l'idolatria del potere. Come il diritto di proprietà trova spiegazione nel tentativo di porre un argine al disfrenamento delle passioni possessive in nome di una prospettiva superiore, le istituzioni, ecclesiali e civili, trovano nell'intesa degli uomini la loro forma espressiva storicamente più adatta ai fini del controllo dell'onda aggressiva e vessatoria, che ci abita. È sacro lo spazio della critica perché sono molte e spesso camuffate le vie di mortificazione della nostra soggettività. Non ha alcun fondamento la pretesa della *"plenitudo potestatis"* sia da parte del papa che dell'imperatore, nel nome di quella stessa fonte – la trascendenza. Da qui la duplice simultanea azione, e cioè de-sacralizzazione del potere politico e de-mondanizzazione del potere sacrale. È l'effetto della libertà come liberazione da ogni forma idolatrica.

La connessione tra proprietà e autorità è oggettiva, per cui la povertà come rinuncia a ogni proprietà a favore della comunicazione può dirsi produttiva di ottimi risultati nell'ambito ecclesiale, così come la povertà intesa come passaggio dal possesso delle cose all'uso può produrre inattesi benefici in ambito sociale, sia creando una particolare rete relazionale, sia arricchendo il circuito produttivo, nella consapevolezza che si è servitori, non proprietari d'alcuno e d'alcunché. Il che esige quella specifica visione propriamente francescana della vita, fondata sulla creatività, gratuita e oblativa, e la conseguente messa in opera del potere razionale quale traduzione del mondo progettuale della comunità. In breve, si tratta di consentire sia ai fedeli che ai cittadini di mettere in atto il rispettivo modo di concepire la vita – la propria verità – trovando nell'impianto ecclesiale e in quello civile vie di possibile affermazione, consentendo a ognuno di lasciare un segno del proprio passaggio nel tempo. Il fedele, che è anche cittadino, è il vero protagonista della vita sia ecclesiale che politica nel quadro di quella libertà che rende umana la convivenza. Si evochi a tale scopo la figura dei profeti dell'Antico Testamento, voce degli oppressi e indicazione di un cammino segnato dalla libertà creativa di tutti e di ciascuno[448]. Ebbene, Francesco, consapevole che, diventando carne, l'istituzione, anche la più alta come quella profetica, nella storia cresce e spesso decade, è tornato al Vangelo, recuperandone il vigore e il fascino. Al suo seguito Occam, con la sua produzione filosofico-teologica e, soprattutto, politica, sollecita la sua famiglia ad alimentare la dimensione profetica della Chiesa attingendo alla fonte primigenia – la parola rivelata – alla cui luce il potere – qualunque potere, sia ecclesiale che politico ed economico – non si configura come dominio ma come servizio a favore della libertà creativa dell'intera comunità.

---

[448] P. PRODI, *Profezia, utopia, democrazia* cit., p. 18ss.

IL FASCINO DELLA LIBERTÀ FRANCESCANA

Alla luce di quanto detto fin qui in compagnia di Bonaventura, Duns Scoto e Occam, la libertà si impone come il volto originario dell'essere – non è la ragione a distinguere l'uomo dagli altri esseri, ma la libertà[449]. Con questo assunto la Scuola francescana non mette in discussione solo una tesi specifica della filosofia occidentale, ma il clima, il contesto, la sensibilità, entro cui questa ha preso forma. Ciò che mette in discussione è che si dia una natura (*physis*) neutra, da nessuno voluta e a nessuno affidata, nel cui spazio accade «l'incessante andare e venire degli esseri viventi»[450], il bene e il male, la gioia e la sofferenza[451]. Per il francescano la natura non è una realtà neutra, da nessuno progettata e da nessuno realizzata[452].

---

[449] Così Hannah Arendt riepiloga il pensiero di Scoto: «La libertà della volontà (...) consiste nell'affermare, negare o odiare liberamente tutto ciò che le si pari di fronte. Proprio questa libertà della volontà di prendere posizione spiritualmente colloca l'uomo a sé, rispetto al resto della creazione: senza di esso egli sarebbe tutt'al più un *bruto illuminato* o, come aveva affermato Pier Giovanni Olivi, una *bestia intellectualis*» (*La vita della mente*, Il Mulino, Bologna 1987, p. 458).

[450] *Ivi*, p. 329.

[451] S. GIVONE, *I sentieri della filosofia*, Rosenberg e Sellier, Torino 2015, p. 103: «È di fronte a Dio che il male appare scandaloso (se si dà l'autore del mondo da dove e perché il male?). Cancellato del tutto Dio, persino come idea, il male continua a far male, ma rientra nell'ordine naturale delle cose. Ed ecco la parola d'ordine del nichilismo: tranquilli, non è il caso di far tragedie».

[452] Aristotele è esplicito allorché scrive che «il cielo nella sua totalità non è generato, e non ammette che possa corrompersi, come alcuni dicono, ma è uno ed eterno, non ha principio né fine in tutta l'eternità della sua esistenza, ed anzi

La natura è perché voluta[453], risposta a una chiamata: «Dio disse: sia la luce, e la luce fu» (Gn 1,3). In principio la libertà creativa.

1. Il francescano oltre l'identità delle creature

L'impianto strutturale, che consente alle creature di far parte del concerto della natura, è la condizione del loro venire all'essere e del loro permanere nell'essere. È il sigillo della loro identità, grazie a cui sono quelle che sono; o anche, è l'espressione della loro razionalità che è possibile esplorare ai fini del loro controllo. Ma quale il loro senso? perché queste creature, in questo mondo? Interrogativo non riconducibile alla domanda circa la loro struttura, ma al fondo abissale di colui che ha voluto ciò che avrebbe potuto non volere.

Una qualche risposta viene dall'arte, dalla poesia, dalla letteratura, dalla meditazione, dalla preghiera. Sono tentativi di dar voce al gesto di libertà creativa, alludendo al "senso" del reale che passa attraverso la struttura ma senza risolversi in essa. La struttura fa tutt'uno con la sua trama razionale, il senso, invece, è ciò cui la struttura rinvia.

Su tale sfondo si impone la domanda, che il francescano ritiene decisiva, relativa al primato, se da attribuire alla struttura delle creature o al loro senso e dunque, se alla razionalità o invece al fine per il quale sono state volute; o anche, se il tratto qualificante dell'essere soggiaccia alla logica della razionalità e della necessità o diritto a essere o, invece, alla logica della contingenza e della gratuità o dono di

---

contiene ed abbraccia in sé l'infinità del tempo» (*Del cielo*, in *Opere*, Laterza, Bari 1973, vol. II, p. 281).

[453] ARENDT, *La vita della mente* cit., p. 343: «L'ipotesi stessa di un inizio assoluto risale indubbiamente alla dottrina biblica della Creazione, distinta dalle teorie orientali dell'"emanazione" secondo le quali furono delle forze preesistenti a svilupparsi e a dispiegarsi nel mondo».

essere[454]. Su un piano generale, ciò che qualifica la linea francescana è il senso, non la struttura, l'iniziativa, non l'esecuzione, la gratuità, non la necessità. In breve, ciò che fa intravvedere la grandezza di Dio e, a un altro livello, la dignità delle creature, è la capacità di aprire percorsi che facilitino l'attraversamento del mondo verso il suo autore e ne favoriscano l'ammirazione e il ringraziamento. Il pensare francescano non si risolve nel sapere di segno identitario, fermo alla struttura delle cose, perché sostanzialmente refrattario all'incantesimo di una ragione che degrada la volontà a serva, obbediente e silenziosa, della sua verità. L'oggetto del pensare francescano è il fondo abissale della benevolenza, divina e umana.

2. Il francescano oltre il naturalismo dell'Occidente

Per apprezzarne l'originalità è opportuno rendersi conto che il pensare francescano va oltre quel "naturalismo" che ha accompagnato la storia dell'Occidente[455].

Non è infondato ricondurre l'assolutezza della verità epistemica al fatto che l'uomo abbia preso coscienza di sé all'interno della natura, impersonale e divina e insieme sorda al suo grido. È Eraclito a suggerirlo: «Questo cosmo, che è il medesimo per tutti, non lo fece nessuno degli dèi né degli uomini, ma sempre era, è, e sarà fuoco sempre vivente, che si accende e si spegne secondo giusta

---

[454] *Itinerarium mentis in Deum* VI, n. 2: «... diffusio plenissima, per modum naturae et voluntatis, quae est diffusio per modum Verbi, in quo omnia dicuntur, et modum Doni, in qui caetera dona donantur; potes videre, per summam boni communicabilitatem necesse esse Trinitatem Patris et Filii et Spiritus Sancti».

[455] A. SCHIAVONE, *Storia e destino*, Einaudi, Torino 2007, p. 98. Solo oggi grazie alla scienza e alla tecnica si intravvede «la caduta di ogni determinazione obbligata da una barriera esterna a noi». L'assoluta indeterminatezza che si intravede all'orizzonte dovremmo imparare a «tradurla giorno per giorno in emancipazione e libertà, in arricchimento e affinamento» (p. 99).

misura»[456]. All'uomo il compito di coglierne la trama, ammirando la giusta misura secondo cui questo fuoco si accende e si spegne, e di accontentarsi dello spazio di vita che il destino gli assegna[457]. Contemplazione del panorama ingovernato e ingovernabile, e condivisione del suo *logos*, al di sopra di tutto.

Lo sguardo rivolto in alto e in avanti cerca di catturare qualche segreto al *Logos*, per accettarlo consapevolmente, non per sottrarsi al suo giogo, perché inviolabile. «Tutto quanto il futuro io conosco perfettamente fin d'ora, né mi giungerà inatteso alcun dolore. Bisogna sopportare il meglio possibile la porzione di sorte che ci è assegnata, sapendo che invincibile è la forza della necessità»[458].

Al di sopra di tutto l'accoglimento, in spirito di consapevole sudditanza. Non c'è progresso o mutamento, ma riproposizione dell'ordine, antico e ciclicamente ritornante, da conoscere e rispettare. Nessuno al di sopra delle leggi, né gli uomini né gli dèi. Sono le leggi che presiedono all'ordine cosmico-universale, modello della *polis* e fonte disciplinatrice dell'anima.

Dio stesso non può sottrarsi al loro vincolo: «Egli (il creatore) non può farne a meno per governare, mentre queste, per governare, possono fare a meno di lui»[459]. È tale naturalismo la fonte del vero, o anche del carattere epistemico del sapere, fornito di una potenza in grado di far fronte a tutti gli urti perché ha la ragione di sé in sé.

---

[456] ERACLITO, fr. B 23 in DIELS-KRANZ, *I presocratici. Testimoninze e frammenti*, Laterza, Bari 1983.

[457] PLATONE, *Leggi*, Libro X, 903c. Qui Platone lo ribadisce traducendo la Physis con Logos e rilevando che questo è uno e insieme plurale, fonte dell'ordine del tutto e della nostra pietà cosmica: «Anche quel piccolo frammento che tu rappresenti, o uomo meschino, ha sempre il suo intimo rapporto con il cosmo e un orientamento ad esso, anche se non sembra che tu ti accorga che ogni vita sorga per il Tutto e per la felice condizione dell'universa armonia. Non per te, infatti, questa vita si svolge, ma tu piuttosto vieni generato per la vita cosmica».

[458] ESCHILO, *Prometeo incatenato*, vv. 101-105, in *Tragedie e frammenti*, UTET, Torino 1987.

[459] B. FONDANE, *In dialogo con Lev Sestov*, Aragno, Torino 2017, p. 273.

Ebbene, il francescano osa mettere in crisi tale prospettiva con l'assunzione della libertà creativa a fondamento dell'essere e a sorgente del pensare. Egli apre un altro capitolo[460].

3. Il francescano contro la dittatura delle verità eterne

Il tema della creazione, assente nel mondo greco come nell'età contemporanea[461], svolge nell'ottica francescana un ruolo liberatorio dalla dittatura delle verità e dunque dal naturalismo di remota matrice pagana. È la contingenza la categoria che, con la tesi della creazione, irrompe nel mondo del pensiero, fonte di una serie di conseguenze.

È un modo d'essere e di leggere la realtà, estraneo alla sensibilità greca[462] e, così come è concepito dalla Scuola francescana, estraneo anche all'età contemporanea. Prima che intorno a ciò che, non essendo necessario, poteva non essere, l'attenzione si concentra in-

---

[460] M. NOVELLO, *Qualcosa anziché il nulla. La rivoluzione del pensiero cosmologico*, Einaudi, Torino 2015. L'oggetto è l'impatto delle teorie cosmogoniche moderne sulla visione della vita e del mondo.

[461] È il peccato originale, prima inconsapevole e poi consapevole del pensiero occidentale, e cioè il rifiuto di considerarsi "creato". A buon diritto è stato notato che, nella Genesi, «il peccato si colloca così vicino alla creazione, poiché non è altro che il rifiuto di essere creato, e cioè fondato in altro da sé. È una sorta di *auto-decreazione*. Sta all'origine perché vi si attacca e la infetta. Detto questo, è notevole che il progetto possa essere formulato in termini di uguaglianza: "essere simile a Dio", mentre mira a espellere Dio» (P. BEAUCHAMP, *L'uno e l'altro testamento. 2. Compiere le Scritture*, Glossa, Milano 2001, pp. 137-138).

[462] H. ARENDT, *La vita della mente* cit., pp. 324-325: «Secondo Aristotele (...) (cfr. *Metafisica* libro VII, capp. 7-10) tutte le cose che possono essere e non essere, che sono accadute ma potevano non accadere, sono per caso, katasynbebekos – ovvero, come suona la versione latina, accidentali o contingenti – distinte così da ciò che necessariamente è come è, ciò che è e non può non essere». Lo statuto dell'accidentale o del contingente non sarà «mai seriamente messo in discussione sino alla scoperta hegeliana del Significato e della Necessità della Storia» (*ibidem*).

torno alla sorgente – Dio – cui nulla è impossibile, ben al di là di tutti i principi, onnipotente, padre e giudice universale. Suprema trascendenza e suprema libertà sono un tutt'uno.

Ciò che appartiene al tempo e allo spazio, proprio perché poteva non essere, ha una propria positività[463], perché porta il sigillo di quell'atto creativo, grazie al quale Dio sparge la sua luce attraverso le creature, protagoniste del grande teatro del mondo.

Perché creato e dunque voluto, l'universo è lo scrigno dei segreti di Dio, anzi un insieme di mondi invisibili, racchiusi nel mondo visibile, da decifrare e mettere a tema ai fini dell'esplorazione delle sue meraviglie[464].

Accanto all'atto creativo di Dio il testo sacro pone l'atto ricreativo dell'uomo, chiamato ad assegnare alle creature un nome, sigillo della loro dignità e conferma della sua signoria[465]. Nel contesto di questo duplice gesto, di Dio che crea e dell'uomo che ricrea, la razionalità appare come la "forma" della "significazione" delle creature, non la loro sostanza[466].

---

[463] «Dico quod contingentia non est tantum privatio vel defectus entitatis, sicut est deformitas in actu secundo qui est peccatum; imo contingentia est modus positivus entitatis, sicut necessitas est alius modus» (DUNS SCOTO, *Ord.* I, d. 39, q. u., a. 5, n. 35).

[464] BONAVENTURA, *II Sent.* d. 13, a. 1, q. 2, ad. 2: «Divinae autem dispositioni placuit mundum quasi carmen pulcherrimum quodam decursu temporum venustare».

[465] BONAVENTURA, *Breviloquium* II, c. 11, n. 2: «... primum principium fecit mundum istum sensibilem ad declarandum se ipsum, videlicet ad hoc quod per illum tanquam per speculum et vestigium reduceretur homo in Deum artificem amandum et laudandum. Et secundum hoc duplex est liber, unus scilicet scriptus intus, qui est aeterna Dei ars et sapientia; et alius scriptus foris, mundus scilicet sensibilis». Non è paradossale notare che con il volume – *Quant'è vero Dio. Perché non possiamo fare a meno della religione* (Solferino 2018) – Sergio Givone ci abbia regalato un suggestivo commento a questo e a consimili brani di Bonaventura.

[466] FRANCESCO D'ASSISI, *Cantico di Frate Sole*, in *FF* 263: «Et ellu è bellu e radiante cum grande splendore:\de te, Altissimo, porta significatione».

4. Il francescano oltre il distacco pagano dall'esperienza quotidiana

Un punto, che qualifica il mondo cristiano nella versione francescana, da richiamare, è costituito dallo spazio riservato al-l'"esperienza" e dunque alla vita con le sue contraddizioni, le sue lacrime e le sue conquiste. Ritenendo prioritario il perseguimento del regno dell'intelligibile, luogo di ciò che è come deve essere, si tende per lo più a trascendere l'esperienza, oscillante tra l'essere e il non-essere, che dice che qualcosa si dà, ma non dice che non possa darsi altrimenti. Se ci lasciassimo prendere dall'esperienza, mobile e incoerente – è questo il presupposto sotterraneo del distacco – non riusciremmo a intravvedere il regno dell'intelligibile e a rispettarne la logica[467]. Da qui il compito di andare oltre, elevandoci al regno del sapere epistemico. Non possiamo fidarci dell'esperienza sensibile, dice Platone, perché i corpi sono inaffidabili in quanto mutano, invecchiano, si ammalano, sono preda di passioni, e perciò sul sapere del corpo non si può costruire un'identità personale, né un sapere immutabile e a tutti comune. Ne consegue, allora, che «occorrerà raccogliere l'anima da tutti i punti del corpo e concentrarla in se medesima in modo che da sé possa giungere alla verità, libera dal corpo come da catene»[468]. Trascendimento ed elevazione

---

[467] «Sotto la maschera della serenità, dell'indifferenza e dell'equità filosofica, vedevo all'opera (...) l'avidità dei beni materiali rigettata e abilmente convertita in avidità per i beni intelligibili, l'angoscia di fronte alla folle danza dell'essere e il desiderio di fermarla a ogni costo. E soprattutto la smisurata ambizione di edificare, al di là del sensibile che sfugge alla nostra presa e su cui non abbiamo alcun potere, una *no man's land*, ideale dove l'uomo potesse infine avere il potere, per quanto nefasto, di dominare e di condividere con Dio la sola virtù che gli era stata concessa: quella di contemplare, impotente, verità che non aveva creato» (B. FONDANE, *In dialogo con Lev Sestov. Conversazioni e carteggio*, Aragno, Torino 2017, pp. XIV-XV).

[468] *Fedone* 67 c-d. Eco adeguata è l'annotazione di E. Kant che nell'*Introduzione* (I edizione) alla *Critica della ragion pura*, Bompiani, Milano 2004, p.

saranno, da Platone in poi, «le due operazioni che consentiranno all'anima di svolgersi come pura interiorità, dove è reperibile da un lato l'identità individuale, la cui integrità è salvaguardata contro la forza dissolvente della corruttibilità del corpo – è il primato platonico dell'anima – e dall'altro la relazione esclusiva con la verità contro l'inganno dei sensi»[469].

La potenza della ragione è incontrollabile. La conoscenza comincia con l'esperienza e termina con il suo abbandono. La sede del pensiero è altrove[470]. Il pensiero autentico dimora «nella prossimità delle cose necessarie ed eterne»[471]. L'esperienza occorre abbandonarla, perché non si offre con i tratti della necessità, per cui la ragione ne risulta irritata piuttosto che soddisfatta. Occorre sottrarsi al fascino della varietà delle cose – lo scenario delle acque viene oscurato dall'imporsi di ciò che è comune a tutte le acque: H_2O è la forza paritaria della formula scientifica, che consente di unificarle e averne il controllo. Il che ha luogo attenendosi ai due principi inoltrepassabili, quello di identità – una cosa è quella che è e nient'altro – e quello di non-contraddizione – non può essere altrimenti. Sono gli strumenti efficaci con cui la ragione occidentale stabilisce che una cosa è se stessa e non altro – l'essere è, il non-

---

77 (nota), scrive: «L'esperienza certo ci dice che cosa esiste, ma non ci dice che debba essere necessariamente così e non altrimenti. È appunto per questo motivo che essa non ci fornisce nemmeno una vera universalità, e la ragione, che è così desiderosa di questo tipo di conoscenze, è più irritata che soddisfatta di essa. Ma tali conoscenze universali, che abbiano al tempo stesso il carattere dell'intrinseca necessità, devono essere chiare e certe per se stesse, indipendentemente dall'esperienza».

[469] U. GALIMBERTI, *Cristianesimo. La religione dal cielo vuoto*, Feltrinelli, Milano 2015, p. 143.

[470] H. ARENDT, *La vita della mente* cit. p. 292: (Tra le manifestazioni dell'"io che pensa" occorre richiamare) «l'idea che nell'atto di pensare siamo membri di un altro mondo, noumenico – a noi presente per segnali e presagi anche nella tenebra del qui-e-ora-reale – o ancora, la definizione di Aristotele del bios theoretikòs come bios xenikos, la vita di uno straniero».

[471] *Ivi*, p. 341.

essere non è (Parmenide). Si impone la ricerca del "che cos'è" (*ti esti*), escludente tutto ciò che non rientra in quel fazzoletto di note, con la cui acquisizione si pone fine (de-finizione) all'oscillare del significato delle cose. È la via per salvare i fenomeni (*sozei tha phainomena*), da identificare con lo stesso processo conoscitivo, proteso alla conquista del versante intelligibile attraverso il processo dell'astrazione, con l'inevitabile abbandono del versante esperienziale.

5. Il francescano a favore del recupero plenario dell'esperienza

Se per la filosofia occidentale l'esperienza è per lo più un punto di partenza, per il pensare francescano l'esperienza è al primo e all'ultimo posto sia a livello conoscitivo attraverso il primato dell'intuizione[472], che a livello esistenziale attraverso la condivisione di ciò che accade – non conta l'individuazione delle cause della lebbra quanto la partecipazione alle sofferenze del lebbroso. È la forza evocativa di ciò che è là che occorre illuminare e vivere consapevolmente – il francescano è il buon samaritano che si fa prossimo dell'uomo ferito sul ciglio della strada, pur ignorandone il nome, la professione, la provenienza. Bonaventura sottolinea la

---

[472] La ricchezza di ciò che è individuale è tale da superare le nostre capacità conoscitive, il che comporta la sua massima esaltazione. Cfr. di DUNS SCOTO, *Quaestiones super libros Metaphysicorum Aristotelis*, Franciscan Institute, S. Bonaventure 1997, VII, q. 13, n. 158: «... differentia individualis a nullo nota est in hac vita communiter (...) Ergo non possumus individuum definire, non ex parte eius, sed ex impotentia nostra, sicut nec substantias separatas». Cfr. C. BÉRUBÉ, *La connaissance de l'individuel au Moyen Âge*, Presses de l'Université de Montréal 1964. Presentando questo saggio, diventato classico, il noto medievista P. Vignaux scrive: «La conclusion du livre, que nous sommes heureux de préfacer, exprime donc un intérêt typiquement philosophique: estimer que la philosophie au Moyen Âge a retrouvé, par-delà des présupposés aristotéliciens, "son vrai point de départ ... dans l'intuition de l'individuel et de l'existant", c'est vouloir écarter les oppositions abstraites par un "retour aux choses même"» (*Préface*, p. XII).

forza coinvolgente dell'esperienza allorché scrive che Dio ha voluto questo mondo sensibile per manifestarsi (*ad declarandum seipsum*), specchio della sua impareggiabile immaginazione[473]. Certo, il sapere di segno universale è necessario – è lo spazio insostituibile del sapere scientifico – come il versante istituzionale per la convivenza pacifica, in quanto contribuiscono a goverare le passioni, a facilitare l'intesa e ad avere ragione di ciò che accade. Se però è insostituibile per contenere la violenza che ci abita e a ridimensionare l'angoscia dell'imprevedibile, questo versante non deve occupare il primo posto, quasi che la piega dominatoria esprima il tratto essenziale del nostro essere – *homo homini lupus* (Hobbes). Nonostante il carico delle passioni, l'uomo resta tendenzialmente pacifico e dunque fatto per fruire delle creature – per questo il testo biblico fa nascere l'uomo nel giardino delle delizie (Gn 2,15) e con la Redenzione gli offre quanto è necessario per contenere il morso della concupiscenza. Da qui l'invito di Bonaventura a lasciarsi avvolgere dal fascino delle cose: «Apri i tuoi occhi, tendi le orecchie dell'anima, sciogli le tue labbra e "applica il tuo cuore" per vedere, ascoltare, lodare, amare e adorare, glorificare e onorare il tuo Dio in tutte le creature, affinchè l'intero universo non si rivolti contro di te. Per questo "l'intero universo combatterà contro gli insensati"»[474]. È l'esaltazione dell'esperienza, non muta o cieca, come quella degli "insensati", dal momento che le cose non sono neutre o impersonali. Dall'esperienza, spazio della vita quotidiana, si parte, all'esperienza, dopo il lungo peregrinare, si ritorna. È questa la portata dell'assunto che le creature nella loro concretezza storico-temporale sono a un tempo *"res"* o cose con specifiche strutture, e *"signum"* in quanto fun-

---

[473] *Brev.* II, c. 11, n. 2. Il che significa che Dio «era libero di creare un mondo diverso, in cui non sarebbero valide né le nostre verità matematiche né i nostri precetti morali» (ARENDT, *La vita della mente* cit., p. 457). Queste verità sono state volute e dunque non indipendenti da Dio, come dichiarerà Cartesio.

[474] BONAVENTURA, *Itinerarium mentis in Deum* I, n. 15.

zionali ai disegni di chi le ha volute. Se in quanto "cose" le creature soggiacciono a leggi e dunque a una razionalità da esplorare nella sua oggettività, in quanto "*signa*" sono fonte di senso, da illuminare e fruire, nella persuasione che, se in quanto "*res*", le creature si impongono con la loro struttura, in quanto "*signa*" dipendono dal nostro sguardo – il senso non si impone nonostante noi, ma si dà se lo percepiamo e lo facciamo rivivere.

6. Ruolo strumentale della ragione

Il francescano riserva alla ragione il compito di dare forma a ciò che la volontà decide di chiamare all'essere. Certo, il "modo" di fare prende forma assieme alla cosa che si vuol fare. Il che significa che al primo posto è la libertà creativa e in subordine la sua traduzione. Se in principio si pone la volontà che vuole per la gioia di essere e di espanderne il raggio – Duns Scoto ha posto in principio l'Incarnazione del *Logos* e poi come suo riflesso la creazione e la redenzione – ciò che è chiamato all'essere rappresenta ciò attraverso cui ciò che la volontà vuole prende forma. Prima del "come" dirlo, conta "ciò" che vogliamo dire. Da questa angolazione la verità è originariamente personale nel senso che esprime ciò che la volontà estrae dall'abisso dell'anima[475]. E così, paragonando l'universo a un poema, Bonaventura sottolinea che non è possibile intenderlo se non si comprende il progetto che l'autore ha inteso realizzare, e cioè se

---

[475] L. Pareyson, *Persona e libertà*, La Scuola, Brescia 2011, p. 41: «Il problema della conoscenza della verità e della molteplicità delle filosofie non è gnoseologico o storiografico, ma metafisico, e rientra nel fatto che l'affermazione dell'essere non può che essere personale, e in questo senso storica, perché io stesso sono affermazione dell'essere, e il mio stesso essere è una prospettiva sull'essere: essere, per me, cioè che io sia, significa esser prospettiva sull'essere, e la mia filosofia non è che l'esplicazione fondata di questa vivente prospettiva ch'io sono».

non si pensa all'interno del quadro d'insieme, condividendone il disegno complessivo[476]. Certo, sono le leggi a presiedere al suo manifestarsi, da registrare seguendo il canone della composizione. Ma se sono state volute, anche quelle leggi non possono dirsi eterne, ma storiche e dunque sostanzialmente contingenti, funzionali a ciò che per il loro tramite ha inteso esprimere colui che le ha volute. Dunque, se volute, le cose non sono soltanto cose, anzi l'esser questa e non quella, essere in un modo e non in un altro, è da intendere in senso strumentale, e cioé in funzione di ciò che l'artefice ha inteso esprimere. Il primato non spetta all'essere in quanto essere, neutro, universale – ecco il superamento dell'indole pagana dell'ontologia e dei suoi derivati razionalistici – ma all'*"ens volitum"* (Duns Scoto), che include in sé la dimensione razionale. La "cosa" è a un tempo *"res"* e *"signum"*[477], confermando la propria polivalenza, senza però porre i due aspetti sullo stesso piano, dal momento che la cosa ha quella specifica struttura – *res* – in quanto e perché chiamata a manifestare un determinato proposito – *signum*. La *"res"*, dunque, in funzione del *"signum"*, e non viceversa. L'aver lasciato fuori questo aspetto – il "senso" della cosa – ha portato all'assolutizzazione della cosa come cosa e dunque della sua struttura razionale, cui tutto il resto è stato sacrificato. Il *"signum"* è la fonte del pensare francescano, sia in quanto interpreta il creato come manifestazione dei disegni di Dio, e sia in quanto sollecita a essere a propria volta

---

[476] Bonaventura, *Brev. Prol.*, pars II, par. 2: «Unde sicut nullus potest pulchritudinem carminis nisi aspectus eius feratur super totum versum, sic nullus videt pulchritudinem ordinis et regiminis universi nisi eam totam speculetur». Occorre intendere in quest'ottica la definizione anselmiana che Bonaventura fa sua e cioè «veritas est rectitudo sola mente perceptibilis». Cfr. a commento quanto ho annotato in *Stare bene al mondo. L'arte di essere felici secondo san Bonaventura*, Porziuncola, Assisi 2018, pp. 163-208.

[477] *Breviloquium*, p. 2, c. 12: «Creatura mundi est quasi liber, in quo relucet, repraesentatur et legitur Trinitas fabricatrix»; e nell'*Itinerarium mentis in Deum* I, n. 14: «In libro creaturae insinuat manifeste primi principii primitatem, sublimitatem et dignitatem quantum ad infinitatem potentiae».

fonte di senso, progettando e operando in risposta alle attese della comunità[478].

7. Ridisegnare l'immagine di Dio

Sullo sfondo di tale cambio di prospettiva si impone una diversa immagine di Dio, non «l'Uno e il Pieno e l'Immoto e il Satollo e l'Imperituro» di Nietzsche[479], nel qual caso è conseguente il contrasto con lo spazio che ognuno rivendica per sé. «Che cosa mai resterebbe da creare se gli déi esistessero!» – egli ribadisce – se cioè avessero già riempito ogni vuoto; e Sartre: «Se c'è Dio non c'è l'io». Ebbene, per il francescano Dio non è il Super-ente, l'Ente che è pieno di tutti gli enti e quindi incompossibile con qualsiasi altro. Dio è colui che ama metterci a parte del suo essere, perché ognuno sia a sua immagine, protagonista, non spettatore. Non si tratta di dar vita a un amalgama di elementi eterogenei, ma del singolare concetto di Dio, improntato al primato della libertà oblativa, espressa nella trinità delle Persone e confermata nel tempo

---

[478] M. HEIDEGGER, *Il principio di ragione*, Adelphi, Milano 1991, p. 205: «Ma se vogliamo pervenire a un cammino di meditazione, allora dobbiamo anzitutto trovare una distinzione che ci ponga di fronte la differenza tra il pensiero meramente calcolante e il pensiero meditante. Per vedere questa differenza, tentiamo ora una meditazione riguardante la tesi del fondamento».

[479] È quanto esplicita Nietzsche in "Sulle isole beate", in *Così parlò Zaratustra*, là dove, per far comprendere l'incompossibilità di Dio e del divenire, parla di Dio come «l'Uno e il Pieno e l'Immoto e il Satollo e l'Imperituro», cui fa seguire l'interrogativo: «Che cosa mai resterebbe da creare, se gli dèi esistessero!». È quanto Nietzsche desume da Parmenide, per il quale «l'essere separandosi da sé, lascerebbe tra sé e sé un vuoto, cioè un non essere – giacché solo l'essere è, sicché ciò che fosse tra l'essere e l'essere sarebbe soltanto non essere e pertanto sarebbe solo il nulla a separare l'essere da se stesso, e dunque l'essere non sarebbe separato da se stesso» (E. SEVERINO, *Il muro di pietra. Sul tramonto della tradizione filosofica*, Rizzoli, Milano 2006, pp. 119-120.

attraverso la pluralità delle creature[480]. Unica la logica – la potenza creativa – e unica la qualità – la gratuità. L'*exitus* o l'uscita del mondo dal nulla a opera di Dio è la fonte dello scenario che la creazione dispiega ai nostri occhi, pieni di stupore in misura che ci si rende conto – ecco il *reditus* – di dover «porre la conoscibilità di ogni fenomeno sotto l'egida pacificante di uno sguardo divino, che è assolutamente incondizionato proprio mentre si fa condizione di ogni cosa»[481]. È questa consapevolezza filosofico-teologica la premessa su cui impiantare la costruzione umana, ispirata, come quella divina, alla libertà creativa e alla gratuità. Sono queste le coordinate lungo le quali realizzare la cura del creato, in fedeltà all'ingiunzione divina. Il francescano ribadisce il primato della volontà creatrice divina, modello della nostra, persuaso che l'età moderna l'ha scalzata con il passaggio epocale dalla prospettiva, qualificata dall'atto creativo divino senza perché, libero, gratuito, alla prospettiva qualificata dal principio di ragion sufficiente, secondo cui la ragione delle cose è nelle cose – tutto il resto è velleitario o consolatorio. È alla luce di questo passaggio che si comprende la replica irritata di Dio agli interrogativi con cui Giobbe avrebbe voluto piegarlo alla

---

[480] Per Dio, concepito come suprema razionalità, non ci può essere alcuna "novità". Severino scrive: «Ogni immutabile concentra in sé l'intero senso del mondo, costringe tutte le cose, in una volta sola e una volta per sempre, a fare i conti con esso, e il conto cui le cose sono sottoposte è il soffocamento di ciò che in esse vi è di irriducibile a ogni costo, è il soffocamento cioè della loro novità assoluta, dovuta appunto al loro provenire dal niente. Se ad es. esiste il Dio del cristianesimo – questo modello di ogni immutabile – può sopraggiungere nel mondo qualcosa che sia una verità, assoluta novità, irriducibile al conto che Dio fa di esso? Se esiste l'Essere Perfetto, onnisciente, onnipotente, può essere il mondo una sorpresa assoluta per lui? Può essere il mondo quella novità assoluta, che gli deriva dal suo essere stato un niente? E se nel mondo non ci può essere nulla che sorprenda il dio, il mondo non può contenere alcuna novità, giacché la novità è il sorprendente per definizione» (*Il muro di pietra* cit., pp. 344-345).

[481] G. D'ONOFRIO, *Pensiero eidetico e paradigma medievale*, in F. ALFIERI, *La presenza di Duns Scoto nel pensiero di Edith Stein*, Morcelliana, Brescia 2014, p. 226.

sua logica: «Dove eri tu quando fondai la terra, quando riempii il cielo di stelle e il mare di pesci? Dove eri tu?» (Gb 38,4). Replica, questa di Dio, che possiamo tradurre con le parole di Duns Scoto, e cioè *Deus vult quia vult et non est alia ratio quaerenda*[482]. Ebbene, in contrasto con la linea secondo cui non si ha nulla senza ragion sufficiente, che cioè non sia nella cosa, senza aggiunte e trascendimenti, il francescano propone il ritorno alla radicalità della libertà creativa, senza perché e per questo piena di senso[483]. La libertà è la barriera dell'essere, che fa tutt'uno con l'ontologia della gratuità, non con l'irrazionalità, e dunque con l'essere come voluto (*ens volitum*) e liberamente donato. È questa la traduzione francescana della cura del primo libro, scritto da Dio – il mondo – alla luce delle indicazioni del secondo libro – la Bibbia – che Dio scrive per l'uomo, a sua guida[484].

---

[482] Duns Scoto, *Ordinatio* I, d. 1, q. 2, n. 91: «Voluntas Dei – quae vult et pro nunc – est immediata et prima causa, cuius non est aliqua alia causa quaerenda: sicut enim non est ratio quare voluit naturam humanam esse in hoc individuo et esse possibile et contingens, ita non est ratio quare hoc voluit nunc et non tunc, sed tantum "quia voluit hoc esse, ideo bonum fuit illud esse"».

[483] È il cliché comune, rilanciato in maniera autorevole da H. Blumenberg con il classico *La legittimità dell'età moderna*, Marietti, Genova 1992. Se ne fa convinto portavoce Ivan Illich allorché scrive «che l'enfasi sulla supremazia e sull'imperscrutabilità della volontà di Dio, nella filosofia francescana, alla fine si spinge fino al punto che questa volontà diventa arbitraria; ed è lì che la contingenza assume il significato che ha oggi in inglese o in francese: puro caso, chance, accidente. Tutto ciò che si può dire è che accade perché accade» (*I fiumi a nord del futuro*, Quodlibet, Macerata 2006, p. 53).

[484] È questo il nucleo teologico del pensare francescano, e cioè tutto è da intendere come «un effetto dell'amore, assoluto e infinito, secondo cui Dio ama la sua creazione e aspira a congiungersi con essa: cosicché si svela alla mente del teologo che il divino vuole incarnarsi prima ancora di creare; che vuole entrare nel tempo della creazione perché da tutta l'eternità l'ama, e perché questo amore è connaturale alla sua sostanza, anzi è la sua sostanza. Non l'incarnazione è dunque esito della creazione e conseguenza del peccato, ma la creazione e la redenzione sono effetto dell'incarnazione del Figlio, eternamente pensata e voluta dal Padre» (D'Onofrio, *Pensiero eidetico e paradigma medievale* cit., p. 191).

8. Il francescano amante dell'"aperto"

Ma che peso può avere oggi la rivendicazione di siffatta libertà creativa dal momento che la razionalità ormai è sistemica e dunque permea di sé tutte le forme dell'essere, imponendo la condivisione della sua logica, secondo cui non è possibile fare alcunché senza ragion sufficiente? Come uscire dalla "gabbia d'acciaio" che Max Weber denuncia e problematizza? La forza del sapere scientifico-tecnico, secondo cui si è sollecitati a fare tutto ciò che si può fare, sembra che incomba inesorabile sul futuro dell'umanità. È l'eco, robusta e distinta, della voce che si è levata in Grecia con il primo vagito della ragione, inizio del sapere come potere. Ebbene, la consapevolezza che la ramificazione della razionalità abbia assunto una configurazione propriamente sistemica, nuova caverna di Platone, ci induce a chiederci se e dove metter le mani. A tale scopo è bene chiedersi quale sia l'indole della forza coesiva del sistema, entro cui viviamo e progettiamo, al fine di procedere al suo ripensamento. Ebbene, quel punto che per un verso tiene insieme e per l'altro rende conto dell'esplosione del sapere in tanti rami, da riarmonizzare per l'innalzamento della qualità della vita, è costituito dalla "verità sostantiva", secondo cui il reale è perche e finché è razionale e si impone – o meglio si apprezza solo – se e in quanto colto come razionale o è reso tale. Ora, il capitolo di carattere conflittuale relativo alla presunta relazione sopraffattoria della fede cristiana, giudicata reazionaria e dominatoria, rispetto alla ragione, così come il capitolo della ragione aggressiva e demistificatrice nei riguardi della fede, risultano svuotati di contenuto se e solo se abbiamo l'ardire di ripensare il tutto – e dunque di metter mano a una nuova avventura intellettuale e spirituale – alla luce non del primato della ragione, ma del primato della libertà, da riproporre e instaurare, senza ondeggiamenti di sorta. Si tratta di tentare la coniugazione dei due registri, fin qui richiamati, non giustapponendoli ma considerando la struttura funzionale al senso, la necessità alla gratuità, l'esecuzione alla creatività. È un nuovo orizzonte, cui si è condotti partendo dal presupposto che il mondo è un insieme di mondi e che ogni storia rinvia a mille altre storie in vista di una rinnovata comunione.

È quanto si vuol dire con il primato della libertà creativa, volto originario dell'Essere supremo e fonte inesauribile della nostra dignità. Il che porta a guardare diversamente noi stessi e il mondo, perché trasforma la ragione e i suoi prodotti da sostanza in strumenti espressivi di ciò che l'immaginazione chiama all'essere, svegliando la nostra attenzione e alimentando la nostra creatività, perché ognuno, oltre che cifra di più mondi, divenga produttivo di nuovi mondi. Questa non è una conclusione o una deduzione da premesse razionali, ma la scelta tra "Atene" (ragione e diritto-a-essere) e "Gerusalemme" (libertà e dono di essere), non però in senso alternativo, ma in senso inclusivo, ponendo l'attenzione su chi e su cosa funga da guida dell'essere e su cosa si ritenga sostanza del pensare. L'Occidente ha scelto Atene sottomettendo ad essa Gerusalemme – la fede al tribunale della ragione –, la Scuola francescana sceglie Gerusalemme includendo in essa Atene, villaggio prezioso e produttivo – la ragione illuminata dalla fede. Si parte da questo presupposto, biblicamente motivato[485] – il mondo non era e Dio poteva non crearlo – e si dà vita a una nuova avventura, che comincia con il rimettere la natura nelle nostre mani, con il compito di dirne la ricchezza e insieme di abbellirla non solo con possibilità precalcolate dal sistema, ma con percorsi inediti, perché sia il nostro giardino, non la nostra prigione.

---

[485] Il richiamo è all'"ultimo" Schelling, per il quale Dio non va più cercato all'"interno del pensiero" – l'idea speculativa di Dio come la totalità dell'essere. Egli apre un nuovo cantiere di lavoro, che va sotto il nome di "tardo-idealismo", compendiato nella *Filosofia della Rivelazione*, secondo cui le conoscenze non sono deducibili dalla ragione, ma raggiungibili solo nell'esperienza e dunque non apriori ma aposteriori. Cfr. per ulteriori approfondimenti F. DONADIO, *Fr. W. J. Schelling e la religione come rivelazione e storia*, nella raccolta *Al cuore della religione. Sentieri filosofici*, Rubbettino, Soveria Mannelli 2014, pp. 149-162.

Sta qui il segreto della forza suggestiva della libertà creativa, "autentica" se oblativa, e cioé non ripiegata su se stessa, ma in grado di intercettare e di favorire quell'onda di vita che attraversa la storia dei singoli e delle comunità, sospingendola verso tappe ulteriori. Il che rappresenta l'epilogo del primato della libertà, nel senso che essendo noi chiamati gratuitamente all'essere, si viva in comunione con quanti ci hanno voluto, da sostenere e proteggere, dando luogo a uno stile di vita ispirato non alla rivendicazione, ma all'oblazione, non al diritto di avere, ma al dovere di dare e dunque alla conoscenza come ri-conoscenza. Il che significa che al centro *non va posta la ragione rivendicativa, bensì la libertà creativa di segno oblativo*, suprema e perfetta in Dio, approssimativa e spesso contraffatta nell'uomo. Tale libertà non è un capitolo tra tanti, ma il loro riassunto, il volto luminoso dell'essere. Nulla è necessario. Nessuno di noi è perché era razionale che fosse: siamo stati chiamati all'essere senza alcun merito nella libertà, collocati nella libertà da un atto di libertà. In principio, dunque, la libertà creativa, di cui ogni cosa è o deve essere la traduzione. Ma dove porta la libertà? Da nessuna parte. È la libertà la fonte e insieme l'approdo di tutti i percorsi.

INDICE DEI NOMI

I nomi di più frequente occorrenza (Francesco d'Assisi, Bonaventura da Bagnoregio, Giovanni Duns Scoto, Guglielmo d'Occam) non vengono segnalati.

Agamben G.   7, 154
Agostino d'Ippona   13, 17, 35, 52, 69, 154
Alessandro di Hales   34, 75, 103
Alféri P.   234, 248
Alfieri F.   109, 306
Anassimandro   8, 127
Anselmo d'Aosta   170, 171, 203
Antiseri D.   94
Arendt H.   132, 154, 154, 184, 293, 294, 297, 300, 302
Aristotele   34, 35, 100, 164, 297
Averroé   261

Bacone R.   150
Bacone F.   96
Badiou A.   119
Balic C.   175
Ballard J.   11
Bartoli M.   28
Basetti Sani G.   54
Baudry L.   282, 285

Beauchamp P.   297
Benjamin W.   23
Berceville G.   149, 150
Bernard le Trésorier   56
Bernardo da Quintavalle   50
Bérubé C.   301
Bianchi L.   158, 255
Biard J.   226, 246, 263
Blumenberg H.   307
Boezio   164
Bonifacio VIII (papa)   146
Bostrom N.   11
Boulnois O.   150, 167, 168, 192
Brufani S.   49

Cabassi A.   51
Cacciari M.   63, 280
Camastra F.   275
Carraud V.   34
Cartesio   14, 34, 36, 194
Cattani P.   50
Celentano M.   25

Chalier C.   127
Cioran E.M.   172
Corvino F.   121
Counet J.-M.   202, 204
Courtine J.-F.   190, 203, 218

Damiani Pier   287
Dante Alighieri   16
De Armellada B.   152, 184
De Libera A.   183
Deleuze G.   7
Dezza E.   194, 206, 246
Di Giovanni M.   78
Donadio F.   309
D'Onofrio G.   109, 110, 164, 306

Eco U.   232
Enrico di Gand   192
Emmen A.   171
Engel P.   287
Eraclito   63, 296
Eschilo   296
Evdokimov P.N.   175, 217

Falque E.   124
Fedriga R.   232
Filippo il Bello   146, 163
Filoramo G.   282
Flasch K.   260
Florenskij P.   123
Flores d'Arcais P.   159
Follon J.   202
Fondane B.   11, 124, 227, 232,
    239, 269, 287, 296, 299
Fondane G.   11

Foyer D.   222
Franceschelli O.   11, 39, 86
Francesco (papa)   106
Fukuyama F.   22

Gabellieri E.   100
Galilei G.   64
Galimberti U.   33, 65, 80, 96,
    300
Gall G.   225
Ghisalberti A.   225, 233, 246,
    248, 257
Giacomo da Vitry   54
Giansante M.   27
Gioacchino da Fiore   47
Giovanni da Pian del Carpine   27
Giovanni XXII (papa)   223,
    259, 282
Givone S.   10, 52, 87, 88, 98, 99,
    105, 115, 125, 126, 132, 167,
    229, 245, 246, 246, 293, 298
Gregory T.   150
Gualtiero di Brienne   29
Guardini R.   50
Guglielminetti E.   78, 88, 99,
    165, 184, 185, 208, 209
Guglielmo de la Mare   158
Guglielmo di Melitona   75

Hadot P.   122, 127
Hegel G.W.F.   34
Heidegger M.   21, 34, 82, 100,
    121, 153, 305
Henry of Ghent   192
Hirsi Hali A.   283

Hissette R.   158
Hoeberichts J.   60
Hoffmann F.   260
Holtz L.   158
Horkheimer M.   22
Huizinga J.   21
Husserl E.   21, 34

Illich I.   307
Irigary L.   213

Kant E.   16, 107, 299
Kierkegaard S.   269
Koenig C.   159
Kuhn Th.   31

Lacoste J.-Y.   149
Lamaître G.   93
Lauriola G.   146
Le Goff T.   30
Leclerc É.   26, 50, 55, 97, 120, 128
Lehmann L.   55
Leibniz G.W.   34
Letterio M.   130
Lévinas E.   63, 65, 86, 100, 113, 170
Locke J.   36
Lorenz K.   241
Lovejoy A.O.   161, 229
Lucrezio   89
Ludovico il Bavaro   223, 259
Lutterell J.   223, 259, 260, 261, 268
Lutero M.   270

Maglio G.   101
Malik al-Kamil   53
Maranesi P.   66
Marco Polo   27
Marion J.-L.   34, 72
Marmo C.   232, 255
Marramao G.   23
Marsilio da Padova   223
Mazzarella P.   211
McEvoy J.   202
Mercuri C.   78
Mersenne M.   194
Michele da Cesena   223

Nannini A.   194
Nietzsche F.   33, 122, 154
Novello M.   76, 297

Occhipinti E.   26
Olivi G.   150, 171, 212, 293

Pacchioni G.   11
Panikkar R.   237
Pareyson L.   108, 303
Parmenide   9, 62
Pascal Bl.   37, 141
Peckham Giovanni   158
Pelagio Galvani (card.)   56
Pellegrini A.   249
Perlier D.   157
Pini G.   195
Platone   46, 296, 299
Plotino   34, 100
Porro P.   192
Postigo Solana E.   11

Preve G.   226, 251
Prodi P.   280, 281, 291

Ratzinger J.   48
Rigaud E.   146
Rigaud O.   75
Riva F.   27
Roest B.   158
Rorty R.   287
Rosier I.   263
Rousseau J.J.   187
Rusconi R.   282

Sacchi D.   206
Salerno A.   262, 274, 287
Sartre J.-P.   18
Scheler M.   177
Schelling F.W.J.   8, 309
Schiavone A.   295
Schopenhauer A.   122
Senofonte C.   130
Sequeri P.   138
Sertillanges A.D.   115, 147, 147
Sestov L.   269, 287
Severino E.   8, 9, 62, 79, 86, 210, 262, 265, 274, 305
Solani P.   196
Solignac C.   130
Sondag G.   234

Spinoza B.   34, 85, 87
Stadter E.   171
Stein Edith   109

Tabarroni A.   263
Tagliapietra A.   15
Tavolaro G.   35
Tempier St.   142, 158
Tommaso d'Aquino   83, 115, 135, 186, 187, 189, 190, 193
Tommaso da Celano   29, 32
Tück J.-H.   7

Vattimo G.   153, 159
Verger J.   28
Vignaux P.   183, 270, 301
Viola C.   136
Vitale du Four   146

Walser M.   7, 230
Walzer M.   119
Wanhamel W.   192
Wyclif J.   192
Weijers O.   158
Wittgenstein L.   94
Wolter A.B.   191

Zum Brunn E.   183

INDICE

Introduzione
ALLA FONTE PRIMARIA DELLA GRATITUDINE ...   7

Capitolo primo
ALLA FONTE FRANCESCANA
DELL'ONTOLOGIA DELLA LIBERTÀ   21

1. **Alla fonte del pensare francescano**   23
   1.1. Individuazione della fonte ispirativa................   24
   1.2. La libertà creativa vissuta in senso individualistico   26
   1.3. Francesco sente prepotente il flusso di vita dell'età dei
        Comuni   29

2. **Francesco e l'incontro dei lebbrosi.**   30
   2.1. La dimensione oblativa della libertà francescana   30
   2.2. Contro il primato del pensare oggettivante   32
   2.3. La scelta francescana del primato della libertà creativa
        di segno oblativo   33

3. **Francesco e la soggettività dei soggetti**   38
   3.1. Oltre l'identità oggettivata, verso la soggettività del
        soggetto   38
   3.2. Tendenza a subordinare l'altro a sé   39
   3.3. In cosa consiste l'altro in quanto altro?   40
   3.4. L'altro cifra dell'"aperto" nel gioco relazionale del
        dono   41

Indice

3.5. La lezione di Francesco prima contestata e poi
condivisa   42

4. **La famiglia francescana**
e il carattere comunitario dell'essere   43
   4.1. L'articolazione soggetto-comunità   44
   4.2. Il carattere comunitario dell'essere   45
   4.3. All'origine biblica dell'umanità   46
   4.4. Riscoperta del carattere comunitario dell'essere.   47
   4.5. Francesco e la prima comunità   48
   4.6. L'essere in dono alla comunità   51
   4.7. Oltre il mondo pagano   52

5. **L'incontro con il Sultano**
e l'indole pacificante dell'essere   53
   5.1. Insensatezza della guerra   55
   5.2. Esito deludente della missione   57
   5.3. Conferma del carattere testimoniale dell'essere   59
   5.4. Il cap. 12 della Regola bollata   59

6. **Il francescano interprete di un nuovo modo di pensare?**   61
   6.1. *Polemos* (conflitto) anima dell'essere   63
   6.2. La rivoluzione culturale di matrice francescana   66
   6.3. Atene o Gerusalemme?   67
   6.4. Cambio di registro: dalla volontà possessiva
   alla volontà oblativa   68
   6.5. Una nuova cultura?   70

7. **Conclusione**   71
   7.1. La soggettività del soggetto è sempre oltre l'oggettività .   71
   7.2. La conoscenza come ri-conoscenza   72
   7.3. Dalla logica possessiva alla logica oblativa   73

Capitolo secondo
LA LIBERTÀ CREATIVA DELL'ARTISTA
CON BONAVENTURA DA BAGNOREGIO 75

1. **La metodologia identitaria guida dell'Occidente**....... 79
   1.1. Genesi della linea identitaria e valutazione di
        Bonaventura 80
   1.2. Primato della razionalità fonte remota
        del pensiero sostanzialmente unico 83
   1.3. *Eritis sicut dii, scientes bonum et malum* 88

2. **Oltre la metodologia identitaria** 91
   2.1. Il testo sacro e il nuovo *"cominciamento"* 91
   2.2. Il recupero dello spazio del soggetto 95
   2.3. Il passaggio dal primato del "come" al primato del
        "perché" 95

3. **La metodologia dell'alterità**
   guida del pensare bonaventuriano 97
   3.1. Fecondità ermeneutica della metodologia dell'alterità · 97
   3.2. La benevolenza, oltre la neutralità dell'essere 99
   3.3. L'esemplarismo e la strutturale alterità del creato 102
   3.4. Identità e alterità dell'unico mondo 106

4. **Lo spazio e il ruolo della razionalità** 108
   4.1. Dalla razionalità autosufficiente pagana
        alla razionalità fiduciosa francescana. 109
   4.2. Significativa la compresenza improblematizzata
        di ragione e fede 110
   4.3. Circolarità di *"exitus"* e *"reditus"*. 112

5. **La potenza creativa dell'uomo e l'avventura del**
   "reditus" 115
   5.1. Dimensione cosmologica del pensare 116

5.2. L'uomo e la natura *"ut signum"*
e in subordine la natura *"ut res"* 116
5.3. La luce dell'uomo e l'alterità del mondo 119

6. La conversione come modo d'essere e modo di pensare . 121
6.1. Conversione antropo-teologica 122
6.2. Conversione intellettuale 125
6.3. La *"reductio artium ad theologiam"*
e la riunificazione dei mondi....................... 127

7. La libertà creativa fonte di riconciliazione universale ... 131
7.1. L'indole plurale della libertà 132
7.2. *«Verbum Dei non est alligatum»* (san Paolo)
ovvero la libertà contro la necessità 133
7.3. La croce di Cristo e la fraternità francescana 137

8. Conclusione 138
8.1. L'eteroreferenzialità della libertà creativa 138
8.2. Fecondità del principio d'alterità 140
8.3. Alle radici dei problemi attuali 142

Capitolo terzo
LA LIBERTÀ SPECULATIVA DEL METAFISICO CON GIOVANNI DUNS SCOTO

LA LIBERTÀ SPECULATIVA DEL METAFISICO
CON GIOVANNI DUNS SCOTO 145

1. La libertà tratto qualificante del pensare 148
1.1. Rifiuto della subalternazione della teologia *"nostra"*
alla Scrittura 149
1.2. La libertà è radicale 151
1.3. Libertà della volontà e necessità della ragione 153
1.4. In principio la volontà 156

2. Oltre il platonismo e l'aristotelismo 157
2.1. Oltre il contrasto tra platonismo e aristotelismo 158

2.2. Alle origini del dibattito tra teologi e filosofi 160
2.3. Impermeabilità del sistema 162
2.4. Estraneità dello *"status iste"* alla prospettiva pagana. ... 164

3. **Oltre la ragione o al di là della ragione?** 165
3.1. La ragione non è in grado di trascendere la ragione ... 166
3.2. Il profilo scotista del filosofo pagano. 168
3.3. La ragione in libertà ovvero la *Regula Anselmi*,
     stile del pensare francescano 170
3.4. Dall'autonomia della ragione al primato della volontà 172

4. **La ragione stupìta, non mortificata,**
   dal panorama della parola di Dio 175
4.1. Il mondo epifania della libertà, non della potenza. 176
4.2. Significato del momento "passivo" ovvero della
     "dipendenza" 179
4.3. Oltre l'angustia della prospettiva dei filosofi 182

5. **Dall'ente analogico all'ente univoco**
   ovvero della rifondazione della filosofia. 184
5.1. Dall'essere analogico all'essere univoco 185
5.2. La metafisica è la scienza dei *"primissima"*. 187
5.3. L'*ens in quantum ens* di Scoto è altro
     dall'*actus essendi* di Tommaso 189
5.4. L'*ens in quantum ens* e la metafisica altra
     dalla teologia naturale. 191
5.5. L'ente soggetto della metafisica e oggetto adeguato
     dell'intelletto 195

6. **L'essere univoco e la sua *"latitudo"*** 197
6.1. *Passiones entis: disjunctivae et convertibiles*. 198
6.2. Carattere primario delle *passiones disjunctivae* 199
6.3. La traiettoria dell'*ordo essentialis* contro la circolarità
     causale. 201

6.4. Ascesa metafisica a Dio.   203
6.5. *Infinitas in entitate dicit totalitatem entitatis*   204
6.6. La libertà motivo ispiratore del pensare scotista.   208

7. **La libertà, la contingenza e l'etica.**   210
   7.1. Problematizzazione dell'indole pagana
        di ciò che è soltanto "naturale"   211
   7.2. *Necessitas, voluntas commodi et voluntas iustitiae*   213
   7.3. L'etica spazio di libertà in atto   216

8. **Conclusione**   217
   8.1. Dalla gerarchia tomista all'asimmetria scotista.   218
   8.2. L'indole dell'apertura della metafisica   219
   8.3. Autonomia dei saperi e indole liberatoria del sapere
        teologico.   220
   8.4. Modernità del pensare scotista   221

Capitolo quarto
LA LIBERTÀ LEGISLATIVA DEL POLITICO
CON GUGLIELMO D'OCCAM.   223

1. **La piega libertaria della critica occamiana.**   226
   1.1. Dimensione critica del pensare occamiano   227
   1.2. Contro "il principio di pienezza"   229
   1.3. A favore del principio di economia   230
   1.4. Dal primato della metafisica al primato della logica . . .   231
   1.5. Primato dell'esperienza e sua problematizzazione   234

2. **Dalle verità di ragione alle verità di fatto**   236
   2.1. Critica della teoria della subalternazione   237
   2.2. Contro il mondo delle essenze ovvero del potere occulto.   238
   2.3. Alla fonte del realismo logico-metafisico.   240
   2.4. Dimensione storica delle leggi   241

3. L'universale e la presunzione della ragione occidentale . 242

3.1. Genesi dell'universale 243

3.2. Inconsistenza ontologica del concetto universale 244

3.3. Dall'ontologia alla semiologia 248

3.4. La singolarità delle creature alla radice
della critica del concetto universale 249

3.5. L'uomo e il dovere della gratitudine per le creature 251

4. Novità della *Logica Modernorum* 252

4.1. Occam esponente della *Logica modernorum* o
"terminista" 254

4.2. Rapporto tra parola concetto e cosa 255

4.3. Filosofia del linguaggio e il ruolo della *"suppositio"* 256

4.4. L'esperienza e la relazione tra due mondi 258

4.5. All'origine delle obiezioni di J. Lutterell 259

5. L'onnipotenza di Dio e la contingenza del mondo 261

5.1. Occam e l'età moderna ovvero due opzioni filosofiche 262

5.2. Il rasoio di Occam a favore dell'onnipotenza di Dio . . 263

5.3. Contingenza del mondo e crisi dell'episteme 264

5.4. Quale la portata dell'onnipotenza del Dio di Occam? 266

5.5. Dal concetto di Dio al Dio oltre il concetto 269

5.6. Il porre in assedio Dio e l'uomo 271

**6. La forza purificatoria della povertà
e il potere come servizio** 273

6.1. La complessità della convivenza ecclesiale e politica . . . 274

6.2. Forza critica della povertà 275

6.3. Occam sulla linea di Duns Scoto 277

6.4. La luce della Rivelazione 279

6.5. La desacralizzazione del potere 280

6.6. Occam discepolo di Francesco 281

6.7. La *plenitudo potestatis* 282

6.8. Rapporto tra Stato e Chiesa 284

6.9. La legge evangelica ovvero legge di libertà
contraria alla *"plenitudo potestatis"* 285

7. Conclusione 287
   7.1. Il pensare all'aperto 287
   7.2. L'onnipotenza cifra di libertà creativa 288
   7.3. Primato dell'aposteriori sull'apriori 289
   7.4. Critica della *"plenitudo potestatis"* e recupero della
        profezia. 290

Conclusione
IL FASCINO DELLA LIBERTÀ FRANCESCANA 293

1. Il francescano oltre l'identità delle creature 294

2. Il francescano oltre il naturalismo dell'Occidente 295

3. Il francescano contro la dittatura delle verità eterne 297

4. Il francescano oltre il distacco pagano
   dall'esperienza quotidiana 299

5. Il francescano a favore del recupero plenario dell'esperienza 301

6. Ruolo strumentale della ragione 303

7. Ridisegnare l'immagine di Dio 305

8. Il francescano amante dell'"aperto" 308

INDICE DEI NOMI 311